JN101742

人物叢書

新装版

成尋《じょうじん》

水口幹記

日本歴史学会編集

吉川弘文館

成　尋　像（叡山文庫蔵）

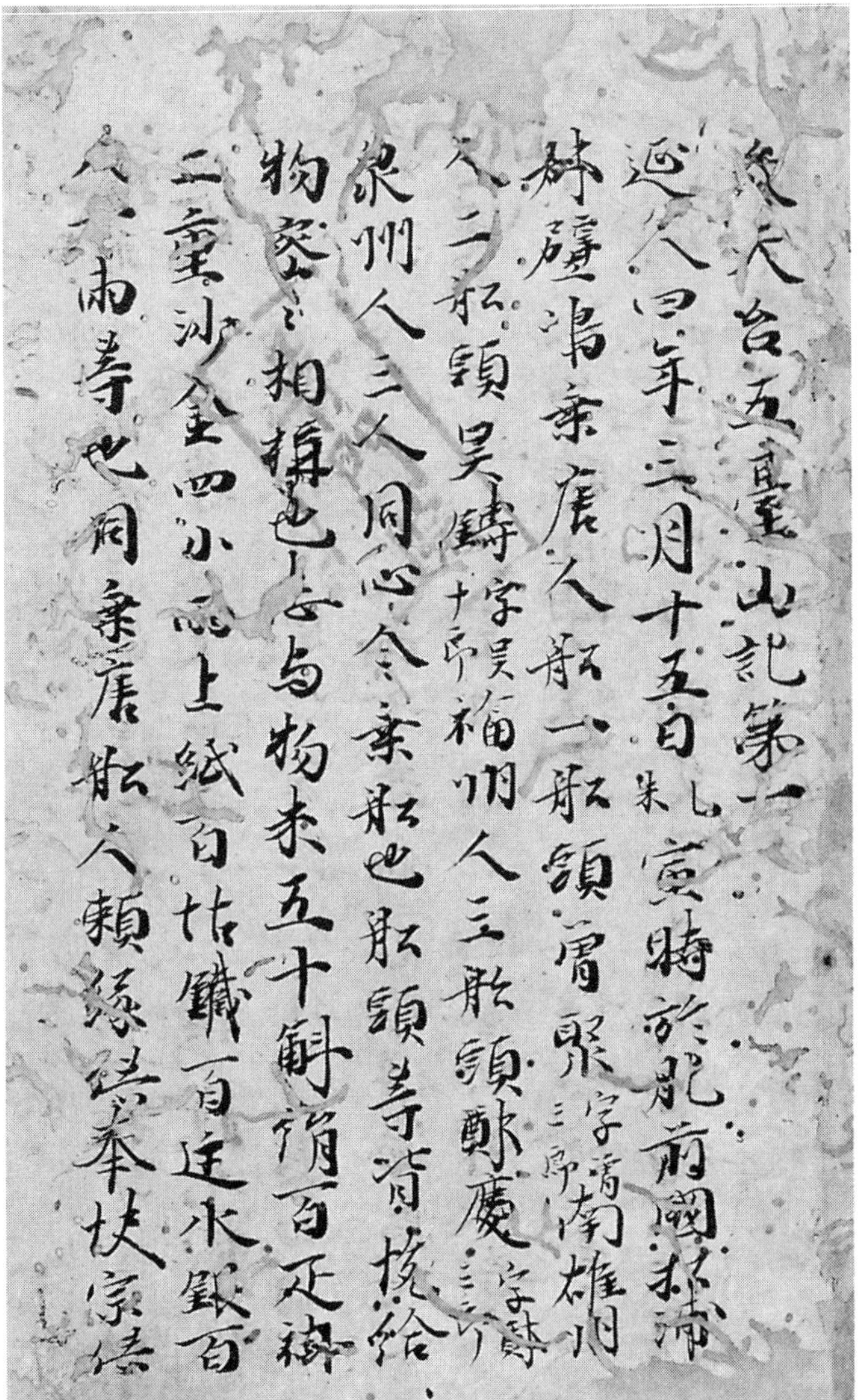
参天台五臺山記第一
延久四年三月十五日寅時於肥前國松浦
郡壁島乗唐人船一船頭曾聚字曾三郎南雄州
人二船頭呉鑄字呉十郎福州人三船頭鄭慶字鄭三郎
泉州人三人同心令乗船也船頭等皆悦、給
物密々相搆也与物米五十斛絹百疋褂
二重沙金四小両上紙百帖鐵百廷水銀百
八両等也同乗唐船人頼縁供奉快宗供

参天台五臺山記（東福寺蔵，京都国立博物館提供）

はしがき

『参天台五臺山記《さんてんだいごだいさんき》』（以下、『参記』とも称す）という史料がある。全八巻。著者は、天台宗寺門派《じもんは》の僧・成尋《じょうじん》（一〇一一―八一）。史料名の通り、成尋が中国の天台山と五臺山を参拝する内容が中心となるが、それ以外にも皇帝謁見《えっけん》、祈雨《きう》成功、新訳経典収集など、さまざまな話題が含まれた、実に読み応えのある渡航記である。成尋は泣きすがる母を日本に残し、六十歳という高齢で宋へ渡り、そのまま彼の地で生涯を終えている。ひとり残された母の嘆きは、『成尋阿闍梨母集《じょうじんあじゃりのははのしゅう》』としてまとめられ、平安文学の代表作の一つとして現在も多くの人びとに愛されている。

残念ながら、『参記』の成尋自筆本（原本）は残されていない。現存最古の写本は、京都の臨済宗寺院の東福寺《とうふくじ》が所蔵するもので、重要文化財に指定されている。東福寺本は、承安《じょうあん》元年（一一七一）に成尋自筆本と校合《きょうごう》した写本を底本として、承久《じょうきゅう》二年（一二二〇）頃に書写されたものである。東福寺本には、「普門院《ふもんいん》」という長方形の黒い蔵書印が捺されていることから、東福寺開山の円爾《えんに》（一二〇二―八〇。聖一国師《しょういちこくし》の号を賜る）の蔵書であったことがわかる。現在流布する写本は、ほとんどが東福寺本を祖本としている（平林文雄『参天台五臺山記　校本並に研究』、森克己「戒覚の渡宋記について」）。東福寺本は東洋文庫叢刊第七として一九三七年に複製本が刊行され、本書では東福寺本はこの複製本を利用している。

このように、成尋といえば『参記』であり、読者に『参記』の面白さを伝えるため、本書でもそれなりの紙幅を費やし内容を紹介している（本書第四・五。しかし、それでもかなり抄略しているので、実際に『参記』を読んでいただくのが一番ではある）。とはいえ、成尋が宋へ渡り『参記』を物したのは、成尋の晩年期である。渡航僧は一夜にして成らず。『参記』の記載は、日本での生活や活動といった人生のベースがあって初めて生まれるのであり、「渡航僧成尋」の姿が全てではない。そのため、本書では、家族について、大雲寺《だいうんじ》入りの状況や天台僧としての修行内容、母との関係など、成尋の渡宋前の人生についてもさまざまな角度から分析している。通説とは異なる部分もあるが、説得的であることを心がけた。

それにしても『参記』は癖もあり、読みにくい箇所も多くある難敵である。東福寺本や種々の翻刻・刊本だけでは読み解けない箇所も多くあった。そのため、本書では、『参記』読解に際し、藤善眞澄訳注『参天台五臺山記』（以下、藤善注）、齊藤圓眞『参天台五臺山記』（以下、齊藤注）をはじめとする各種訳注に助けられたところが多い。また、本書では数多くの優れた先行研究にも助けられている。本書は私ひとりでは書き上げることはできなかっただろう。この場を借りて、これら学恩に深く感謝したい。

なお、脱稿後に『史料纂集　参天台五臺山記』第一・二（森公章校訂、八木書店、二〇二三年四月・六月）が刊行された。可能な限り校正時に参照したが、十全ではない。読者諸氏には併せて参照されたい。

二〇二三年六月二十日

水口幹記

目次

口絵

挿図

挿　表

第一　誕生と家族

一　生年をめぐって

生年はいつか

成尋の生まれについては、『大雲寺縁起《だいうんじえんぎ》』（続群書類従《ぞくぐんしょるいじゅう》本）に「寛弘《かんこう》八年（一〇一一）辛亥《かのとい》誕生」と明示され、他書でも同様に寛弘八年生まれとされている（『本朝高僧伝』巻六十七・宋国伝法院沙門成尋伝）。また、成尋が宋へ渡った延久《えんきゅう》四年（一〇七二）に六十二歳であったことが示される史料もあり（『寺門伝記補録《じもんでんきほろく》』巻一・北石蔵祠、巻十五・非職高僧略伝・巻上・善恵《ぜんね》大師成尋条、『天台霞標《てんだいかひょう》』初編巻之四・善慧成尋和尚）、やはり寛弘八年が成尋の生年であったと考えていたことがうかがえる。一部、寛弘九年（長和元年）誕生説をとっている史料もあるが（『寺門伝記補録』巻十五、『伝法灌頂血脈譜《でんぽうかんじょうけちみゃくふ》』）、寛弘八年説が大勢である。

『大雲寺縁起』の信頼性

しかし、寛弘八年説を採る『寺門伝記補録』（応永《おうえい》四年〈一三九七〉頃成立）、『本朝高僧伝』（元禄《げんろく》十五年〈一七〇二〉成立）、『天台霞標』（明和《めいわ》八年〈一七七一〉初編三巻編集、文久《ぶんきゅう》二年〈一八六二〉七編に増補）は、成尋誕生とされる十一世紀からかなり後世になって編纂された書物である。これらは、先行すると思われる『大雲寺縁起』の寛弘八年誕生説を襲っての記載であろう。

　現在、比較的簡便に手に取ることができる『大雲寺縁起』は、活字化されている続群書類従本（第二十七輯上）と大日本仏教全書本（寺誌部一）になる。両本とも彰考館《しょうこうかん》本を底本としており、多少の字句の相違はあるものの内容は同一である（この系統を続群書本で代表させる）。その他にも、複数の『大雲寺縁起』と称する史料が存在していることがわかっているが（『国書総目録』、角田文衞「大雲寺と観音院」、佐尾希「資料解題・実相院蔵『大雲寺縁起』」）、その中でも注目すべきは、東京大学史料編纂所と京都大学図書館が所蔵している実相院《じっそういん》本（京都大学では大雲寺蔵本としているが、それぞれの藍本《らんぽん》〈底本〉は同じである）である。続群書本と実相院本は、共に大雲寺の概要や建立縁起《こんりゅうえんぎ》、成尋の事績などが記されるが、両者ではそのアプローチの方法が異なっていて、系統を異にする（水口「東京大学史料編纂所蔵実相院本『大雲寺縁起』の紹介・翻刻」）。

　続群書本の成立年代については「十一世紀の終わりか十二世紀の初め頃」と推定されているが（『群書解題』第十八下、大森順雄執筆）、『解題』の記述内容に不審な点があることや、入宋の年紀に錯誤がある点など、『大雲寺縁起』自体の記述にも混乱が見られ、これらには信がおけず、成尋の生年についても鵜呑みにすることはできない。

入宋時の年齢から考える

　こうした点を疑問視して、新たな説を提示したのが石井正敏《まさとし》である（石井「成尋生没年考」)。石井は、後世に編纂された書物の記載に拠るのではなく、成尋自身が書き記した文章を重視すべきだとし、以下の三つの文章に注目する。

『朝野群載《ちょうやぐんさい》』巻二十・延久二年(一〇七〇)正月十一日付「僧成尋請渡宋申文」

爰《ここ》に齢《よわい》は六旬《じゅん》に迫り、余喘《よぜん》は幾《いくば》くならず。(年齢は六旬に迫り、余命はわずかである。)

『参天台五臺山記』巻一・熙寧《きねい》五年(延久四年・一〇七二)六月二日条

今齢は六旬に満ち、余喘は幾くならず。……

『参天台五臺山記』巻八・熙寧六年(延久五年)四月十九日条

年は六旬に余り、旦暮に期し難し。……

一つ目は、成尋が宋へ渡る許可を朝廷に求めた文書で、残り二つは成尋自身が書き残した渡航記『参天台五臺山記』中の文章である。石井はこの中の「齢は六旬に迫り」「齢は六旬に満ち」「年は六旬に余り」の「六旬」に注目し、それぞれ六十歳未満、六十歳ちょうど、六十一歳以上と解釈し、入宋した延久四年が六十歳ちょうどであることから、成尋の生年を長和二年(一〇一三)と、これまでの通説より二歳遅らせるべきことを主張した。

年齢を「旬」で表すことはしばしば見られるが、「旬」の用法には大きく二種類の解釈がある(高田信敬「年齢表記法について」)。「六旬」を例に取ると、一つは、六十歳までの十年間のある時点での年齢を指す、つまり、五十歳代を「六旬」と呼ぶ用法で、今一つは、六十歳そのものを指す用法である。ただし、「満〇旬」の場合は、ちょうど〇十歳という解釈で諸説は一致しており、それは日本のみならず唐の用法でも確認できる。

六十一歳説の根拠

筆者は石井説は妥当性が高いと考えるが、今まで検討されていなかった別の側面からそれを補強しよう。それは、『成尋阿闍梨母集《じょうじんあじゃりのははのしゅう》』（以下、『母集』）の「二年《ふたとせ》ばかりありて、のどやかに物語しつつ」（二年ほどそのように過ごして、のんびりと話をしていると）で始まる、成尋が母へ入宋への決意を語る場面の記述をめぐってである。

「二年ばかり」とあるが、これは母が成尋の招きにより大雲寺に身を寄せた治暦《じりゃく》四年（一〇六八）七月一日から数え、二年目の延久元年（一〇六九）のことと考えられる。成尋は「今行っている三年間の予定の結跏趺坐《けっかふざ》（足を組んで行う修行）の修行が終われば、五臺山に巡礼するつもりです。いろいろと障りがあったので今までは我慢していましたが、老い先短いので思いを遂げたいと思います。もし生きていたら帰ってきますが、帰ってこなければ極楽でお会いしましょう」と告げたのである。母はあまりのことで胸がいっぱいになり返答ができなかったようだ。

ここで特に問題となるのが、「年《とし》ごろ宿曜《すくよう》に言ひたることの、かならずかなふを、六十一慎むべしと言ひたるを」の部分である。意味としては「長年宿曜（師）の言ったことは、必ず的中しているが、（そこでは）『六十一歳は慎むべきである』と言っているが」

となる。これをめぐっては、多くの注釈書では六十一歳が厄年に当たることを指摘する（『拾芥抄《しゅうがいしょう》』下・八卦部第三十四「厄年《やくどし》」）。その上で、「成尋は延久三年に渡宋しようとしており、その年、六十一歳にあたる」（宮崎荘平『成尋阿闍梨母集全訳注』）などとされる。延久三年を六十一歳とすると、寛弘八年が成尋の生年となる。

宿曜道の生年勘文

宿曜道は、天徳《てんとく》元年（九五七）に延暦寺僧日延《にちえん》が符天暦《ふてんれき》（唐の曹士蔿《そうしい》が編纂した民間暦）を呉越《ごえつ》国からもたらしたことにはじまる。宿曜師は符天暦を用い、個人の誕生年・月・日・時における九曜（日・月・火・水・木・金・土の七曜星に、羅睺《らご》・計都《けいと》の二曜星を加えたもの）の位置を算出し、二十八宿や十二宮などを記したホロスコープに示して、その位置関係から人々の運勢を占う者で、古代・中世の貴族社会において盛んに活動をしていた。

宿曜師が貴族らの求めにより占い作成するのが、宿曜勘文《すくようかんもん》である。現在宿曜勘文は十七通確認されている（桃裕行「宿曜道と宿曜勘文」、山下克明「院政期の宿曜道と宿曜秘法伝承」）。そのうち、十六通を確認した桃裕行は、内容から宿曜勘文を①生年勘文②行年《こうねん》勘文③日食勘文④月食勘文に分類した。成尋はこれらのうち、①生年勘文を手にしていたと思われる。

生年勘文は、ある人の生まれた年月日時の九曜の位置関係から人の一生を占ったものであり、現在二通が確認されている。そのうち一通は天永《てんえい》三年（一一一二）十二月二十五日

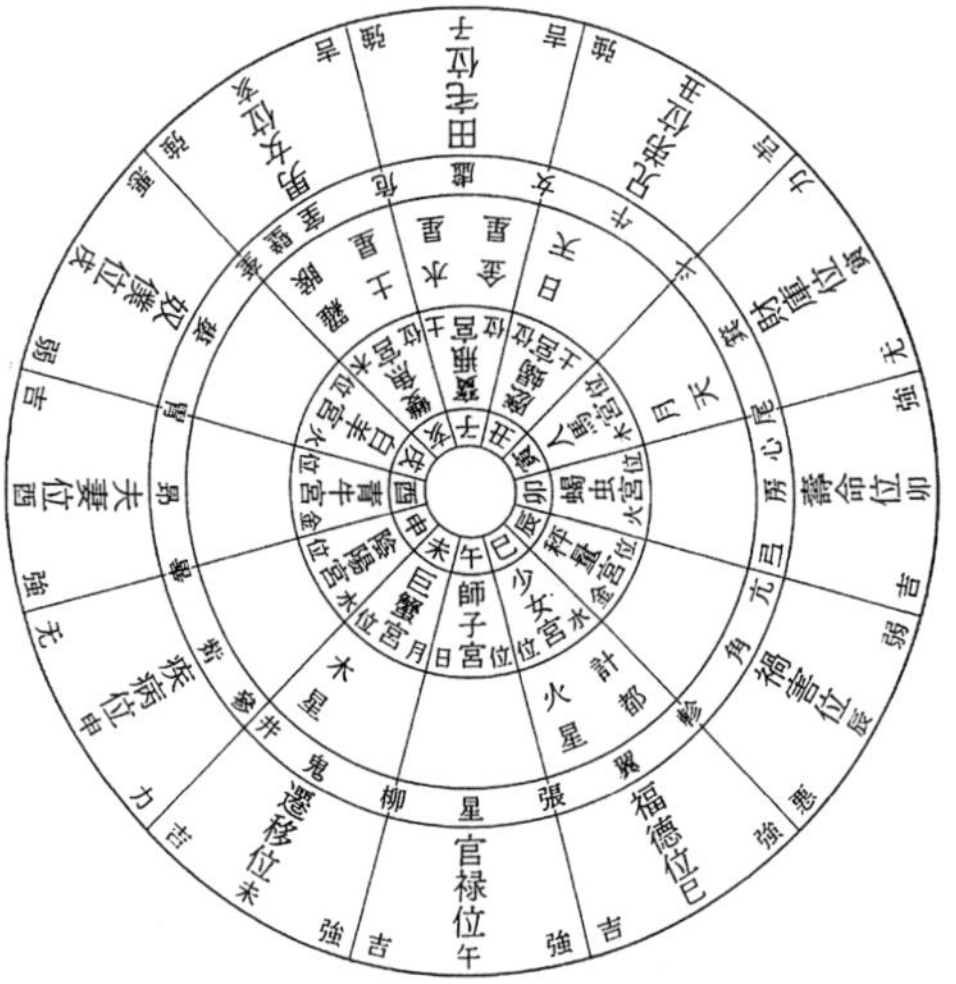

宿曜勘文十二天宮立成図（『桃裕行著作集8 暦法の研究（下）』思文閣出版，1990年，133頁より転載）

丑の時に生まれた男（名は不明）のもので、その男の本命宿《ほんめいしゅく》（ここでは尾《び》宿）や本命宮《ほんめいぐう》（ここでは蝎虫《かっちゅう》宮）などが提示され、それを軸に種々の占いが記されている。その中で注目したいのが、「第三　運命」項に記された次の文章である。

> 此の宮生まれの人の慎むべきは、年々は□□十四・五、十九・二十、二十三・四、二十七・八、三十一・二、三十七・八、四十二・三、四十七・八・九、五十三・四、六十一・二。

ここにはその男が一生のうちに「慎むべき年」が取り上げられているのである。この例を参照するに、成尋が手にしていたのは、宿曜師が作成した生年勘文であったことがわかろう。成尋は自身の生年勘文を見て「六十一慎むべし」と言っているのであり、改めて宿曜師に渡宋について占ってもらったわけではない。「年ごろ（長年）」という用語も生年勘文を見ていたとしたら得心できよう。

渡宋六十一歳説の誤り

もう一つ着目すべきは、慎むべき年は単年ではなく、二〜三年続いているということである。つまり、成尋は慎むべきとして六十一歳をあげているが、それはおそらく忌み年の最初の年を指して述べているだけで、実際は六十二歳あるいは六十三歳も慎むべき年であったと考えるべきである。これを踏まえ先の文章を読んでみると、「宿曜勘文によると六十一歳（からの数年）は慎むべきだけれども、若いころからの宿願であった五臺山参詣を目指そうと思う」という意味になる。六十一という数字は近い将来のことをあげているだけであり、決して渡宋年そのものが忌み年であると言っているわけではなく、この記述からだけでは成尋の生年を推定することはできないということになる。

以上のことから、本書では石井説を採り、成尋の生年は長和《ちょうわ》二年（一〇一三）とし話を進めていく。

二　両親

父は北家藤原氏

生年同様、成尋の家族についても不明な点が多い。続群書本『大雲寺縁起』には「母は堤大納言《つつみだいなごん》の息女なり。実方《さねかた》中将の孫なり」とあり、実相院本『大雲寺縁起』には「父の名は未だ詳《あきら》かならず。但し母は堤大納言の女《むすめ》、祖父は実方中将なり」とその両親・祖父について触れている。これによると、成尋の父方の祖父は藤原実方（？—九九八）であったことがわかる。実方は北家の左大臣藤原師尹《もろまさ》（九二〇—六九）の孫であり、藤原公任《きんとう》（九六六—一〇四一）や清少納言《せいしょうなごん》（生没年不詳）らとも交遊があり、『実方集』（実方朝臣集）という歌集を残すほどの風流人であった。実方には朝元《あさもと》・賢尋《かたひろ》・貞叙《さだのぶ》・義賢《よしかた》の四人の息子がいるが（『尊卑分脈《そんぴぶんみゃく》』）、成尋の父候補としては貞叙説（永井義憲「成尋阿闍梨母集の成立」）・義賢説（玉井幸助「成尋阿闍梨母集」）の二説が提起されているものの定かではない。実相院本『大雲寺縁起』にあるように、父の名は不詳とするのが穏当であろう。なお、いわゆる三蹟のひとり藤原佐理《すけまさ》（九四四—九八）を父とする文献もあるが（『本朝高僧伝』巻六七・成尋伝）、これは間違いである。

　また、成尋が阿闍梨《あじゃり》伝灯《でんとう》大法師に補任《ぶにん》されたことが記される天喜《てんき》二年（一〇五四）十二月二十六日付太政官牒《ちょう》（『参記』巻四・熙寧五年十月十四日条）に署名者として名が見える藤原定成《さだなり》は、実方の子朝元の子で、仮に成尋の父を貞叙もしくは義賢とすると、成尋の従兄《いと》弟《こ》に当たることになる。どうやら両者の関係は以降も良好であったらしく、成尋は渡宋後の母の世話を定成に頼んでいたようなのである（『母集』延久四年十二月八日。文中では定成のことを「肥前《ひぜん》殿」と称している)。

母・源俊賢女

続いて、母方に移ろう。母は堤大納言の女、となっている。堤大納言は「権大納《ごんのだいな》言《ごん》」の誤記で、源俊賢《としかた》(九六〇―一〇二七)が該当することは衆目の一致するところであり(玉井幸助「成尋阿闍梨母集」など)、本書もこれに従う。俊賢には顕基《あきもと》・隆国《たかくに》・隆縁《たかより》の三人の息子がいるが(『尊卑分脈』)、なかでも成尋と関係が深いのが隆国(一〇〇四―七七)である。隆国は宇治《うじ》大納言とも呼ばれ、『宇治大納言物語』の作者である。成尋の叔父にあたる隆国とは、成尋の渡宋後も手紙のやりとりが確認でき(『阿娑縛抄《あさばしょう》』第百九十六・明匠等略伝下・日本下など)、成尋の後ろ盾となったひとりと考えられる。

『成尋阿闍梨母集』

『尊卑分脈』からは娘の存在は確認できず、成尋母の名前はわからないが、彼女には『成尋阿闍梨母集』と名づけられた日記風の書物が残されている。

『母集』は二巻に分かれ、一巻は治暦三年(一〇六七)十月から延久三年(一〇七一)三月頃まで、二巻は延久三年四月から同五年五月頃までの記事が載せられている。成尋との別れが本書の執筆動機となっている。冒頭には、

延久三年正月三十日

仁和寺《にんなじ》に渡りて思ひ乱るる南面《みなみおもて》に、梅の花いみじう咲きたるに、鶯《うぐいす》の鳴きしかば、

鳴く鳴くもあはれなるかな枝枝《えだえだ》にこづたふ春の鶯の声

（仁和寺に移って心が思い乱れている状態で南面にある部屋にいると、庭には梅の花がたくさん咲いているところに、鶯が鳴いたので、

どんなに鳴いても趣深いものだ、枝から枝に飛び移りながら鳴く春の鶯の声は）

なほ、申文《もうしぶみ》にて内裏《うち》にも参らせまほしう、

雲の上ぞのどけかるべきよろづ世に千世《ちよ》かさねますももしきの君

（やはり、申文を出して、成尋を参内させたく思って、

宮中はさぞかし穏やかなことでしょう、長い年月を重ねていらっしゃる帝におかれては）

とあり、「延久三年正月三十日」が内題のように象徴的に記される。この日付は、成尋母にとっては非常に重要なものであった。治暦四年七月以降、母は成尋の住する大雲寺に引き取られ、息子との幸せな日々を過ごしていたのだが、成尋の出立が近くなった延久三年正月三十日に、もうひとりの息子「律師《りつし》」の住む仁和寺に移されてしまった。この日を起点に母の人生は大きく転換し、成尋との別れを嘆く晩年を送ることとなってしまったのである。ここに挙げた一首目には、鶯が鳴くのは趣深いが、私が泣いたところで成尋は出立をやめないだろうという嘆きが詠われ、その後、帝に成尋の出立を留めるための申文を提出したいとの思いも記されている。以降、『母集』には成尋との思い出、

別れのつらさ、ときには生きていても仕方がないなどと死を望む記述さえ見られ、読む者の心を締め付ける。

一巻中に治暦三年からの内容を含むものの、この冒頭の書きぶりからわかるように、実際に本書の執筆が開始されたのは、延久三年以降であった（開始月については諸説あるが、三月頃が有力）。

『母集』には、成尋への母親としての愛情、成尋出立前の事情など様々な有益な情報が含まれているが、本節では成尋母をめぐる人間関係について触れておく。まずは、母そのひとについて述べていこう。

『母集』には、母が「十五ばかりなりし」ときに「三河《みかわ》の入道《にゅうどう》といふ人」が渡海するのを見聞したことが記される。この「三河の入道」とは寂照《じゃくしょう》（大江定基《おおえのさだもと》。？—一〇三四）のことであり、彼は長保《ちょうほ》四年（一〇〇二）三月十五日に入宋の許可を申請し、六月十八日に京を離れている。そして、その翌年八月二十五日に肥前から宋へ向かって出発した（『日《に》本紀略《ほんきりゃく》』『扶桑略記《ふそうりゃくき》』『百練抄《ひゃくれんしょう》』各日条）。このうち、成尋母が見聞したのは、離京の際の集まりであったのだろう。「十五ばかり」をちょうど十五歳として換算すると、永延二年（九八八）生まれとなる。成尋が京を離れた延久三年は、母は八十四歳、入宋時は八十五歳ということになる。かなりの高齢であり、成尋との別れはよりいっそうつらいものと感じたであろう。

成尋母は晩年に最愛の息子と生き別れになるという運命であったが、それまでの人生もけっして平坦ではなかった。『母集』では自分の人生を振り返っている箇所がある。その中に、

あやしく頼みし人もさるべきほどに失《う》せ、母も十余にて、いとよくおはしぬべかりし、とく失せ給ひて、この君だちの幼きを頼む人にて、待ちつつ多くの年を過ぎて、

とある。ここより、成尋母の母親、つまり源俊賢の妻は成尋母が十余歳のときにこの世を去っていたことがわかる。成尋母は幼くして母親と死別しているのである。また、「あやしく頼みし人」とは夫のことであり、やはりある時期に死別していたことがうかがわれる。このとき、「この君だちの幼き」、つまり、成尋とその兄弟はまだ幼く、彼らもまた母親同様に幼くして親と死に別れたのであった。成尋母の息子たちへの愛情の深さは、自分と似た境遇であった者たちへの憐れみや愛おしさがあったのかもしれない。

成尋を仏門に入れる

しかし、愛情だけでは子どもたちを育てることはできない。

昔のことを思ひ出づるに、この君だちを、父《てて》も亡くなりて持《も》たるに、人々参らせ、桃宮《ももみや》と申すもえさらぬ筋にて、「我しらむ」などさまざまのたましかど、法師《ほうし》になしてん、と思ひなりにしをおぼゆる。

ここで登場する「桃宮」は、藤原師輔《もろすけ》（九〇八―六〇）の五女で、源高明《たかあきら》（九一四―八二）の後妻となり、桃園の宮とよばれた愛宮《あいのみや》である（永井義憲「成尋阿闍梨母集の成立」）。「桃宮」は父親のいない幼い子どもたちの面倒を見てあげようと申し出ている。高明は俊賢の父であり、成尋母の父方の祖父にあたる。幼き子どもたちにとっては、この上ない話であるはずなのだが、母はそれを断っていたようだ。その上で、成尋母は子どもたちを僧侶にしようと思うようになった。成尋ら兄弟は、父の死をきっかけに、母の思いと共に仏門へと入っていったのである。成尋が仏門に入ったのが「七歳」（続群書本『大雲寺縁起』）であったとすると、当時成尋母は三十歳ということになり、夫との死別はその頃であったのであろう。

母方の親族

『母集』では多くの人物が登場するが、成尋も名前が出ることなく「阿闍梨」とされているように、彼らはみな肩書きで語られる。先ほど挙げた「肥前殿」とされる藤原定成は夫方の親族であるが、多くは自分の出自である父俊賢関連の人びとが中心であった。延久四年秋の末に、成尋の不在を気にかけて綿を持ってきてくれた「治部卿《じぶ》」は、源隆国の長男である隆俊（一〇二五―七五）であり、成尋母から見れば甥であった。また、晩年の成尋母のことを心配して「つねにとひたまふ」人びとの中に、「肥前守」（定成）・「治部卿」（隆俊）と共に「宮内《くない》卿」がいる。これは源道方《みちかた》の息子経長《つねなが》が最も候補としては近い。経長は、長久三年（一〇四二）十月に宮内卿になり、以来確認できる限りでは治暦五年（延久元・一〇六九）までの長期にわたってその職に就いていた（『公卿補任《くぎょうぶにん》』）。また、その父道方も宮内卿となっており、代々皇室と近い関係にあったと思われる。道方の母は藤原師輔の女（『尊卑分脈』）とも、源高明の女（『公卿補任』）とも言われており確かではないが、もし高明の女だとしたら、俊賢の姉妹、つまり成尋母からみて叔母にあたることになり、道方は従兄弟になる。ただし、経長は延久三年六月六日に他界しており、この当時は故人であったので、成尋母の記憶が錯綜していたのかもしれない。

また、「孫《うまご》なる禅師の二人」「孫の禅師ども」と称される人びとが登場する。成尋とその兄弟は僧籍にあるので、子どもはいない。そのため、成尋母に本来孫はいないのだが、彼らは別の箇所では「甥の禅師ども」とも呼ばれている。これは、成尋の元で修行をしていた禅師たちであり、成尋母から見ると孫のような存在であったのであろう。彼らは源隆国の子どもたち（成尋母から見ると甥にあたる）を指すと考えられる。隆国には多くの子がいるが、そのうち隆覚《りゅうかく》と覚猷《かくゆう》が有力である。のちに触れるが、隆覚は大雲寺の子院の最勝院を建立しており（実相院本『大雲寺縁起』付「大雲寺諸堂目録」）、成尋の後を襲い大雲寺別当《べっとう》となった人物である（『寺門伝記補録』巻十六・律師隆覚）。また、覚猷は、一時期大雲寺で過ごしていたことが確認できる（実相院本『大雲寺縁起』）。なお、覚猷はのちに鳥《と》羽僧正《ばそうじょう》とも言われ、『鳥獣戯画《ちょうじゅうぎが》』の作者とも比定される僧である（以上、人物比定は永井義憲「成尋阿闍梨母集の成立」・玉井幸助「成尋阿闍梨母集」に多くよる）。

成尋母は、夫との死別後、自分の実家の親族からの支援を受けており、それは成尋の人間関係にも大きく影響を与えていたのである。

三　兄弟

兄弟「律師」とは誰か

すでに触れてきたように、成尋には兄弟がいた。『母集』に「子は二人ぞ。律師《りっし》、阿闍梨にて」とある「律師」である。『母集』の他の箇所では「仁和寺の律師」とあり、また、成尋が出立後、母は仁和寺に身を寄せていることから、兄弟は仁和寺僧であったことがわかる。この「律師」については、現在二人の僧が候補として比定されている。

「律師」成尊説

ひとりは、永井義憲が主張する成尊《せいそん》（一〇一一―七四）である（永井「「仁和寺の律師」は成尊か」）。成尊は長和元年に生まれ、東密僧仁海《にんがい》の入室灌頂《にゅうしつかんじょう》の弟子で、請雨経法《しょううきょうほう》などで効験を顕し、小野曼荼羅寺《おのまんだらじ》の二世となった人物である。彼は権律師覚尋《かくじん》（延暦寺）・阿闍梨信覚《しんかく》（東寺《とうじ》）・法印権大僧都《ほういんごんのだいそうず》静円《じょうえん》（園城寺《おんじょうじ》）・阿闍梨頼範《らいはん》（園城寺）らとともに後三条《ごさんじょう》天皇の元で護持僧《ごじそう》として活躍した（『護持僧次第』）。当時、護持僧は延暦寺・園城寺・東寺の三山から選ばれることとなっており、成尊は東寺からの選出であった。

永井は、『僧綱補任《そうごうぶにん》』に載る成伝の経歴が成尊と全く一致しているとして、『僧綱補任』の成伝は成尊のことであると断定し、議論を進めている。成尋の生誕を寛弘八年（一〇一一）とみる永井は、長和元年（一〇一二）生まれの成尊は成尋の弟であるとみている。

『母集』の終盤に、「律師」が「院の御修法《みすほ》」「内裏《うち》の御修法」に招かれて参加していること、「律師」を「世にたぐひなき聖《ひじり》」と評価していることが記されている（延久五年四月一日、同年五月）。

院・内裏とあるが、これはともに後三条上皇のための修法《すほう》であった。延久四年（一〇七二）十二月四日、白河《しらかわ》天皇に譲位した後三条は、翌年二月二日には石清水八幡宮《いわしみずはちまんぐう》に病気平癒を祈り奉幣《ほうへい》するなど体調に不安を抱えていた（『八幡宮寺告文《こうもん》部類』第二）。三月十八日には後三条不予により大赦が行われ、四月二十一日、ついに後三条は出家した（『扶桑略記』など）。同月、天台座主《ざす》権大僧都勝範《しょうはん》が七仏薬師法を修し（『諸法要略抄』）、五月一日には五百人の僧侶を招き法華経を法皇の御所で転読させるなど、法皇のための仏事供養も営まれている。しかしそのかいもなく、同月七日、後三条は四十歳で崩御した（『扶桑略記』など）。上記『母集』の記述は、まさに後三条が病気で苦しんでいるときに行われていたのであり、「律師」は後三条のために参内し修法に参加していたと思われる。永井は、

「律師」成尊説への疑問

「成尊を除いて仁和寺の律師として院の帰依《きえ》を集めた僧を他に決して見出すことは出来ない」と述べ、上記記述もそれを裏付けるものだと解釈する。現在、「律師」＝成尊とする永井説は広く受け入れられ、半ば通説化している。

しかし、永井説には疑問もある。『母集』は兄弟を「律師、阿闍梨」の順で示している。普通に読めば、兄が律師で弟が阿闍梨となるはずである。

また、『母集』では終始「律師」で通していることにも疑問が残る。というのも成伝（＝成尊）は、延久三年七月五日に権律師から権少僧都《ごんのしょうそうず》に転じているからである（『僧綱補任』）。そもそも、『母集』は読者を意識して作成されているとの指摘もあり（新藤協三「『成尋阿闍梨母集』の成立」）、成尋母は表記には十分注意していたはずである。権律師よりも少僧都のほうが位が高く、それをことさらに褒める意識が働くならまだしも、自らの子を「世にたぐひなき聖」と評する母親が、それを無視し、あえて「律師」で通すことの整合的な理由が見いだせない。

さらには、成尊には仁和寺との明確な関係が見られないことも挙げられる。『母集』に「仁和寺の律師」と記載され、成尋母自身も仁和寺に身を寄せている以上、「律師」は仁和寺に住する僧であったはずである。成尊を「仁和寺の律師」と呼べるのだろうか、という素朴な疑問もある。

「律師」聖紹説

このように数々の疑問が生じる永井説だが、「律師」呼称や、成尋の出自である藤原実方系・源俊賢系と成尊との接続ができない点に注目した鈴木佐内が提示したのが、「律師」＝聖紹《しょうしょう》（聖照）説である（鈴木「『成尋阿闍梨母集』の律師」）。聖紹は治暦二年（一〇六六）に権律師に任じられ、対象となる延久年間も変わらず権律師であったことが『僧綱補任』に確認できる。治暦二年条に朱書きで「五十八」とあることから、聖紹は寛弘六年（一〇〇九）の生まれであり、成尋よりも四歳年長となる。そのため、『母集』での「律師」呼称や「律師、阿闍梨」の記載順の問題は解決する。

また、鈴木は聖紹が仁和寺円堂の開山である成典《せいてん》の入室弟子であることを指摘し、さらには俊賢の子である顕基＝円照《えんしょう》と同日に仁海から灌頂を受けているところに、俗縁でのつながりを想定する。仁和寺僧成典の入室弟子であることから、聖紹ならば「仁和寺の律師」と呼称されてもよいのではないだろうか。

聖紹の孔雀修法参加

『母集』での「律師」が「院の御修法」「内裏の御修法」に招かれて参加していることとの関係であるが、必ずしも「律師」が中心執行者である必要はない。『御室相承記《おむろそうしょうき》』二・大御室《おおおむろ》には、延久五年二月に「大御室」、すなわち三条天皇の第四皇子であり、仁和寺二代門主である入道二品《にほん》親王師明《しみょう》（法名性信《しょうしん》。一〇〇五―八五）が執り行った孔雀経《くじゃくきょう》法《ほう》の記録が見られる。それは「後三条院御悩御祈」であり、三条殿《さんじょうどの》で行われた（『孔雀

経御修法記』、『東要記《とうようき》』下、『後拾遺往生伝《ごしゅういおうじょうでん》』上・入道二品親王伝、『東寺王代記《とうじおうだいき》』など）。

大規模な修法は多くの僧侶と共に行われるのが通例であり、「伴僧《ばんそう》廿口《く》」が参加した記録も残されている。その中でも、特に注目したいのが、治暦四年二月二十三日に開始され、三月九日に結願《けちがん》した性信執行の孔雀経法である。当時、後冷泉《ごれいぜい》天皇は前年十二月頃から病気を発症し、四年には悪化していた（『扶桑略記』治暦三年十二月十二日条など）。孔雀経法は、『孔雀経』や『孔雀明王儀軌《ぎき》』などにのっとり、息災や祈雨などのために修する密教の修法であり、このたびのものは後冷泉の病気平愈を願い執り行われた修法であった。この修法執行により性信は牛車《ぎっしゃ》宣旨を賜るほど、効験があったようだ。『母集』に「そこらの御修法、仁和寺の宮と申すも参らせたまへるに」（数々の修法のために、仁和寺の宮とおっしゃる方も参内なさっているので。（治暦四年のこと））とあるのが、これに当たる可能性がある。そして、この修法に伴僧二十名の筆頭として聖紹が参加していた。聖紹は護摩《ごま》壇《だん》を担当しており、修法での重要な役回りを演じていたのである（『御室相承記』二・大御室）。

はたして、延久五年二月の性信執行の孔雀経法が『母集』記載の「内裏の御修法」と同一のものかは確かめられない。しかしながら、こうした修法に「律師」が伴僧として参加していた可能性は高いであろう。その際の「世にたぐひなき聖」という評価は、母親の贔屓目でのものと考えるべきではないだろうか。

以上から、「律師」は通説となっている成尊よりも聖紹である可能性が高く、また彼は成尋の兄であったことが明らかになったであろう。

第二　天台僧成尋

一　大雲寺

大雲寺主となる

父の死を契機に成尋と兄聖紹《しょうしょう》は、母の元を離れ、幼くして仏門に入った。そのときのことを続群書本『大雲寺縁起』は「七歳の時、岩蔵の法印入室」と記す。この記載を信じるならば、成尋は七歳、兄聖紹は十一歳のときのこととなる。このとき、成尋は大《だい》雲寺《うんじ》に、聖紹は仁和寺《にんなじ》に、と二人は別々の寺に入ったのだろう。そして、入宋《にっそう》した年に、「大雲寺主と為《な》りて三十一年」（『参記』巻一・熙寧《きねい》五年〈一〇七二〉六月二日条）と成尋自らが語っていることから考えるに、大雲寺主となったのは長久《ちょうきゅう》二年（一〇四一）のこととなる。ときに成尋二十九歳、大雲寺に入ってから二十二年後のことであった。

現在、大雲寺は天台宗の寺院として京都市左京区岩倉上蔵町に位置している。周囲には中世期に創建され発展した天台宗の門跡《もんぜき》寺院である実相院《じっそういん》がある。大雲寺は、室町期には将軍の庇護《ひご》を受けた実相院により末寺とされた。近世期には大雲寺は観音信仰の霊

大雲寺絵図（実相院蔵）

場として栄えたが、昭和六十年（一九八五）の火災により旧本堂の伽藍《がらん》が消滅し、その後、境内地の東端に再建された仮本堂が現在の大雲寺である。

大雲寺の建立

現在は往時の面影はほとんど残っていないが、その歴史は長い。大雲寺の歴史を述べるにあたり、本節では実相院本『大雲寺縁起』を軸としていく。『大雲寺縁起』には史実とは異なる記述も見られるが、可能な限り他の史料によりそれを補っていきたい。また、寺社縁起は現在からは到底史実と思われないものがあったとしても、その寺社がそれを真実として語り伝えてきたものである。その縁起を知る成尋もそれを真実として受け止めていただろう。そのため、その語り自体が歴史的証言ともなるのである。まずは、建立へ至った背景について、縁起に語ってもらおう。

天禄《てんろく》二年（九七一）四月二日、比叡山《ひえいざん》で五堂会《ごどうえ》という大法会が開かれた。このとき、山の麓で五色の雲が立ち上った。この法会に参加していた藤原文範《ふみのり》　源延元《のぶもと》・源惟正《これまさ》らがこれを目撃した。文範は、五色雲を「仏法相応《そうおう》の瑞雲」と解釈し、その場所に伽藍を建立すべく、雲の立ち上る場所を訪れた。すると、突然落馬し気絶してしまった。しばらくして目を覚ますと、この現象を不思議とし、近くに何らかの仏神がいるに違いないと思い探し求めると、一つの祠《ほこら》があった。文範は参拝し、その由来を問うも応える人はいなかった。

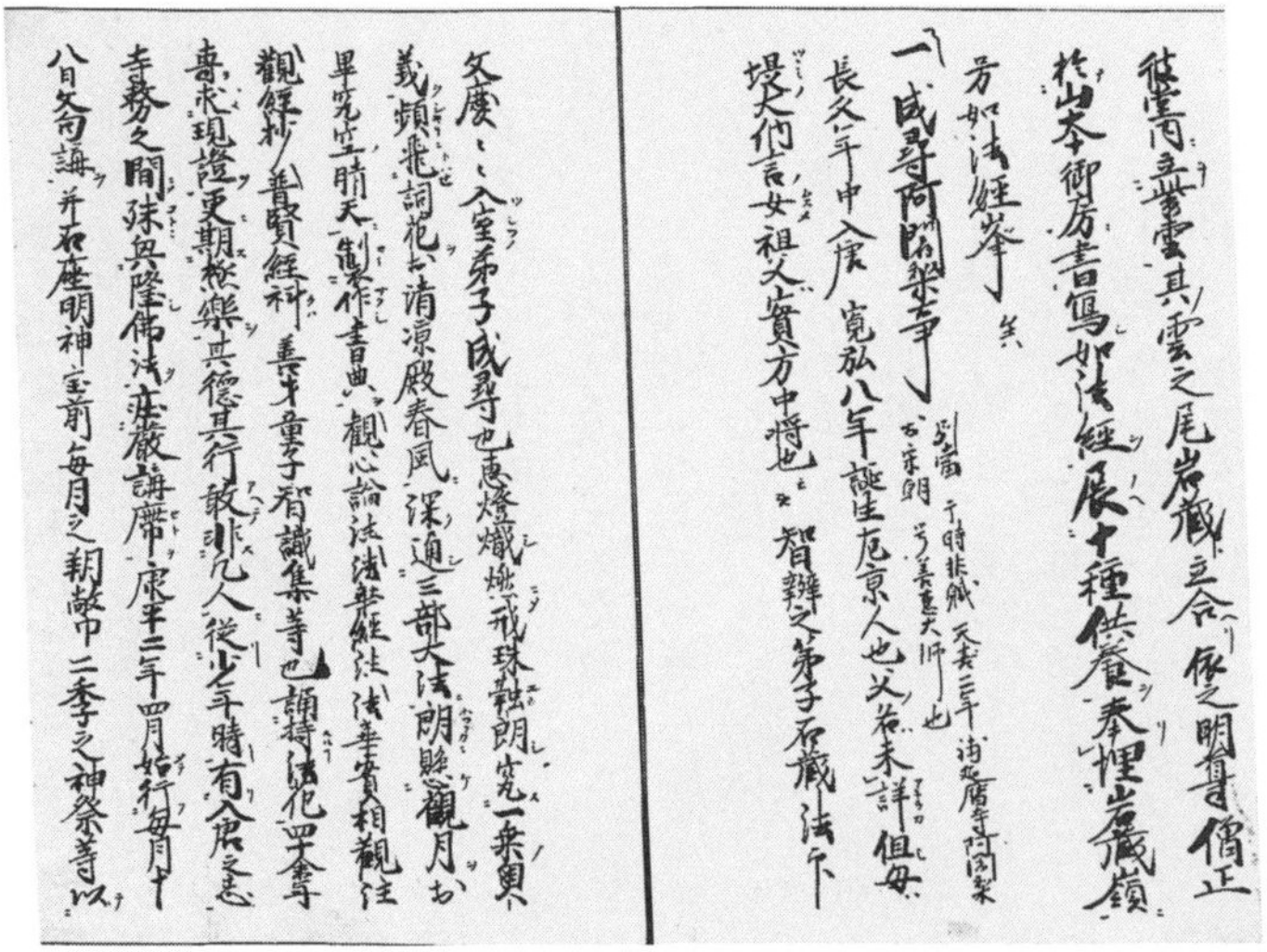

大雲寺縁起（実相院蔵，東京大学史料編纂所所蔵影写本）

という。ここにまず日付の相違がある。『天台座主記《てんだいざすき》』良源《りょうげん》条には、天禄三年四月三日とあり、『日本紀略《にほんきりやく》』同年同月一日条に関連記事が載る。また、『紀略』はこの法会を舎利会《しゃりえ》としている。そして、続群書本『大雲寺縁起』は勅使を文範としているが、『天台座主記』は実相院本同様に源惟正としている。続けていこう。

すると突然一人の「仏法守護の善神」を名乗る老尼が現れた（続群書本では「石座《いわくら》の老尼」と名乗っている）。老尼は文範の仏教興隆の思いを知り、現れたという。老尼が言うのは、「ここより西に相博寺《そうはくじ》があり、かつて一人の聖が住んでいた。ここで朝夕に吹く風は『宝刹《ほうせつ》より福聚海無量《ふくじゅかいむりょう》の音』がして、私は解脱《げだつ》した。まさに、この土地は観音信仰の聖地補陀落山《ふだらくさん》だと悟った」と。文範は伽藍建立の勝地《しょうち》を見つけ、悦び帰洛した。

続群書本に載る「慈眼視衆生《じげんししゅじょう》、福聚海無量」（実相院本「旦暮《たんぼ》に吹く風は此の宝刹より福聚海無量の音を成す」）ということばは『法華経』の文言であり、この土地が法華信仰の伽藍を建てる場所として最適であることを物語るのである。

観音像の相承と額銘

文範は帰京後（続群書本では「翌日参内」）、円融《えんゆう》天皇に伽藍建立を奏上した。天皇は感動し、藤原敦忠《あつただ》に宣下してここを勅願寺《ちょくがんじ》とすべく、ちょうど寺を建てようと計画していた真覚《しんかく》を本願とし伽藍建立に着手した。真覚は藤原時平《ときひら》の旧宅を移築して本堂となし、本尊は藤原仲平《なかひら》の娘明子《あきらけいこ》の持仏堂の仏像を移し安置した。真覚は額を改めて大雲寺と名付けた。また、倫旨《りんじ》に依り能書家の藤原佐理《すけまさ》が額銘を書いた。

ここに安置された仏像は、行基《ぎょうき》制作の金色等身大の十一面観音像であり、元は桓武《かんむ》天皇の持仏であり、それが藤原時平（八七一—九〇九）、明子の順で手元に渡ったという（続群書本）。ただし、ここにも混乱が見られる。敦忠は時平の子であるが、彼は天慶《てんぎょう》六年（九四三）に死去しているため、天禄三年にはこの世にいない。また、真覚の俗名は藤原佐理であるが、彼は敦忠の子であり、能書家の佐理とは別人である。そのため最後の一文は事実かどうかは怪しい。

文範は参議藤原元名《もとな》の次男で、一時敦忠の家司《けいし》を務めており、敦忠の死後その後妻を自分の妻に迎えた（『大鏡』第二・時平）。さらに、明子の子である佐理が文範の娘を正妻としていること、佐理夫妻の出家後に残された二人の息子を文範が自分の養子に迎えていること、文範が北岩蔵（倉）山の麓に山荘を有していたことなどから、角田文衛《つのだぶんえい》は、佐理夫妻の出家に衝撃を受けた文範と明子は協議の上で、文範の山荘内に、真覚のために一寺を創建し、これを大雲寺と名付けたのが始まりではないかとみている（角田「大雲寺と観音院」）。

観音院の開基

建立された大雲寺の初期に中心となったのが観音院である。永観《えいかん》三年（九八五）、円融の皇太后（冷泉《れいぜい》の皇后）であった昌子《しょうし》内親王（九五〇—九九）の本願により建立され、余慶《よきょう》（智弁僧正。九一九—九一）が開基となった。観音院には、講堂・五大堂・灌頂《かんじょう》堂・法華堂・阿弥陀堂・真言堂の六堂がある壮大なものであった（『日本紀略』・『扶桑略記《ふそうりゃっき》』寛和元年二月二十二日条）。昌子内親王が長保《ちょうほ》元年（九九九）に亡くなると、亡骸は観音院に移され、内親王の御車・牛・屏風などが観音院に施入《せにゅう》された（『小右記《しょうゆうき》』長保元年十二月一日・二日・五日条）。しかし、観音院はその後まもなくして、荒廃してしまったようだ。藤原実資《さねすけ》（九五七—一〇四六）がここを訪れたところ、寺中の多くが破壊されていたという（『小右記』寛仁二年（一〇一八〉閏四月六日条）。なお、現在岩倉には昌子内親王の陵墓がある。

母方の親族と大雲寺の関係

昌子内親王の傍に仕えた人物の一人として、成尋の母方の祖父にあたる源俊賢《としかた》がいる。俊賢は、昌子内親王の御給《ごきゅう》によって従《じゅ》五位下《げ》に叙され、正暦《しょうりゃく》二年（九九一）四月に太皇太后宮権亮《ごんのすけ》に任じられた（『公卿補任《くぎょうぶにん》』正暦六年条）。長和《ちょうわ》二年（一〇一三）には、観音院に建造中の昌子内親王供養のための塔の相談に、当時の大雲寺別当であった文慶《もんきょう》律師（九六六―一〇四六）が藤原実資の元を訪れている。このとき、実資と相談したのが俊賢であり、『母集』で宮内卿と呼ばれていた源経長《つねなが》の父である源道方《みちかた》であった。供養は彼らの尽力により無事同年十月十三日に挙行された（『小右記』長和二年九月六日・七日・八日条、『御堂関白《みどうかんぱく》記《き》』・『扶桑略記』同年十月十三日条）。

このように、俊賢や道方が早くから大雲寺に関与していたことこそが、成尋が父の死後仏門に入る際に大雲寺が選ばれた理由なのであろう。成尋親子を支えていたのは、母方の親族であったのである。

天台宗の内部抗争

大雲寺の歴史を大きく変えたのは観音院の開基であり、のちに観音院僧正とも号される余慶であった（『大雲寺縁起』付「当寺名哲之系図」）。当時天台宗は、慈覚《じかく》大師円仁《えんにん》の流れを汲む山門《さんもん》派と智証《ちしょう》大師円珍《えんちん》の流れを汲む寺門《じもん》派とに分かれていた。この両派の対立が、天元四年（九八一）十二月に、寺門派である余慶の法性寺座主《ほうしょうじざす》就任を機に表面化したのである。代々法性寺座主は山門派から任じられていたことから、山門派はこの決定に激怒し、僧綱《そうごう》・阿闍梨《あじゃり》ら二十二人（二十五人とも）が諸院諸寺の僧百六十余人を率い、関白太政大臣藤原頼忠《よりただ》（九二四—八九）の邸宅へ押し入る事件が起こった。僧らは帝の逆鱗《げきりん》に触れ処罰されたが、余慶もほどなくして法性寺座主を辞任せざるをえなくなった。その後、余慶は多数の門人を連れて比叡山を下り観音院へと入ったが、余慶門人の「四神足」と呼ばれたうちのひとり慶祚《けいそ》は下らず比叡山に留まった。結局、余慶は正暦二年（九九一）閏二月十八日、遷化《せんげ》した（『扶桑略記』天元四年十二月条、『元亨釈書《げんこうしゃくしょ》』巻十一・余慶、『寺門伝記補録』巻十九・両門不和之事など）。

寺門派の拠点となる

しかし、両派の対立は収まらず、ついに正暦四年八月、寺門派一千余人が比叡山から退くこととなった。このとき、慶祚をはじめ、賀延《がえん》・忠増《ちゅうぞう》らが頭領となりそれぞれが門弟を率い、大雲寺に入った（実相院本・続群書本『大雲寺縁起』、『寺門伝記補録』巻十九・両門別離之事。ただし、続群書本では源珠《げんじゅ》も下っている）。ここにより、成尋の入室前に大雲寺は、園城寺と並ぶ寺門派の重要拠点寺院となったのである。

大雲寺の諸堂・諸院

続群書本はこの記事に付して、

則ち大雲寺を本寺と為す。二箇寺を建立す。是王《ぜおう》寺・福泉《ふくせん》寺、是れなり。中大門は大雲寺、南大門は是王寺、北大門は福泉寺なり。

と、大雲寺が中大門・南大門・北大門の三大門の体制をとったことを記す。これは、延暦寺の東塔《とうとう》（止観院《しかんいん》）・西塔《さいとう》（宝幢院《ほうどういん》）・横川《よかわ》（楞厳院《りょうごんいん》・北塔）の三塔を彷彿とさせる。

実相院本には「大雲寺諸堂目録」、続群書本には「大雲寺諸堂記」が付され、大雲寺の諸堂・諸院やその建立者の情報が記載されている。ここでは、実相院本から成尋に関わる部分、すなわち、成尋の関係者が建立したと思われるものを取り上げていこう。

まずは源隆国である。隆国は、円生樹《えんしょうじゅ》院・尊光《そんこう》院を建立している。尊光院には丈六《じょうろく》阿弥陀仏《あみだぶつ》が本尊として安置されていたようだ。西南院の建立者は「民部卿俊明《としあき》」であり、隆国の息子である。彼は権現堂《ごんげんどう》も建立している。同じく隆国の息子国俊《くにとし》も西光《さいこう》院・三重塔を建て、新御堂《しんみどう》を建てた「治部《じぶ》卿」は『母集』でも治部卿として登場した隆俊であろう（続群書本は「治部卿□〔親カ〕王建立」とする）。成尋の元で修行をし、成尋の後を襲って大雲寺別当となった隆覚も三尺の毘沙門《びしゃもん》天を本尊とする最勝院を建てている。また、普賢堂の建立者「御匣殿《みはこどの》」とは、源高明の女《むすめ》・光子《こうし》であり、俊賢の姉妹にあたる。さらに、後三条御願とされる定林《じょうりん》院は「備前守朝棟《あさむね》立」とあり、俊賢の兄である忠賢の孫朝棟によるものであった。

このように、大雲寺は源俊賢系の人びと、すなわち成尋の母方の親戚筋が多く建立者となり、支えられていた。彼らは成尋との関係で支援していたのであろうし、彼らの支援により大雲寺と成尋自身も支えられていたのであろう。

ほかに、成尋の庇護者として藤原頼通《よりみち》（九九二―一〇七四）をあげることができるが、彼もまた諸堂の建立に関わっている。吉倉寺《きつそう》がそれである（続群書本は「文慶法印御建立」とする）。また、如来寺《にょらい》は実相院本では「内記聖《ないきのひじり》」、すなわち慶滋保胤《よししげのやすたね》（法名寂心《じゃくしん》）の建立とされるが、続群書本では頼通が建立者にあてられている。どちらが正しいかの決め手はないが、成尋との関係を考えるならば頼通である可能性が高いだろう。

成尋による建立

諸堂目録によると、成尋自身の手によるものもある。ともに木像の法華曼荼羅《ほっけまんだら》四十六尊を安置している宝塔院《ほうとう》と如法院《にょほう》である。宝塔院は多宝塔とも呼ばれ、如法院の東に位置する。成尋は塔の艮《うしとら》（北東）の角《すみ》に住んで、昼夜眠らずにいたという。どうやら、成尋は、大雲寺の中の宝塔院に住んでいたことがあるようだ。また、あるとき、青い衣をきた天童が二人宝塔の上に降りてきて、成尋の誦経《じゅきょう》を聞いていた姿が目撃されるという逸話も残されている。ほかに、十六世紀の大雲寺焼失後に描かれたとされる実相院蔵「大雲寺古絵図」には、「神羅《しんら》大明神社（新羅明神祠）」も成尋の建立とされているが、そうした記述は諸堂目録には見られない。じつは、成尋が入宋の志はあるものの未だ渡航できていない康平《こうへい》三年（一〇六〇）九月に、「新羅明神祠」に詣でて、夜通し念誦《ねんじゅ》し、入宋できることを祈願したことが記されている記事がある（『寺門伝記補録』巻一・北石蔵祠）。「神羅大明神社」建立説は、こういった話と混同され、後世に付託《ふたく》されたのであろう。また、古絵図には如法院の建立者を文慶としていて、これも成尋によるものかは定かではない。となると、成尋建立で確かなものは、宝塔院のみとなろうか。

ただし、ここに書かれる建立者がほとんど十一世紀の人びとであり、創建時の余慶や昌子内親王の時代のものがほとんど認められないことから、十一世紀の前半において大雲寺の全伽藍が一度消失してしまったことを暗示しているという向きもある（角田文衛「大雲寺と観音院」）。

二　阿闍梨となる

成尋の阿闍梨位官符

成尋は、入宋後に、自らが阿闍梨《あじゃり》伝灯《でんとう》大法師位に補任された際の官符を宋の皇帝神宗《しんそう》に進上している（『参記』巻四・熙寧五年〈一〇七二〉十月十四日条所引太政官符。以下、阿闍梨位官符と称す）。阿闍梨には剃髪《ていはつ》・出家・受経・教授・羯磨《かつま》・依止《えじ》などを教える学法の阿闍梨と、密教においては伝法阿闍梨、すなわち師のことで、秘法を教授する僧の職位・敬称の二種がある。後者の阿闍梨になるには伝法灌頂《かんじょう》を受ける必要があり、成尋は阿闍梨位官符により、それが許可された。伝灯大法師位は、天皇から有徳の僧などに授ける九段階の位階

（僧位）の首位で、官人だと三位に相当する。

文慶に天台密教を学ぶ

この官符中に、「成尋は、故法印大和尚位文慶の入室の弟子なり。即ち師に従ひて胎《たい》蔵《ぞう》・金剛《こんごう》の両部の大法幷びに護摩《ごま》の秘法、諸尊別行儀軌《しょそんべつぎょうぎき》等を受学す」と、成尋が文慶の入室の弟子であることや天台密教の神髄を伝法されたことが明記され、成尋の師や受学内容が示されている。成尋が文慶の入室の弟子であることは、『大雲寺縁起』（以下、特に記さないときは実相院本を基本とする）や『元亨釈書』など成尋諸伝でも記載に相違はなく、幼くして大雲寺に入った成尋は、大雲寺初代別当であった文慶に付き天台僧としての基礎を学び、僧としてのスタートをきったのである。

文慶は、観音院僧正と称され大雲寺の運命を決定づけた余慶（諡号は智弁）の入室の弟子であり、また、その弟子である観修《かんしゅう》や勝算《しょうさん》に付き研鑽《けんさん》を積み、智観《ちかん》から三部大法《さんぶだいほう》の職位を受けた寺門派の天台僧である（『伝法灌頂血脈譜《でんぼうかんじょうけちみゃくふ》』、以下、『血脈』と称す。『寺門伝記補録』第十三・文慶伝、『本朝高僧伝』第五十・文慶伝）。「大雲寺諸堂目録」では、如意輪《にょいりん》観音を本尊とした持宝院の建立者ともされている。

文慶の霊験譚

文慶に関しては、『大雲寺縁起』に霊験譚が残されている。それは、小一条院《こいちじょういん》（三条天皇の子・敦明《あつあきら》親王）の母后（藤原済時《なりとき》の女・娍子《じょうし》）が病にかかった際、勅命により加持《かじ》を行ったところ、不動明王《ふどうみょうおう》が託して「運命はすでに定まっており避けがたい。ただし、三

不動明王の印信を受ける

ヵ月だけ寿命を延ばそう」と言った。その後、実際に三ヵ月後にこの世を去った。その効験に感じた天皇は文慶を権律師に任じた、というものである。娍子は万寿《まんじゅ》二年（一〇二五）三月二十五日に崩じているので（『小右記』、『左経記《さけいき》』、『日本紀略』）、この三ヵ月前に加持を行ったことになる。しかし、長和三年（一〇一四）に三条天皇の護持僧となった同年、文慶は権少僧都になったこと（『寺門伝記補録』、『僧綱補任』）、また、『本朝高僧伝』では藤原彰子《しょうし》が加持の対象となっていて人物に混乱があることなどから、この霊験譚には錯誤がある。おそらく、文慶が一条天皇の皇女・媄子《びし》内親王（母は藤原定子《ていし》）の病気治癒に奉仕し、その験により権律師に任じられたこと（『御堂関白記』寛弘五年〈一〇〇八〉四月二十四日条）が元ネタであったのだろう。

とはいえ、これを全く無意味なものとするべきではない。じつは『大雲寺縁起』にはもう一つ文慶に関する霊験譚が載る。それは、丹後国に行き千日の間不動護摩を修したところ、結願《けちがん》の際の乳木《ちぎ》（護摩に焚く護摩木の一種）の炎の中に三尺の不動尊像が顕現したというのである。先の霊験譚でも不動明王の託宣があったのであり、文慶は不動明王と結びつけて語られているのである。そして、それはけっして故《ゆえ》無きことではない。

現在、称明《しょうみょう》寺に所蔵されている称名寺二代釼阿《けんな》の自筆による「忍空《にんくう》授釼阿状」という資料がある（納富常天《のうとみじょうてん》「室生寺と称名寺釼阿」）。本状は嘉元《かげん》二年（一三〇四）三月十七日に、大

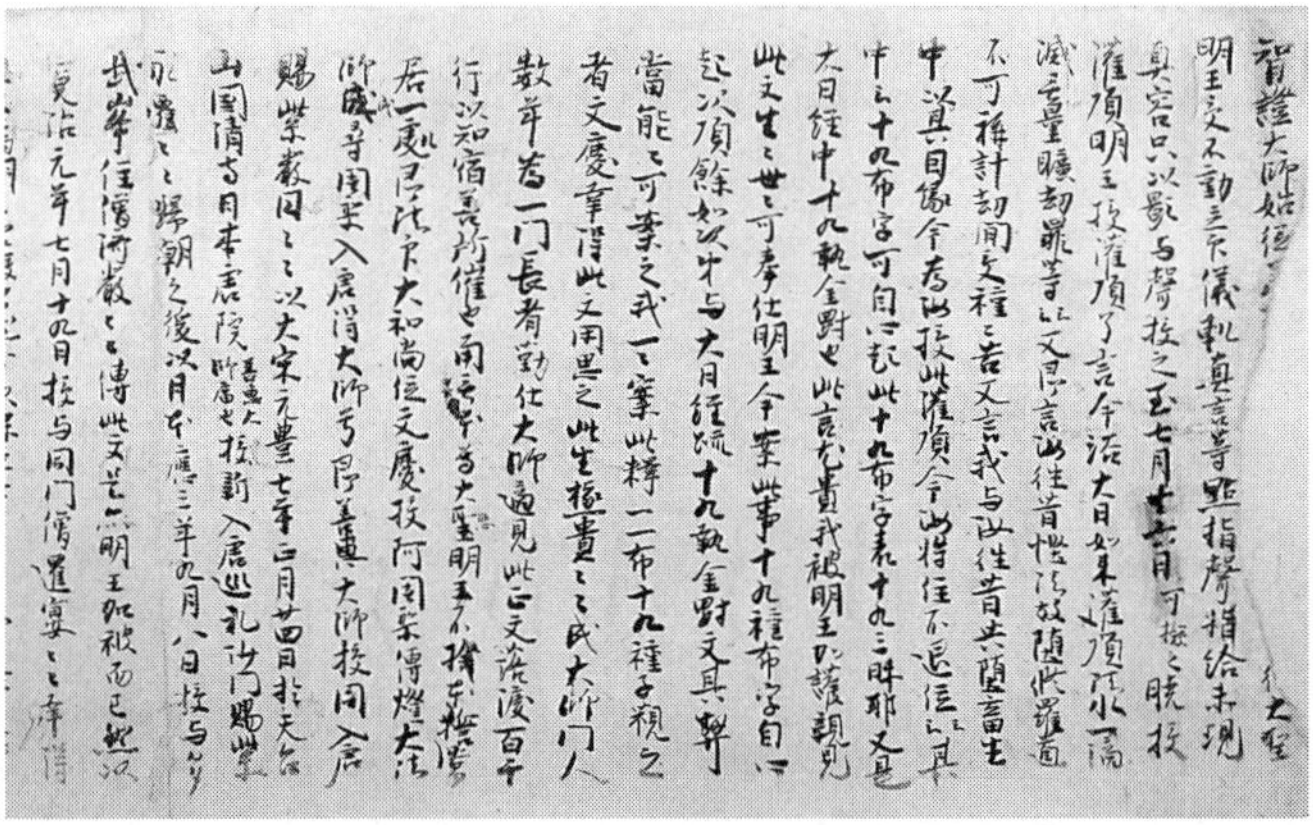

忍空授鈒阿状（称名寺蔵〈神奈川県立金沢文庫管理〉）

和の室生寺《むろうじ》において鈒阿が忍空から付法を受けた際のものであり、内容は寺門派の祖である円珍が金色不動尊を感得したときの情況と内容、そして、それを伝法していった血脈からなっている。本状では、円珍が感得した内容は「此《この》文《ふみ》」と表現されているのだが、「此文」を発見したのが文慶であったのである。上記した霊験譚で文慶と不動明王が関連付けられているのは、こうした事実に基づいたものであったのであろう。そして、その後、この印信《いんじん》（密教で、阿闍梨が秘法を授けた証拠として弟子に授与する文書）を文慶は成尋に伝授していることが本状には記されている。成尋は、渡航時に海上で安全祈願のために不動尊呪を一万遍唱えているが（『参記』巻一・延久四年〈一〇七二〉三月二十一日条）、これは文慶から直接教わったものかもしれない。また、『大雲寺縁起』には成尋の事績として、如法院に五大尊像を安置した際に百日の間不動護摩供《ふどうごまぐ》を修し、炎の中に三尺の不動尊が顕現したという話が残るが、これもまた文慶から印信を受けたことを物語っているのだろう。

多くの秘法を伝授される

成尋に伝法したのは文慶だけではない。阿闍梨位官符には文慶伝法の記載に続けて、入道兵部卿《ひょうぶきょう》親王からは「胎蔵・金剛・蘇悉地《そしつじ》の参部の大法・護摩の秘法」を、行円《ぎょうえん》から「参部の大法・護摩の秘法・諸尊行法儀軌等」を、明尊《みょうそん》（小僧）からは「両部の大法・護摩の秘法等」をそれぞれ伝授されたことが記されている。

入道兵部卿親王とは、村上天皇の第三皇子致平《むねひら》親王（九五一―一〇四一）のことであり、法名を悟円《ごえん》といった。彼は余慶に師事し、禅耀《ぜんよう》・慶祚から業を受けている。悟円は現在の京都岡崎に平等院（別名は円満院。現在は滋賀県大津市にある）と号する一寺を建て、本寺は三井《みい》三門跡の一つとなった（『血脈』、『寺門伝記補録』第十五・悟円親王伝）。また、悟円は大雲寺の平等院に久しく住んでおり、大雲寺とも関係が深い（「大雲寺諸堂目録」）。

行円《ぎょうえん》（九七八―一〇四七）は、源国挙《くにたか》の子で俗名を国輔《くにすけ》といった。彼の出家のきっかけは、父親に従って都を離れる際にそのまま都に残してきた愛妾が腐爛した姿で見つかったことにあり、彼はそのまま家に帰らず園城寺に入り智静《ちじょう》のもとで剃髪した。その後、勧修《かんしゅう》と心誉《しんよ》に師事し、心誉から阿闍梨位灌頂を受けた。行円には、ある日如意輪供《にょいりんぐ》を修していると如意輪観音が光を放ち壇上に姿を現したという逸話が残されている。成尋も渡航中に複数回如意輪供を修しており（『参記』巻一・延久《えんきゅう》四年三月十五日条など）、行円の教えに依っているのかもしれない。また、詔により祈雨を命じられ、仁海《にんがい》（九五五―一〇四六。生年は山口えり「仁海の出自と生年について」による）が東密の修法である請雨経法を修したのに対し、行円は水天供《すいてんぐ》を修したことは後述する成尋の祈雨との関係で注意しておきたい。なお、この祈雨は成功し、雨僧正とも称されていた仁海に行円の修法のおかげであると言わしめている（『血脈』、『元亨釈書』第十一・行円伝、『寺門伝記補録』第十五・行円伝、『本朝高僧伝』第四十九・行円伝）。

明尊の推薦を受ける

そして、阿闍梨位官符によると、成尋が阿闍梨位を得たのは、当時「阿闍梨大僧正法印大和尚位」となっていた明尊《みょうそん》（九七一―一〇六三。官符文中では「小僧」と記されている）が天《てん》喜《ぎ》二年（一〇五四）三月十八日に成尋を推薦したことによるという。明尊は三蹟のひとり小野道風《みちかぜ》の孫で、父は兵庫頭《ひょうごのかみ》小野奉時《ともとき》であった。明尊もまた文慶と同じく余慶の入室の弟子で、智静・慶祚・賀延・智観らから受学し、大僧正にまで上り詰めた。明尊は寺門派でありながら、永承《えいしょう》三年（一〇四八）には、天台宗の最高位である天台座主《ざす》となるなど当時における天台高僧のひとりであった。しかし、明尊の天台座主就任は、就任前から山門派の激しい抵抗に遭い、結果、わずか三日でその座を降りざるをえなかった。

ではなぜ、明尊は天台座主となれたのか。それは、当時の最高権力者である関白藤原頼通の力による。明尊は頼通の信頼厚く、たとえば長暦七年、頼通が宇治に悟円が建立した三井平等院になずらえて別業《べつぎょう》（これが宇治平等院である。そのため悟円は平等院の開基とされる）を建てた際、明尊を開山・初代執印《しついん》（住持）として招き、永く三井別院としている。また、明尊の九十歳の賀を頼通が主催するなど、明尊は「生涯を通じて関白藤原頼通に親近し、摂関家の宗教的側面を支え続けた高僧」（久保木秀夫「大僧正明尊とその時代」）であったのである（『血脈』、『元亨釈書』巻四・明尊伝、『寺門伝記補録』第十三・明尊伝、『天台座主記』、『本朝高僧伝』巻十・明尊伝）。こうしてみてみると、明尊が成尋を阿闍梨位に推薦した背後に、頼通の存在があったことが想定できよう。推薦そのものが明尊の自発によるものなのか、それとも頼通の後援があったのかを明らかにすることは難しいが、無関係であったとは考えにくいのではないだろうか。

明尊と大雲寺

明尊に関しては大雲寺との関係も見て取れる。『大雲寺縁起』には、如法経峯《にょほうきょうほう》の名称由来譚が語られる。それは、空に紫雲がたなびき、その尾が岩蔵へと続いていたのを見た明尊が、円仁の逸話をまね、如法経を書写し、十種の供養をし、それを岩蔵の峯に埋めたことによるというものである。さらに、次の和歌に注目してもらいたい。

僧正明尊かくれて後、久しくなりて、房なども石蔵《いわくら》に取り渡して、草生ひ茂りてこ

律師慶暹《けいせん》

とざまになりにけるを見て

なき人の跡をだにとて来て見ればあらぬ里にもなりにけるかな

（亡き人の住んだ跡だけでも見ようと思って来て見ると、昔の面影もない里になってしまっていることだ）

これは、『新古今和歌集』（巻八・哀傷・八一九）に収載された明尊の弟子僧慶暹（九九三―一〇六四）の歌で、慶暹が明尊死後にゆかりの地を訪れたものの、その荒廃した様子を嘆き悲しむ姿が描かれている。詞書きによると、明尊の住居は「石蔵」に全て移築したことがうかがえる。明尊は、康平《こうへい》六年（一〇六三）六月二十六日に、九十三歳でこの世を去った。もし、死後まもなく岩倉への移築がなされたとなると、当時の大雲寺別当は成尋であり、成尋との関係からそれがなされたと考えて間違いないだろう。ただし、「大雲寺諸堂目録」にはその記載は無く、岩倉のどこに移築されたのかは不明である。なお、作者の慶暹は「百光房律師」の名で『参記』に登場しており、成尋とも面識があった（『参記』巻四・熙寧五年〈一〇七二〉十月十四日条）。

阿闍梨に任ぜらる

以上のように、文慶・悟円・行円・明尊から受学した成尋は、天喜二年十二月二十六日付けの阿闍梨位官符により阿闍梨伝法灌頂が許され、晴れて「阿闍梨伝灯大法師位」

に補任されたのである。ときに成尋四十二歳のことであった。

とはいえ、推薦があるからといって闇雲に補任されるわけではない。そこに空位ができて初めて補任されるのであり、成尋の場合は「阿闍梨釈照《しゃくしょう》の闕《けつ》（欠）」によっていることが阿闍梨位官符から判明する。ところが、『血脈』では円信《えんしん》の後を嗣いだこととなっている。はたして、どちらが正しいのだろうか。

円信は、成尋母の従兄弟にあたる源道方の子であり、『母集』で「宮内卿」とされる経長（本書第一の二参照）の兄弟である。すなわち円信は成尋の「またいとこ」となる。円信は天喜元年に入滅しており、時期としてはちょうどいい（『血脈』、『尊卑分脈』）。一方の釈照は、『血脈』に「釈昭」とある人物がそれに相当するならば、彼は明尊の弟子であり、かつ「但馬守《たじまのかみ》国挙の男、行円の兄弟」であることから、成尋への伝法者二名と密接な関係があったこととなる。『尊卑分脈』によると行円（国輔）の弟に相模守季範がおり、彼は「出家」とされているが法名も所属寺院も不明であり、季範が釈照なのかどうかわからない。しかし、「釈照阿闍梨」は実在しており（『小右記』万寿《まんじゅ》四年〈一〇二七〉八月七日・八日条）、かつ、「新阿闍梨円信」（『同』同年七月十九日条）と同時期に登場していることから、記載に何らかの混乱があったのかもしれない。本書ではひとまず成尋自身が書き残した釈照であったと信じておきたい。

三　顕密の業を成す

顕教・密教を修める

前節で見たように、成尋は文慶・悟円・行円・明尊から種々の修法や儀軌を学び、天台密教を正当に受け継いでいたことが語られていた。しかし、天台宗は密教だけではない。阿闍梨位官符には、「修学の功を積み、顕密《けんみつ》の業を成す」とあり、成尋は「顕密の業」を成した者でもあるのである。

『大雲寺縁起』に「天台宗は顕正傍密を旨と為す」とあるように、天台宗は顕教《けんぎょう》・密教を共に修して初めて成り立つ。阿闍梨位官符に記された「久しく一乗《いちじょう》の奥義を習ひ」の「一乗」とは、一つの乗り物の意であり、「乗」はすべてのものを乗せて悟りに赴かせる乗り物の喩えで、「一」は仏の真実の教えが一つであることを指す。つまり、どんなものも仏の教えによって仏になれると説く教えであり、天台宗はこの一乗の立場を取っており、特に根本経典としての『法華経』を重視する。

総本山での竪義を通過する

また、阿闍梨位官符には、成尋は「碩学《せきがく》の竪義《りゅうぎ》を経《へ》る者」だとある。竪義とは経典講説の大法会において試験形式によって行われる学識に関する問答であり、それに及第した者は一定の資格を得た。園城寺では寛仁《かんにん》元年（一〇一七）の十月会において、五日間の法華十講に続き竪義を五日間行い、それを碩学竪義（三井竪義ともいう）と称したのが最初である（『扶桑略記』寛仁元年十月二十九日条、『寺門伝記補録』巻八）。成尋はそれを通過し、高い学識を有していたことが認められたのである。

七時行法を日課とする

そして、成尋は根本経典である『法華経』を常に読誦していた。一時住んでいた宝塔院で法華三昧《ほっけざんまい》を行っていたというほか（『大雲寺縁起』）、『参記』起筆の延久四年三月十五日条には、「後夜経」「日中経」「初夜経」としてそれぞれ『法華経』第六巻・第七巻・第八巻を読誦したことを書き残している。こうした記載はほぼ連日続き、ときには「七時行法《ぎょうほう》」などと記され、移動の轎子《きょうし》（中国の輿）内でも行われている。成尋は日課として『法華経』の一巻から八巻までを繰り返し、読誦していたのである。こうした修行法は、一般的に「六時行法」と呼ばれる。

六時とは、一日を晨朝《じんちょう》（平旦・旦起）・日中（午時）・日没・初夜・中夜・後夜に六分した仏教における時間分節方法であり、経典類には六時行法に関する記載が確認でき、六時ごとに礼讃すべきことが記されている。この六時行法は中国では六朝《りくちょう》・隋唐《ずいとう》時代の間に儀礼が漸次盛行するところとなり、その時代状況の中で唐の善導《ぜんどう》により『往生礼讃偈《おうじょうらいさんげ》』が編纂され、整備完成されたとされる（明山安雄「『往生礼讃』の研究」）。そして、日本においては、正倉院文書の中に、「往生礼讃一巻」とあり、奈良時代には確実に日本に伝来し（『大日本古文書』八—八六。天平《てんぴょう》十四年〈七四二〉九月三十日「角恵末呂写経論手実案」）、行われていた。しかし、時代が経るにつれ、六時行法も一部で行われなくなっていたようだ（『類聚三代格《るいじゅさんだいきゃく》』巻三・国分寺事・仁寿《にんじゅ》三年〈八五三〉六月二十五日付太政官符）。

にもかかわらず、成尋はこれを日課としていた。『参記』に「七時行法」とあるのは、天台宗では日中を斎《おとき》（僧侶の定められた時間の食事）を前後に分けて七時としているためであり（円珍撰『普賢経記』巻上）、内実は六時行法と同義となる。当然、入宋《にっそう》時に開始されたのではなく、日本にいるときから行われていたのであろう。おそらく数十年と続けていたのではないだろうか。成尋は修行に関しては実にストイックであったのである。そのことを示す話がある。成尋は入宋に際して、不臥《ふが》の行、すなわち結跏趺坐《けっかふざ》して、けっして横にならない行法を行っていた（『参記』巻一・延久四年三月十九日条）。それは五臺山巡礼を祈願してのことであり（『母集』）、そして、この事実は、宋で驚きをもって語られている。宋の都開封《かいほう》の太平興国寺《たいへいこうこく》の僧慧詢《えじゅん》が成尋のことを「六、七年常に坐して臥せず。希有の人なり」と供奉官（宋の役人）へ報告をしているのである（『参記』巻六・熙寧六年正月二十日条）。成尋の修行に対する信念を感じさせる逸話であろう。

台密とは何か

さて、次は天台の密教について簡単に触れておこう。日本の密教は、大きく台密《たいみつ》と東《とう》密《みつ》とに分けられている。その呼び名は、鎌倉後期・南北朝時代の臨済《りんざい》僧の虎関師錬《こかんしれん》（一二七八―一三四六）が、その著『元亨釈書《げんこうしゃくしょ》』巻二十七の中で「密」を論じるときに用いたのが嚆矢《こうし》（はじめ）である。台密は天台宗密教を、東密は真言宗密教を指す。天台の密教は、最澄《さいちょう》が留学先の唐で順暁《じゅんぎょう》阿闍梨から三部三昧耶《さんまや》の印信を授けられたことからはじまり、そして天台宗を本格的に密教化したのは慈覚大師円仁であった。最澄の後に入唐《にっとう》した円仁は、様々な阿闍梨から伝法を受け、金剛界・胎蔵界の両部のみでなく、蘇悉地を加えた三部を立てる台密の確固たる土台を確立した（三崎良周「天台の密教」、大久保良峻「日本天台の密教」）。阿闍梨位官符で成尋が受学した「両部の大法」「参部の大法」とはこれを指しているのである。また、円仁・円珍の段階で、大壇荘厳《しょうごん》における供養具の配置は、ほぼ現行の形ができていたといわれている（久保智康「初期天台密教における法具の整備」）。成尋は、最澄・円仁・円珍、さらにはその後を受け発展してきた台密の修法を文慶らから受け継いでいたのである。

法華法を重視する

その中でも成尋が特に好んで修していたのが、法華法《ほっけほう》（法華経法）であった。宝塔院の内陣に三重の壇を築き、木像の法華曼荼羅《まんだら》四十六尊を安置して、毎日十二時に法華の秘法を千日間修したという記載も残る（『大雲寺縁起』）。

法華法とは、唐の不空《ふくう》訳『成就妙法蓮華経王瑜伽智儀軌《じょうじゅみょうほうれんげきょうおうゆがちぎき》』（『観智儀軌』）や『法華曼荼羅威儀形色法経《ぎょうしき》』（『威儀形色法経』）によって息災・増益・延命・滅罪を願い法華経を供養する法で、密教の大法の一つである。『覚禅鈔《かくぜんしょう》』法華法項に載る天治《てんじ》二年（一一二五）三月十八日に、藤原顕隆《あきたか》（一〇七二―一一二九）の家で顕隆の弟である阿闍梨寛信《かんしん》（一〇八四―一一五三）によって修された法華法を例に取り、その道場荘厳を見てみよう。大壇を三条亭西対《にしのたい》の北第一間に立て、そこに青色の七尺の天蓋《てんがい》を釣る。天蓋の四面に合計二十四流の幡《ばん》を懸け、その下に六尺の壇を安置する。壇の面に曼荼羅を敷き（敷曼荼羅《しきまんだら》）、種々の仏具を配置する。右の脇机《わきづくえ》に法華経の入った経箱《きょうばこ》を置き、壇の東に曼荼羅を懸け（懸曼荼羅《かけまんだら》）、礼盤《らいばん》の右に円座《えんざ》を置き阿闍梨の経座とする。そして、護摩壇・聖天壇《しょうてんだん》・十二天壇を立てる。以上が、この時に行われた荘厳である。

法華法の記載は『参記』にもしばしば現れる。『参記』冒頭の延久四年三月十五日条をはじめとして、宋に入っても成尋は法華法を修している。特に著名なのが、巻七で詳細に語られる神宗《しんそう》に命じられて行った祈雨での法華法であろう。これに関しては後述するが、基本的には先に示した道場荘厳に準じていたと考えられる。その道場荘厳は、宋人から見ても目を見張る素晴らしさだったようである。一例を挙げておこう。成尋ら一行が天台山巡礼を終え、都開封に入ったときのことである。当時、太平興国寺の伝法院に居を定めていた成尋は、自分の部屋の中に法華法壇を築いていた。そこに、景徳《けいとく》寺の法瑩《ほうえい》・用寧《ようねい》、開宝《かいほう》寺の方諫《ほうかん》という僧が成尋を尋ねてきた。成尋の部屋の法華法壇を見た僧らは地に伏して三度礼拝《らいはい》し、壇の道具を見て「随喜讃嘆」したのである（『参記』巻四・熙寧五年十月十八日条）。宋代では唐代に隆盛した密教は体系的に根付いておらず（千葉正「宋代における密教の展開について」）、当時の僧らにとっては日本天台の法華法壇の荘厳は眩く映ったのであろう。

『参記』にみえる修法・仏事

『参記』には、七時行法や法華法のほかにも成尋が修した修法や仏事が記されている。以下に、列挙しよう。文殊供《もんじゅく》・如意輪供・羅漢供《らかんぐ》といった諸仏諸尊を本尊とした供養法、寺門派の祖円珍や中国天台宗の開祖智顗《ちぎ》を供養する智証大師遠忌《おんき》・天台大師供、経を読誦して罪過を懺悔《さんげ》する法要である大懺法《だいせんぼう》（天台系の法華懺法であろう）、聖観音呪《しょうかんのんじゅ》・不動尊呪・風天真言・降雨障真言（詳細不明。祈雨に関連する真言か）など陀羅尼《だらに》や真言の読誦、五臺山巡礼のための祈禱・皇帝や皇后への祈禱・止風の祈禱など折々の祈禱、などじつに様々なものが確認できる。もちろん、記載されていない修法や祈禱なども行っていたであろう。

数多の経典を読む

また、成尋は宋において当時開版《かいはん》されていた新訳経典を数多く読んでいるのだが、その中に「護国尊者所問《ごこくそんじゃしょもん》経四巻見了《おわ》んぬ、無量寿《むりょうじゅ》荘厳経三巻、双観《そうかん》経の同本異訳なり」（『参記』巻七・熙寧六年三月二十日条）とする箇所がある。「護国尊者所問経四巻」が「無量寿荘厳経三巻、双観経」の同本異訳なのか、「無量寿荘厳経三巻」が「双観経」の同本異訳なのかは判然としないが、いずれにせよ、成尋は新訳経典を読み、それを以前読んだことのある経典と比較することができていると判断できる。日本にいるときから相当数の経典に目を通していたことがうかがえる。

これらはみな、成尋が日本で修得し基礎づけられたものであり、これらが『参記』に現れる渡航僧の「成尋」を形作っていたのである。渡航僧成尋は、日本での生活があってこそであり、『参記』から読み取れるのはけっして渡航僧としての成尋だけではないのである。

成尋は東密を学んだか

では、本節の最後に成尋が天台以外の宗派、特に東密を学んでいたかどうかについて考えてみたい。渡航僧の先達である寂照《じゃくしょう》（九六二―一〇三四）は、寂心《じゃくしん》（慶滋保胤《よししげのやすたね》、？―一〇〇二）を師とし、恵心《えしん》僧都源信《げんしん》（九四二―一〇一七）にも師事した天台僧である。しかし、「のちに叡山《えいざん》源信僧都に随《したが》ひて台教を学び、醍醐寺仁海僧正に従ひて密乗を稟《う》く」（『本朝高僧伝』巻六十七・寂照伝）とあるように、真言僧仁海に付いて東密も受学している。そのことは、『三宝院伝法血脈《さんぼういんでんぽうけちみゃく》』の中に仁海の付法弟子として寂照の名が見えることなどからも事実であったと考えられる。仁海は東密小野流の祖とされる人物であり、寂照は小野流を受法していたわけであるが、それだけではなくもう一つの流派である広沢流をも受法していたことが明らかとなっている。つまり、寂照は台密のみならず、東密の野沢両流をも修得していたのである。ほかにも台密と東密との間での交流が確認できることから、平安中期には両密の交流が盛んであったことが考えられる（齊藤圓眞「寂照をめぐって」）。

天台僧・成尋

これに対し、成尋はどうであったのか。成尋に関しては東密を受法したという記事は見つからない。おそらく成尋は東密は学んでいないのであろう。宋で祈雨を成功した後に、宋の役人と日本の祈雨情況を問答していると、宋の役人から「なぜ、あなたは（真言宗の大法である）請《しょう》雨《う》（経《きょう》）法《ほう》を修せず、法華法で行ったのでしょうか」という質問があった。これに対し成尋は「私は真言僧ではなく、弘法大師《こうぼうだいし》の門徒でもないので、請雨経法を学んでいません。真言僧の中でなおこの法を伝える人は二、三人いますが、深く秘して口伝《くでん》するのみです。ましてや他宗（の者）においては（学べるはずはありません）」と答え、続けて、「成尋是《こ》れ天台宗智証大師の門徒なり（私成尋は、天台宗の円珍の門徒です）」と、自分が寺門派の流れをくんでいることを強調するのである（『参記』巻七・熙寧六年三月七日条）。成尋は自分が天台宗寺門派の僧であるという自負を強く持っていたことがわかろう。語弊を恐れずに言えば、成尋はまさに「正しく天台僧」だったのである。

四　著　作

成尋の著作といえば、『参記』がまず思い浮かぶだろう。本書でもここまで随所で『参記』を引用してきており、成尋著作のまとまったものとしては唯一の書物である。また、『参記』には成尋が日本で見ていた夢を記録したと思われる『夢記《ゆめのき》』という書名が見られる。『夢記』は現存しないが、『参記』により一部内容はうかがわれる。

そもそも『参記』はわずか一六ヵ月程度の短い期間の出来事が記された日記であるのだが、記載は詳細を極め、分量も全八巻に及ぶ。成尋は、日常的に書くこと、記録することに慣れていたことは明らかである。もしかしたら、日本でも何らかの日記を付けていたことも考えられるが、現在のところ、そうしたものは残されていない。では、『参記』以外に成尋の著作がなかったのかというとじつはそうではない。『大雲寺縁起』及び『本朝高僧伝』には、以下の書名が成尋の著作として挙げられている。

観心論注・法華経注・法華実相観注・観経抄・普賢経科・善才(財)童子知識集等

ここでは、まずこれらの書物から確認していきたい。この中には、『参記』にその書名が見えるもの、すなわち、成尋が宋へ携帯していたものがある（以下、藤善眞澄《ふじよしますみ》「成尋の齎した彼我の典籍」によるところが多いが、特に示さない）。

仏教書への注釈

熙寧五年六月一日条（巻一）に「観心注法華経を借す《か》（貸す）ことを約束した」、六月十一日条（巻二）に「観心注法華経第一巻を借した」、閏七月六日条（同）に「注法華を更に両巻借す」「経第三巻・四巻を借した」とあり、それらを宋人に貸し出している。これは当然日本から持ち込んだものであろう。『観心論』は中国天台宗の開祖智顗《ちぎ》が撰述したもので、これに注を付した書物と思われる。ただし、これが『大雲寺縁起』では「観心論注・法華経注」とあり二書のように読めるが、『参記』の表記から考えると「観心（論）注法華経」で一書であったと理解すべきかもしれない。七月二十六日条（巻二）に『観心論』を如日《にょじつ》の小師（沙弥と同義か。弟子僧であろう）の光梵《こうぼん》に貸しているが、これもまた「観心（論）注法華経」であった可能性も考えられる。また、閏七月六日条から本書は四巻本であったことがうかがわれる。

熙寧五年六月十一日条（巻二）には、上記「観心注法華経」のほかに、「実相観《じっそうかん》注抄」という書名が見られ、これを天台国清寺《こくせいじ》の鴻植《こうしょく》阿闍梨に貸し出している。これは円珍撰『実相観』に注を付けたものと考えられ、上記「法華実相観注」に相当するだろう。寺門派の祖円珍撰述書に成尋自らが注釈を加えたことになる。

熙寧五年五月二十三日条（巻一）には、「善才《ぜんざい》（財）知識《ちしき》抄」を惟照《いしょう》阿闍梨に貸している。

抄と集とで異なるが、これが「善才(財)童子知識集」に相当すると思われる。善財童子とは、『華厳経《けごんきょう》』入法界品《にゅうほっかいぼん》に説く求道の菩薩の名で、この菩薩が生まれたとき、家中に自然と財宝が満ちあふれたことから名づけられた名前である。童子は、修行の過程で五十三人の善知識（教え導く者）を訪ね歩いており、「知識集」の名はそこに由来しよう。永井義憲は安居院《あぐいん》流の唱導文集『言泉集《ごんせんしゅう》』にその一節が引用されていると指摘する（「成尋阿闍梨母集の成立」）。おそらくそれは、「塔為本尊事」項目に引用される「善財知識第廿七云」を指していると思われるが、これが成尋撰述だという根拠は残念ながらない。

残る「観経抄・普賢経科」であるが、これらの書名は『参記』には見当たらない。「観経」とは『普賢観経《ふげんかんぎょう》』（『観普賢経』『普賢経』）のことであり、その抄本か、さらにそこに注を付けたものであったことが考えられる。「普賢経科」の「科」であるが、仏教では、経典を解釈する際に、その全体の構成を明らかにするために大小の段落を分け、その各部分の内容を簡単にまとめた科文《かもん》と呼ばれるものがある。そのため、「普賢経科」は『普賢経』に関する科文を独立させて一書にしたものであろう。ともに、『普賢経』に関わる注釈書であったのではないだろうか。

では、なぜ成尋が『普賢経』の注釈を行ったのか。それは本経が『法華経』と一体と捉えられているからである。『法華経』は全八巻であるのだが、その前後に開結二経と呼ばれる経典が付されることがある。それらは、『法華経』のあらましを序説的に説いたものとしての『無量義経《むりょうぎきょう》』（開経）と、法華の要旨を述べてしめくくった『普賢観経』（結経）のことを指す。また、二経に『法華経』を加えて法華三部経ともいう。日本では『法華経』八巻を講じる法華八講《ほっけはちこう》という法会が開催されていたのだが、これに開結二経を加えた法華十講も行われるようになった。法華十講は、最澄が延暦十七年（七九八）十一月の天台智顗の忌日に修したのが最初である（『三宝絵詞《さんぼうえことば》』下・比叡霜月会、『扶桑略記』延暦十七年十一月十四日条）。天台僧である成尋が『普賢経』の注釈を行うのは当然のことだといえよう。

日本の学僧としての自負

以上のように、成尋は経典の注釈を複数行っていた。そして、それらを渡宋にあたり携帯し、宋の役人や僧侶らに貸し出している。『参記』には記載が見られないが、他書を携帯していることからみても、『観経抄』『普賢経科』も携帯していたことが考えられる。いずれにせよ、自作の注釈書を、役人はともかく彼の地の僧侶らに見せるということは、相当の自信が無くてはできないことである。成尋はそれだけの自信と日本天台僧としての自負を強烈に有していたのであろう。これらの注釈書は、渡宋の決心をしたときから、すなわち、初めから携帯することを前提として作成されたのかもしれない。

『法華法記』を撰す

じつは上記以外にも成尋が撰述したと思われる書がある。それは『法華法記』という名を持つ書である。以下の『阿娑縛抄《あさばしょう》』（天台僧の承澄《しょうちょう》〈一二〇五—八二〉が撰し、十三世紀に成立した台密の書）の記述を見てもらいたい。

『法華法記』善大師撰

奥書《おくがき》に曰く、「延久二年四月十一・十二、幷せて三〔二ヵ〕箇日、成高記に注す。志念する所は、大唐の天台山・五臺山に参り、各おの百箇日の間、此の法を修せんが為に撰集する所なり」と云々。

撰者の「善大師」は、天台山・五臺山に行き、そこで百日間の法華法を修したいとの願いを持っていたことがわかる。そして、この記述から、「善大師」が成尋であったことが判明する。というのも、成尋は熙寧五年十二月一日、念願であった五臺山巡礼を終え翌日帰路に就くことになるのだが、わずか数日の滞在だったため、「百日の修行を遂げんが為に、明年参るべきの由」を書いた紙を人びとに示している（『参記』巻五）。つまり、実際に成尋は五臺山で百日間の修行を行いたい旨を表明しているのである。

さらに、本書を撰述した年紀も成尋が選者であることを示唆する。成尋が出航した延久四年を遡ること二年の延久二年正月十一日に、成尋は政府に渡航の許可を求める申《もうし》文《ぶみ》を提出している（『朝野群載《ちょうやぐんさい》』巻二十）。中文には、天台山や五臺山へ巡礼したい旨が切々と語られていて、その三ヵ月後に、天台山や五臺山での修行を願う奥書を持つ本書は書かれているのである。成尋は渡宋することを願いながら、本書を作成していたのだろう。そのように考えると、奥書にある「成高」は「成尋」と見るべきであるし、「善大師」も成尋が宋で神宗から賜った尊号「善恵《ぜんね》大師」と考えれば得心がいく。

法華法の権威となる

『法華法記』は、法華法が依拠する根本経典『成就妙法蓮華経王瑜伽観智儀軌』の注釈書であったと考えられる。本書は、別の箇所では、「石蔵《いわくら》云」（『覚禅鈔《かくぜんしょう》』。建暦三年〈一二一三〉頃成立の東密の事相《じそう》〈密教修法などの実践的な面〉に関する書）や「成尋記」（『阿娑縛抄』など）などと記される。『阿娑縛抄』には、ほかにも『法華記』や『法華略記』など類似の書名が見られ、『法華私記』に至っては複数の同名の書が記されている。本書が『法華法記』という正式名称ではなく、「石蔵」や「成尋記」など成尋にまつわる名称で記録されていたのは、他書との混同を避けるためであったであろうし、成尋こそが法華法の権威となっていたことの証でもあろう。成尋の名声は、法華法と共に後世にまで轟いていたのである。

　成尋はおそらく『法華法記』も宋へ携帯していたであろう。むしろ、撰述の年紀や、天台山・五臺山で法華法を修するために撰集したという奥書の内容から考えるに、携帯するために作成したと考えるべきである。『参記』にその書名は見えないが、熙寧六年二月二十六日条（巻六）は少々気になる。このとき、成尋は宋の首都開封の太平興国寺に住していた。その成尋の元に相国寺《そうこくじ》僧の円則《えんそく》座主が来て、成尋は円則に法華法を授けたのである。その際、『形像儀軌』一巻や「梵字図《ぼんじず》曼荼羅」一紙と共に『儀軌』『次第』を円則に貸し出している（『儀軌』は巻七・三月十二日条から『法華儀軌』であったことがわかる）。『儀軌』『次第』共に法華法に関わる書であろうが、このうち『儀軌』が『法華法記』であった可能性はないだろうか。もちろん、『儀軌』が『観智儀軌』そのものであったことも十分考えられるが、のちに成尋は貸した相手である円則から顕聖寺《けんせいじ》印本の『法華儀軌』を贈られているので（巻八・熙寧六年四月一日条）、少し奇異に感じる。成尋が貸した『儀軌』は、実際は『法華法記』だったのではないだろうか。

源隆国の『安養集』編纂に協力

ほかにも成尋が関与したと考えられる書物がある。それが『安養集《あんようしゅう》』である。『安養集』は、南泉房《なんせんぼう》大納言とも称される源隆国が中心となって編纂した浄土教に関する書物である。本書の巻一の巻題の下部には、以下のような文章が残る。

南泉房大納言と延暦寺阿闍梨数人と共に集す。

ほかの巻では「数十人」ともあり、明確な数は不明だが、隆国と延暦寺の僧らが共に編纂に参画したということは確かであろう。この「延暦寺阿闍梨数人」のうちのひとりが成尋であったことが考えられる。

隆国は成尋の母方の叔父で、大雲寺を支えていた有力者のひとりであり、藤原頼通との関係も深い。南泉房は宇治平等院にある。また、成尋は『安養集』を携え、宋へ渡っている。『参記』には『安養集』を宋の役人や僧侶に見せている記述が散見される（たとえば、巻二・熙寧五年六月二十日条に「（国清寺）寺主に南泉房安養集十帖を借《か》し了《おわ》んぬ」とある）。成尋は積極的に『安養集』を彼の地で広めようとしていたのである。

密航も辞さない覚悟

そして、『安養集』の編纂が開始されたのが、延久二年四月十日以降であったとされている。隆国は成尋が渡宋するつもりであることをすでに知っており、編纂開始当初から成尋が宋へ携帯することを想定していたのではないかとされている（梯《かけはし》信暁《のぶあき》『宇治大納言源隆国編　安養集　本文と研究』）。これは、成尋と隆国との関係性、渡航申文提出の時期などを合わせると十分考えられよう。そうなると、『法華法記』と『安養集』とはほぼ同時期に作成されたことになる。成尋は、渡航前から着々とその準備を進めていたことがうかがえよう。そして、そのことは、勅許が下りなくても渡航する覚悟を持っていたことを仄めかしているのではないだろうか。

渡宋に備えて注釈書を写す

本節の最後にもう一つ触れておきたい。島津草子によると、京都曼殊院《まんしゅいん》に鎌倉時代の古写本『阿弥陀大呪句義《だいじゅくぎ》』が所蔵されていて、以下の奥書が残っているという（『成尋阿闍梨母集・参天台五臺山記の研究』）。

加州聖撰す、と云々

或本云く、

時に延久二年正月七日、石蔵山大雲寺　釈成尋記す

島津は加州聖を加州温泉寺の悉曇《しったん》学者明覚《みょうかく》と見るが、生まれが天喜四年（一〇五六）であることから、それは考えられず、成尋が撰したものなのではないかと藤善眞澄は言う（「成尋の齎した彼我の典籍」）。しかし、それも定かではなく、本書ではこの奥書の意味を「成尋が書き写した」（という記録）と理解しておきたい。というのも、延久二年というのは先ほどから繰り返し出てきている年紀であり、『阿弥陀大呪句義』も渡宋準備として成尋が書写したものと理解するのが妥当だからである。そして、実際成尋は『阿弥陀大呪句義』を宋に携帯していた。熙寧五年十月二十日、成尋は慧詢の房に出向き、『阿弥陀大呪句義』を貸している（『参記』巻四）。この時、貸し出した『阿弥陀大呪句義』は、（曼殊院のものとは別に）成尋自身が書写したものだったのであろう。

第三　入宋を志す

一　渡航僧の系譜

大雲寺を中心に天台僧として修行を重ねていた成尋は、あるときから入唐《にっとう》（入宋《にっそう》）への志を抱き、老年になってもそれは消えることはなかった。『大雲寺縁起』によると、「少年の時より入唐の志有り」とされ、それは自身の言葉「少年の時より巡礼の志有り」（『参記』巻一・熙寧《きねい》五年〈一〇七二〉六月二日条）からも裏付けられ、「而るに大雲寺主と為り三十一年、左丞相《さじょうしょう》を護持すること二十年、此《か》くの如きの間本意を遂《と》げず」（同日条）と成尋はその志を持ち続けていたのである。そしてついに、延久《えんきゅう》二年（一〇七〇）正月十一日、成尋は朝廷に渡宋の申文《もうしぶみ》（タイトルは「特に天裁《てんさい》を蒙《こうむ》り、官符《かんぷ》を本府に給ひ、大宋国の商客の帰郷に随ひ五臺山幷びに諸聖跡等を巡礼せんことを請ふの状」、『朝野群載』巻二十。以下、請渡宋申文）を提出したのである。

入宋の許可を願い出る

請渡宋申文中でも長い間渡宋の志を持っていたことが告白され、老齢となりラストチヤンスであることを切々と訴えている。成尋の渡宋への強い決意が表出した文章である。請渡宋申文には、成尋の思いだけではなく、渡宋の目的や成尋が参照した先達の名が挙がっていて、申文提出の背景が読み取れる。

タイトルにも現れているように、成尋の入宋は中国各地の諸聖跡を巡礼することが目的であった。特に「五臺山《ごだいさん》は文殊化現《もんじゅけげん》の地なり」「天台山は智者《ちしゃ》大師開悟《かいご》の地なり。五百羅漢《らかん》、常に此《こ》の山に住む」と、五臺山・天台山への思いが語られている。実際、成尋は渡宋後、両聖地へ向かうのだが、『参記』には聖跡巡礼に関する興味深い問答が残されている。

五臺山・天台山巡礼への思い

熙寧五年八月八日、成尋一行は天台山国清寺《こくせいじ》を後にし、都汴京《べんけい》（開封《かいほう》）へ向かう途上であった。その日は、剡《せん》県（現在の浙江省《せっこうしょう》紹興市《しょうこうし》嵊州《じょうしゅう》市）の実性院《じっせいいん》を宿と定めた成尋は、院主や知県ら役人たちと茶話をしていた。そのときに、知県から「仏を見ることに定まった場所はないのに、なぜ遠く聖跡を巡礼するのでしょうか」と尋ねられた。これに対し、成尋は「法界（全世界）は、どこもかしこも皆道場（仏道修行の場所）であり、仏を見ることに定まった場所はないが、仏種は縁によって起こるもの（仏道にはいるのはちょっとした機縁による。『法華経』方便品のことば）です。ですので、聖跡を巡礼しているのです」と答えている（『参記』巻三・同日条）。成尋の聖跡巡礼の宗教的意義がうかがわれる場面である。

平安時代の入唐僧たち

請渡宋申文には、成尋が申文を提出した理由が書かれている。「天慶《てんぎょう》の寛延《かんえん》、天暦《てんりやく》の日延《にちえん》、天元《てんげん》の奝然《ちょうねん》、長保《ちょうほう》の寂照《じゃくしょう》、皆天朝の恩許を蒙り、唐家の聖跡を礼《らい》するを得」と、先達の事例を引き、彼ら同様に朝廷からの勅許を得ようとしている。ただし、成尋は彼らだけを先達と見なしていたわけではけっしてない。それ以前の僧の渡海も当然ながら参照していた。

平安期になると、最澄《さいちょう》・空海《くうかい》が唐に渡り日本に天台宗・真言宗を伝えた。彼らは飛鳥・奈良時代から続く遣唐使に従って入唐し、帰朝した。同様の形で唐に渡ったのが、円仁《えんにん》（七九四―八六四）である。円仁は結果的に最後の派遣となった承和《じょうわ》の遣唐使とともに海を渡ったが、承和の遣唐使は、その出発から苦難の連続だった。承和三年（八三六）・四年と渡航に失敗し、この過程で第一船は損傷してしまった。そのため翌五年（八三八）の再出発の際には、第一船に乗るはずだった大使藤原常嗣《つねつぐ》は、勝手に副使小野篁《おののたかむら》が乗る予定の第二船と交換し、渡海を敢行した。それを不服とした小野篁は、自身の病を理由に乗船を拒否し、さらには朝廷批判をおこなったため隠岐国へ流罪となった（『続日本後紀』承和五年六月戊申条、十二月己亥条）。この波乱含みの遣唐使に、円仁は天台請益僧《しょうやくそう》として乗船している。長期の留学《るがく》僧とは異なり、請益僧はある特定の目的を持って渡海する短期留学僧であり、円仁は当初公式には短期滞在の予定であった。しかし、円仁は渡唐後、帰国船には乗らず、不法滞在の身となり唐に留まった。円仁は天台山を目指すも叶わず、急遽五臺山行きを決行し、その後、長安に入るとそこで中国史上の仏教弾圧事件である「三武一宗《さんぶいっそう》の法難」の一つ、唐の武宗《ぶそう》による「会昌《かいしょう》の廃仏」（八四五―四六）に遭遇し、自らも一時還俗《げんぞく》に追い込まれるなど困難を極めた。その後、唐在住の新羅人らに助けられながら、承和十四年（八四七）、大宰府《だざいふ》に帰着した。

円仁の『行記』を熟読する

円仁自身の手によるこの旅の渡航記が残されている。それが、『入唐《にっとう》求《ぐ》法巡礼行記《ほうじゅんれいこうき》』（以下、『行記』）であり、駐日アメリカ大使でもあったエドウィン・O・ライシャワー（一九一〇―九〇）は本書をマルコ・ポーロ（一二五四―一三二四）の記録『東方見聞録《とうほうけんぶんろく》』（世界の記述）』と比肩しうるものとして賞賛している（『円仁　唐代中国への旅』）。『行記』には「会昌の廃仏」の具体的な記述や円仁の旅の苦労と共に、長安での密教受法の様子も描かれ、円仁が帰朝後に果たした天台の本格密教化への端緒をうかがうことができる貴重な史料である。そして、成尋は『行記』を熟読していた。たとえば、『参記』には以下のような記述が残されている。

それは、成尋が日本を出発して間もない延久《えんきゅう》四年（一〇七二）三月二十二日のことであった（『参記』巻一・同日条）。一行はまだ、船上にあった。その日の出来事として、成尋は「今日、浜雀二つ船中に来たる」と記している。何気ない風景描写であるように思えるが、直後に「巡礼記の如し」と記されており、たんなる描写ではないことに気づく。そこで、『行記』をひもといてみると、円仁が博多を出発してから十日目に当たる承和五年六月二十七日条に、「鳥は信宿するも去らず。あるいは時に西飛すること二、三あり。またさらに還りて居る」と二、三羽の鳥の飛来が確認され、さらに翌二十八日条にも「早朝、鷺鳥、西北を指し双《ふた》つにして飛ぶ」と再びの鳥飛来の記述がある。そして、その直後に円仁ら一行は中国大陸のすぐ近くまで進入していっていたことに気付くのである。非常に些細な記載である。しかしながら、船酔いに苦しみながら進んでいた成尋にとっては、鳥の飛来は陸地が近いことを知らせる吉兆であると同時に、先達と同じ道筋で中国大陸へと歩を進めていることを強く実感することのできる幸福な出来事なのである。成尋はこんな些細な記録さえも覚えているほど、『行記』を読み込んでいたのである。

円珍の渡航記

円仁と同様に、成尋が参照したのが寺門派始祖の円珍《えんちん》（八一四―九一）の入唐である。円珍は円仁帰朝の六年後の仁寿《にんじゅ》三年（八五三）に出航した。この際、円珍は唐商人の船に乗り唐へ向かった。円珍は唐に五年間滞在し、再び貿易船に乗り帰国している。円珍は遣唐使による渡航はできず、貿易船を利用するのであるが（円仁の帰国も新羅の貿易船であった）、こうした方法は遣唐使の派遣が途絶えたことに伴い、以降主流となっていく。なお、同

智証大師像（金倉寺蔵）

時期に複数回渡唐し、白居易《はくきょい》の『白氏文集《はくしもんじゅう》《ぶんしゅう》』をもたらした恵蕚《えがく》も貿易船を利用している。

円珍も渡航記を記していた。『在唐巡礼記（行歴記）』五巻があったとされるが伝存せず、その抄本である『行歴抄《ぎょうれきしょう》』一巻が現存する。『行歴抄』には長安で青龍《せいりゅう》寺《じ》の法全《はっせん》に出会い、胎蔵灌頂《たいぞうかんじょう》を受けたことの記述などが見られ、受法の様子がうかがえる。法全は円仁も受法した高僧であり、円珍と法全とのやり取りに円仁の名も見えている（「請弘伝両宗官牒案初稿」大中《だいちゅう》九年〈八五五〉六月三日条。小野勝年『入唐求法行歴の研究　智證大師円珍篇』上による）。のちに触れるが、成尋は円珍の著作を読んでおり、『在唐巡礼記（行歴記）』にも目を通していたであろう。

渡唐の目的

円仁も円珍も、渡唐の目的は求法《ぐほう》であった。仏の教えを求めて唐で高僧に出会い、灌頂を受け、その教えを帰国後に日本で伝法する。天台密教は金剛界・胎蔵界の両部に蘇《そ》悉地《しつじ》を加えた三部大法を円仁が伝えたことにより、その基礎が確立した。また、修法《すほう》と同時に円仁・円珍は唐から大量の関連仏典を携えて帰国し（円仁『入唐新求聖教《しょうぎょう》目録』、円珍『日本比丘《びく》円珍入唐求法目録』などの請来目録を参照されたい）、後世に多大な影響を与えている。けっして、成尋が語ったような巡礼が目的ではないのである。

寛建一行の求法と巡礼

請渡宋申文に先達として現れる寛延は寛建《かんけん》の誤記とされる。興福寺僧であった寛建（生没年不詳）は、延長《えんちょう》四年（九二六）五月二十一日、唐の商人船によって「入唐して求法し、及び五臺山に巡礼せん」ことを請い、許された（このときはすでに唐は滅亡し、五代十国時代に入っており、当時は「後唐《こうとう》」であった。ただし、史料で「入唐」とあることから便宜上「唐」と記す）。朝廷は、寛建には旅費として黄金百両を給付し、菅原道真《すがわらのみちざね》・紀長谷雄《きのはせお》・都良香《みやこのよしか》ら文人の漢詩集や小野道風《みちかぜ》の書を渡し、唐へ携えさせた（『扶桑略記《ふそうりゃっき》』同日条）。また、大宰府牒《ちょう》を与えるなど朝廷が寛建の入唐を公的に承認していることがわかる（『日本紀略』延長五年正月二十三日条）。寛建は寛輔《かんほ》・澄覚《ちょうかく》・長安《ちょうあん》・超会《ちょうかい》ら十一人と共に渡海したが、建州《けんしゅう》（現在の福建省南平《なんぺい》市建甌《けんおう》市）の浴堂で悶死した。その後、残された者たちは旅を続け、澄覚らは五臺山や諸方の聖跡を巡礼したという（『鵝珠抄《がしゅしょう》』二所収「奝然在唐記」）。寛建の入唐の目的は、求法と五臺山巡礼とされ、寛建は途上で亡くなったが、同行の僧らは諸聖跡を実際に巡礼しており、ここには求法だけではない目的が明確に現れている。こうした活動のあり方は、成尋につながる系譜の先蹤《せんしょう》をなすものと評価できる（森公章「入宋僧成尋の系譜」）。また、道真らの漢詩集を携えたことは、日本の文化的達成を中国に流布すべく託されたものであり、朝廷には「外交使節＝遣唐使の派遣とは切り離された次元での文化導入（仏教交流）が主として期待」されていたことを意味していたと考えられる（手島崇裕「入宋僧の性格変遷と平安中後期朝廷」）。

日延入唐と典籍・知識の交換

次に挙げられている日延（生没年不詳）は天台僧である。日延に関しては、天喜《てんき》初年（一〇五三）頃のものと思われる渡海の目的がわかる文書「大宰府政所牒案」（『大宰府神社文書』。『平安遺文』九巻所収）が残されている（竹内理三「「入呉越僧日延伝」釈」）。文書中では「入唐僧日延」「遣唐法門使」とされるが、天暦七年（九五三）に渡海し、天徳《てんとく》元年（九五七）に帰朝しており、実際に赴いたのは中国江南の呉越国《ごえつこく》であった。日延が呉越国へ派遣されたのは、「法門を繕《つくろ》ひ写す」ための日本所蔵の天台教籍を送致してほしいという「大唐天台徳《とく》韶《しょう》和尚」の求めに、天台座主延昌《えんしょう》（諡号慈念。八八〇―九六四）が応じ、その使者としてであった。当時、本場天台山では、会昌の廃仏やその後の唐滅亡の混乱によって散逸してしまった天台教籍を、改めて蒐集《しゅうしゅう》する必要が生じていたのであった。まさに、天台教籍の逆輸入のための使者であったのである。

日延の目的はそれに留まらない。日延が暦術を解していたことに目を付けた暦道家賀《か》茂保憲《ものやすのり》（九一七―七七）が、渡海に際して新暦を持ち帰ることを依頼したのである。賀茂保憲の狙いは、中国最新技術・知識の移入であり、それによる貞観《じょうがん》年間に導入された宣明暦《せんみょうれき》以降の改暦であったと思われる。日延は呉越国の司天台《してんだい》で「新修符天暦経《ふてんれきけい》幷立《りっ》成《せい》等」（「暦経」とは置閏法《ちじゅんほう》などの計算方法を示したものであり、「立成」とは暦を作成する際に使用する数表をいう）を学び、「内外書千余巻」を携え帰朝した。日延が学んだ符天暦は、建中《けんちゅう》年間（七八〇―八三七）に術者（占術を行う者）の曹士蔿《そうしい》（生没年不詳）によって造られた「小暦」（民間暦）で、後晋《こうしん》の調元暦《ちょうげんれき》の元になり（『新五代史』巻五十八・司天考第一）、元《げん》の授時暦《じゅじれき》にも影響を与えたものである。

符天暦は、玄宗《げんそう》皇帝時代に瞿曇悉達《くどんしった》（生没年不詳）により翻訳されたインド暦である九《きゅう》執暦《しつれき》の影響が指摘されている（藪内清「唐曹士蔿の符天暦について」）。唐代密教はインド天文学の影響が強く、玄宗皇帝に重用された密教僧不空《ふくう》（七〇五―七七四）が訳し、インド占星術の知識が根底にある『文殊師利菩薩《もんじゅしりぼさつ》及諸仙所説吉凶時日善悪宿曜経《すくようきょう》』（『宿曜経』）は空海・円仁・円珍ら渡海僧によってたびたび日本にもたらされている。密教では修法や造像などの際に吉日良辰《りょうしん》を選ぶ必要があり、僧侶の間で暦法の習得が要請されていた（三橋正「宿曜道の展開と天皇観への影響」）。日延が暦術を解していたことは密教僧としてのものであり、また、日延が符天暦を学んできたことは密教側から時宜にかなったものであったのである。この日延による符天暦の将来により、『宿曜経』の内容も強化され、密教内で宿曜道が生まれ、発展していく。一時、宿曜師が暦道賀茂家と共同して造暦を担当することもあったほどである（『小右記』長和《ちょうわ》四年〈一〇一五〉七月八日条）。また、成尋が渡宋に際し気に懸けていた宿曜勘文も、日延の符天暦将来があってこそであった。

このように日延の目的は巡礼ではなく、むしろかつての請益僧に近い側面を有していた。賀茂保憲からの正式な依頼により「勅宣」を賜っており、日延もまた公的な支援を受け渡海したのであった。なお、日延には「在唐之間日記」があったようで、帰朝後、その内容の真偽のほどが試問されている。

入宋の濫觴・奝然

五代十国時代の争乱を終結させたのが、趙匡胤《ちょうきょういん》（太祖）が九六〇年に建国し、九七九年に中国統一を果たした宋（北宋）である。その宋に、はじめて渡った日本僧が東大寺僧の奝然《ちょうねん》（九三八―一〇一六）である。奝然には渡航記があり、成尋は「奝然日記四巻」を携え入宋し、皇帝に献上している（『参記』巻四・熙寧五年十月十四日条）。成尋が「奝然日記四巻」を読み込み、奝然を意識していたことは明らかである。この渡航記は「奝然法橋在唐記」「奝然入唐記」など複数の書名で逸文として残されている（森公章「遣外使節と求法・巡礼僧の日記」）。

修行としての聖跡巡礼

奝然が渡宋した理由は、聖跡巡礼である。延暦寺の天台山国清寺への牒には「十余年間、渡海せんとの心有り。蓋《けだ》し名山を歴観し、聖跡を巡礼せんとするなり」（『扶桑略記』

天元《てんげん》五年〈九八二〉八月十六日条）と聖跡巡礼が長年の夢であったことが語られ、「奝然上人入唐の時、母の為に善を修するの願文《がんもん》」（『本朝文粋《ほんちょうもんずい》』巻十三・天元五年七月十三日）には、さらに詳しく「奝然願はくは先づ五臺山に参りて、文殊の即身に逢はんと欲す。願はくは次に中天竺《なかてんじく》に詣《いた》りて、釈迦《しゃか》の遺跡を礼さんと欲す」と、その目指すべき聖跡が五臺山であり、中天竺（インド）であったことがわかる。この願文は、奝然が入宋する前年に母のために行った逆修《ぎゃくしゅ》（生前に法要をすること）のためのもので、慶滋保胤《よししげのやすたね》（法名は寂心《じゃくしん》）が代作したものである。この願文の中に、もし無事に宋に渡ることができ、そこで宋人に何のために来たのか、と問われたならば、「求法の為に来たらず、修行の為に即ち来たるなり」と答えるのだ、という一節がある。ここでは明確に「求法」と「修行」が対比され、奝然にとって聖跡巡礼はすなわち「修行」であったことがわかるのである（石井正敏「入宋巡礼僧」）。成尋が聖跡巡礼を、仏縁を求めるためのものとしていたのと、意識としては同じ地平上にあるとみることができる。奝然以降の入宋僧はもっぱら聖跡巡礼を目的としており、成尋の参照対象のひとりが奝然であったといえよう。

寛建・日延と同じように、奝然も朝廷からの許可を得ていた。奝然が帰国後、弟子の嘉因《かいん》（生没年不詳）を入宋させるために政府に提出した奏状の中に、勅許を得ていたことが語られている（永延《えいえん》二年〈九八八〉二月八日付太政官符案。『平安遺文』九巻所収）。こうして、朝廷からの許可を得た奝然は、翌永観《えいがん》元年（九八三）に大宰府を出航し入宋した。

奝然の出航に際して、人びとは詩歌を詠じてその餞《はなむけ》とした（『百練抄《ひゃくれんしょう》』天元五年十一月条）。そのうちの慶滋保胤が詠んだ詩一首があり、その序「仲冬、奝上人の唐へ赴くを餞し、同じく贈るに言を以て賦す。各一字を分かつ」（『本朝文粋』巻九・祖餞）が残されている。仲冬（十一月）とあり『百練抄』記事とも合致し、京を立つ前にこうした詩歌の贈答やそれを伴う送別の宴などが開かれたことがうかがえる。

宋に着いた奝然はまず天台山へ向かった。その後、都開封へ向かい、太宗に謁見後、待望の五臺山巡礼を行った。ここで特筆したいのが、皇帝に謁見していることである。この面見は、僧侶を積極的に利用した対外政策を行った宋側の事情によってセッティングされたものであるが（手島崇裕「東アジア再編期の日中関係における仏教の位置・役割について」）、このとき奝然は「本国職員令」と「王年代紀」を提出している（『宋史』巻四九一・外国伝・日本国。以下、『宋史』日本伝）。前者は律令の職員令《しきいんりょう》のようなものであろうが、後者は日本の神代以来の皇統譜と五畿七道といった日本地理の紹介である。「王年代紀」について、入宋前に準備していたという説（河内春人「『王年代紀』の史料論」）と入宋後に書いたとする説（上川通夫「奝然入宋の歴史的意義」）とに議論が分かれているが、奝然の皇帝謁見・「王年代紀」提出は成尋に少なからず影響を与えていよう。成尋も入宋後に皇帝に謁見し、さらには日本国情をめぐる問答を勅使との間で行っているのである（『参記』巻四・熙寧五年十月十四日条）。

念願の五臺山巡礼を果たした奝然は、皇帝から下賜された大蔵経《だいぞうきょう》五千四十八巻・新翻訳経四十一巻や宋で造像した釈迦瑞像《しゃかずいぞう》などを携え、寛和《かんな》二年（九八六）に帰国した（「奝然入瑞像五臓記」、『平安遺文』巻九所収。『日本紀略』寛和二年八月二十七日条など）。朝廷は、奝然の帰国を盛大に出迎えた。入京の際には、将来文物を輿に乗せ、雅楽寮《ががく》が高麗楽《こまがく》を奏でながら朱雀大路《すざくおおじ》を北上し、二条大路を東に折れ、その後蓮台寺《れんだいじ》へ練り歩くという盛大なパレードを催したのであった（『小右記』永延《えいえん》元年〈九八七〉二月十一日条）。

寂照の入宋、事後承認される

成尋が先達として最後に挙げ、成尋渡航に最も近い年代の寂照（？―一〇三四）は、参議大江斉光《ただみつ》（九三四―八七）の第三子で俗名は大江定基《さだもと》という。三河《みかわ》守当時に任地で妻を亡くしたことをきっかけに仏門に入ったことから、出家後は三河入道とも称される。寂照の師は寂心（慶滋保胤）であり、のちに『往生要集』の著者である恵心《えしん》僧都源信《げんしん》にも師事している。天台僧ではあるが、真言僧仁海《にんがい》からも受学しており、寂照は台密・東密ともに修得していたことはすでに述べたとおりである（本書第二の三参照）。

寂照の渡宋の目的も五臺山の巡礼であった。寂照も例に漏れず朝廷に許可を申請しているが（『百練抄』・『日本紀略』長保四年〈一〇〇二〉三月十五日条）、この渡航に際して勅許を得ているかどうかは、じつは少々問題もある。というのも、「入唐を許されざる事」という注記が『小記目録』下・第十六・異朝事（長保四年六月十八日条）にあるからである。ただし、『続本朝往生伝』大江定基伝には「幸いに可許を被《こうむ》り」とあることなどから、『小右記』の記事は入唐の許可が下りないままに京を出発した可能性を示唆しており、実際は出航後に勅許が下されたとする考えを本書では支持したい（石井正敏「遣唐使以後の中国渡航者とその出国手続きについて」）。

寂照も奝然同様、出発前に母のために山崎宝寺《たからでら》（現、宝積寺《ほうしゃくじ》）で比叡山東塔功徳院の静照《じょうしょう》（?―一〇〇三）を講師として法華八講を修している。この法会は盛大なものであったようで、当日に出家するものが五百余人にも及んだという。その中には女性も多くおり、出家した婦人の中には車の中で髪を切り、それを静照に手渡した者もいたようだ。参加者は皆一様に涙をこらえることができなかったという（『続本朝往生伝』大江定基伝、『宝物集』巻七）。また、『新古今和歌集』には、入唐の際に読まれた作者不明の歌とそれに対する寂照の返歌（巻九・離別歌・歌番号八六三・八六四）が収載され、ほかにも『和漢朗詠《わかんろうえい》集《しゅう》』の撰者である藤原公任《きんとう》（九六六―一〇四一）との歌の贈答が確認できるように（『公任集』歌番号五一五・五一六）、寂照出立に際しては多くの人たちから惜しまれつつ送り出されていた。いわば、寂照の出立は一大イベントとして人びとの心に残されたと思われる。

宋にて厚遇を受ける寂照

長保四年に都を離れた寂照は、七名の従者を伴い翌五年に入宋した（『扶桑略記』長保五年八月二十五日条）。このとき、京から寂照に付き従ってきた皇慶《こうけい》（九七七―一〇四九）は寂照と共に乗船したが、八幡神の使いである鳩数千羽が行く手を阻み渡航を止めたといい、同じく同行していた延殷《えんいん》（九六八―一〇五〇）は、朝廷がその「偉器」を惜しみ（日本に）留めたという（『元亨釈書』巻五皇慶伝、延殷伝）。

『参記』巻五・熙寧五年十二月二十九日条によると、成尋が「奝然法橋幷びに寂照大師の来唐日記」を太平興国寺伝法院の慧詢《えじゅん》の房で見ていることから、寂照の「来唐日記」が存在していたことがわかるが、「来唐日記」そのものは残念ながら現存せずその詳細は不明である。しかし、『楊文公談苑《ようぶんこうだんえん》』に引用された文中に、寂照に関する記述が確認できる。そこには、寂照らははじめは「華言」（中国語）に通じていなかったが、次第に「此方の言」（中国語）にまで通じるようになったこと、書聖・王羲之《おうぎし》の書法をよくしていたこと、皇帝に謁見し紫衣《しえ》や束帛を下賜されたこと、天台山巡礼を願い出て許可され、その際には旅費を与えられるなどの厚遇があったことなどが記されている。

ほかに、寂照は中国宋代天台学の大成者として知られる知礼《ちれい》（九六〇―一〇二八）に会って、師の源信に託された「台宗問目二十七条」（『天台宗疑問二十七条』。天台宗側から中国の僧にあてられた二十七箇条の教義上の質問）の答釈を得て延暦寺に送っている（『元亨釈書』巻十六・寂昭伝）。入宋中に一時弟子の念救《ねんきゅう》を日本に帰らせ、寂照ら五人の「度縁請印《どえんしょういん》」を宋に持ってこさせたが（『御堂関白記』長和二年〈一〇一三〉九月十四日条、同四年七月十五日条、『日本紀略』長和四年五月七日条）、寂照本人は帰国せず、宋の地で客死した。寂照の客死は、成尋の先蹤ともいえよう。

勅許を得ることの重要性

簡単ながら円仁以降の渡航僧の系譜を見てきたが、成尋が請渡宋申文で寛建以下四名を先達として特に挙げていた理由が見えてきたであろう。まずは巡礼僧としてのそれである。ただし、日延は巡礼僧としての側面は希薄であり、むしろ、請渡宋申文の性質からいって、重要なのは彼らがみな勅許を得て渡海しているという事実である。朝廷からの正式な許可をもらい渡海すること、それは朝廷の後ろ盾を得て堂々と宋へ渡ることができることであり、場合によっては寛建のように朝廷から多額の援助を引き出すことができるものである。それは、この先何があるかわからない旅において、物心共に心強いものとなったはずである。ときには食べ物や宿泊する場所にも難渋した先達円仁の苦難の旅を、『入唐求法巡礼行記』を通じ知識として得ていた成尋は、寛建以下の四名の姿を心強く感じていたのかもしれない。しかしながら、成尋の願いとは裏腹に、成尋への渡航許可はでなかった。その点については後述する。

二　請渡宋申文提出への道

母、寂照とその母の永訣を目撃

前節で見たように、成尋は早くから渡宋の意志を持っていたとされている。奝然にしても寂照にしても、渡宋の意志を持ち、それを実行に移すまではかなりの時間を要している。意志を示したからといって、それはそうそう簡単に実現するものではない。成尋がその意志を持ち始めたのはいつからか示す史料はないが、そのきっかけは寂照を知ったことにあったのではないだろうか。手がかりの一つは、『母集』の次の記述である。

昔十五ばかりなりしほどに、三河の入道といふ人、渡るとて唐に率《い》てたてまつる縫《ぬ》ひ仏、集りて人の見しに、「いかなる人ぞ」と人の言ひしに、「親を捨てて渡る、あはれ」など人言ひし、何ともおぼえざりし、……

これは、成尋がすでに出立したという知らせを耳にした成尋母が、過去を振り返り、十五の頃の「三河の入道」、すなわち寂照入宋の記憶をたぐり寄せ、当時は気づくことができなかった寂照母の気持ちが今痛いほどわかるのだ、と嘆き悲しむ場面である。ここでは寂照が「親を捨てて渡宋する人物」との評価が見られ、前節で見た寂照別れの様相と別の側面を映し出している。その評価はともあれ、ここからは、成尋母が、寂照が渡宋に際して母のために行った法華八講を直接見聞していた可能性がうかがえるのである。しかも、後年になってその場面がまざまざと思い返されるほど、強烈な印象をもった場面であったのである。成尋母にとっては重要な記憶であり、これを幼き日の成尋に話して聞かせたことがあるのではないだろうか。確かに、七歳にして成尋は仏門に入り、母との共同の生活はなくなった。とはいえ、折に触れ面会はしていたであろうし、話をする機会もあったであろう。そうした中、母が成尋に向かって、かつての立派な僧侶の話をしたとしても不思議ではない。まさか、自分の息子が「親を捨てて渡宋する人物」になろうとは思わずに。

母、俊賢とともに法華八講に参加

　では、成尋母はなぜ寂照の母との別れの場面に参加したのであろうか。そのヒントは、成尋自身の記述にある。前節で触れた成尋が書き写した『楊文公談苑』には「南海の商人の船」によって寂照にもたらされた三通の手紙についての記述があった（『参記』巻五・熙寧五年十二月二十九日条）。一通は「野人若愚」（村上天皇の子である具平《ともひら》親王〈九六四―一〇〇九〉のこととされる）から、一通は当時の最高権力者であった左大臣藤原道長（九六六―一〇二八）から、残る一通は「治部《じぶ》卿源従英」からのものであった。それぞれ、寛弘《かんこう》四年（一〇〇七）九月、寛弘五年七月、寛弘五年九月の日付を持つ。寛弘二年八月に宋の商人曽令文《そうれいぶん》が日本に来航し、十二月には寂照の手紙が道長に届けられている（『御堂関白記』寛弘二年十二月十五日条)。おそらくそのときに、残る二名にも届けられ、これらはその返書であったと思われる。そして、このうちの一人「治部卿源従英」は現在のところ、源隆国《たかくに》の父であり、成尋の母方の祖父であった源俊賢《としかた》その人であったと考えられている。これを是とするならば、俊賢は寂照と渡宋以前から親密な関係があったのであり、法華八講にも参加していた可能性が高いだろう。このとき、自分の娘である成尋母を連れて行っていたとは考えられないだろうか。五百余人もの出家者(参加者はそれ以上であろう)がいた一大イベントであり、女性も多く参加していたことは先ほども触れたとおりである。その中の一人が成尋母であったと考えたい。

叔父・兄と延殷の関係

ほかにも、成尋の周囲には寂照につながる線がある。俊賢の長男であり、成尋の叔父にあたる源顕基《あきもと》(一〇〇〇―四七)は後一条《ごいちじょう》天皇に重用されたが、天皇崩御後の長元九年(一〇三六)四月二十二日に「忠臣は二君に仕えない」と、横《よ》川《かわ》楞厳院《りょうごんいん》に登り落飾した。法名は円照《えんしょう》という(『続本朝往生伝』権中納言源顕基伝)。円照の師は延殷《えんいん》であった。円照は延殷とともに天台止観の業を修めるも、山門派・寺門派の争いに嫌気がさし、醍醐《だいご》寺に二人は移った。さらに円照は長暦《ちょうれき》三年(一〇三九)正月二十日、延殷は同二十一日と一日の違いはあれど、仁海から灌頂を受け、付法の弟子に名を連ねている(『元亨釈書』巻五・延殷伝、『続伝灯広録』巻五・円照伝・延殷伝)。

そしてもう一人、長暦三年に延殷と同日に仁海から灌頂を受けている人物がいる。それが、成尋の兄・聖紹《しょうしょう》である（『続伝灯広録』巻五・聖紹伝）。『三宝院伝法血脈』にも聖紹（聖照とある）は仁海付法の弟子として名を連ねており、三名は仁海を通じて同時期に繫がっていたのである（なお、寂照も仁海の弟子であるが、年代は異なる）。

延殷は前節でも述べたとおり、寂照に付き従い渡宋するつもりであったが、直前に朝廷から許可が出ず日本に留まった人物である。延殷は寂照のことを誰よりも詳しく知る人物の一人であった。当然、円照は延殷から寂照の話を聞いていたであろうし、聖紹もその可能性は考えられる。彼らを通じて、成尋に寂照の話が伝わっていたのではないだろうか。母の話とも相まって、成尋にとって寂照は最も近しく、参照すべき先達となったであろう。渡宋後、日本に帰らず宋において客死する、そういった覚悟も寂照を通して固まったのかもしれない。本書では、以上のように考えたい。

寂照をきっかけとして成尋は渡宋に興味を持ち、寂照以外の先達についても調べ始めたのだろう。実現を視野に入れつつ、『入唐求法巡礼行記』をはじめ、種々の渡航記録を読み進めたことであろう。中には、渡航記録以外のものも含まれていた。その一つが『天台山《てんだいさん》記《き》』であった。

『天台山記』を読む

本書は唐の徐霊府《じょれいふ》（七五九—八四二）という名の道士によって著された天台山に関する

山岳地誌である。天台山の名称の由来や山内に点在する施設や場所・エピソードなどが記されており、天台山を総合的に知るには絶好の書物である。成尋は、『参記』の中で四ヵ所にわたって本書に言及している（『参記』巻一・熙寧五年五月十四日条、十八日条〈書名の記載はないが、引用が確認できる〉、二十一日条、巻三・八月七日条）。成尋は『天台山記』を渡宋に際して携帯し、そのつど、実景と比較していたのであろう。

このようにして、成尋は、天台山や五臺山を中心に、様々な知識を吸収していたのである。ときには、奝然がもたらした釈迦像（のちの清涼寺《せいりょうじ》釈迦如来像）などの文物も実見し、思いを馳せていたかもしれない。

円珍ゆかりの新羅明神に祈るか

そういった成尋の思いが神に届いたかのような話が残る。『寺門伝記補録』第一・北石蔵祠に載る以下の話である。

大雲寺成尋阿闍梨《あじゃり》は、入宋の志を持つが未だ遂げないでいた。康平《こうへい》三年（一〇六〇）九月十三日、園城寺《おんじょうじ》の新羅明神《しんらみょうじん》祠へ詣で、夜通し念誦《ねんじゅ》し入宋が叶うことを祈請《きしょう》した。すると、夢うつつの状態のときに、明神が成尋のところへ降臨し、「仏子速やかに宋地に入り、群生《ぐんじょう》を利すべし」とのお告げがあった。明神は言い終わるや翠簾《すいれん》の中に入った。成尋は歓喜感涙し、神鏡一面を請求した。事務所内の蔵人頭《くろうどのとう》が円慶《えんきょう》に授け、円慶はこれを大雲寺に持ち帰り、祠を山麓に造り、神鏡を納めた。これが今の祠である、という北石蔵祠建造由来譚となっている。

その後、成尋が実際に渡航した話が続き、この夜の出来事が入宋成功の根拠であると読める構成となっている。新羅明神については、円珍が帰国する際、船中に老翁が姿を現わし、自分は新羅明神であり、仏法を守護するために来たことを円珍に告げた。また、帰国後に円珍が仏像法門を太政官に運んだときに再び現れ、自分が見定めた場所に伽藍を建てることを勧めたという伝承が残っている（『本朝続文粋』巻十一・記・園城寺龍華会縁記、『阿娑縛抄《あさばしょう》』諸寺略記』園城寺など）。これは事実ではなく、園城寺創立以前に氏寺としていた大友村主《すぐり》氏が信仰していた氏神である新羅明神が、後世に円珍と結びつけられたものだとされるが（佐伯有清『人物叢書　円珍』）、園城寺にとっては円珍入唐との関係が重要であり、だからこそ成尋の話が成立するのである。また、夢うつつに明神が現れ渡航を促すという話型は、円珍が山王《さんのう》明神から入唐求法を促す夢告を受けたという話と同じであり、この成尋の話がはたして事実であったかどうかは疑わしい。

ただし、康平三年九月十三日という至極具体的な日付が記されており、実際に成尋が新羅明神に祈ったことがあった可能性がある。というのも、翌年の康平四年七月三十日の夜に見た夢が『参記』に記されており、その内容は成尋が天台山の石橋を渡るというものであったからである（巻一・熙寧五年五月十八日条）。この頃に、渡宋への思いがますます強まっていたのは事実と見てよいだろう。

宋商人陳詠との出会い

このように、成尋は長い間、渡航の志を堅持していたわけであるが、現実味がでてきたのは、宋商人の陳詠《ちんえい》との出会いによるところが大きいと思われる。日本語が話せた陳詠は、成尋渡宋後に杭州で出会い、成尋の通訳として旅を共にすることになった（『参記』巻一・熙寧五年四月十九日条）。しかし、実際はそれ以前に日本で二人は出会っていたのである。

『参記』巻二・熙寧五年六月五日条に引かれる陳詠の状によると、陳詠は治平《ちへい》二年（一〇六五）に日本に行き商売をしているときに成尋と知り合い、その後、熙寧二年（一〇六九）に帰国し杭州や蘇州で輸入品を販売していたという。陳詠が日本滞在時の日本の年号は、治暦《じりやく》元年から延久元年の五年間であり、いずれのときに二人が出会ったのかは明らかにしがたいが、治暦四年もしくはその前年あたりであったのではないだろうか。というのも、治暦四年には母を岩倉に呼び同居を開始し、延久二年には『阿弥陀大呪句義』の書写、『安養集』編纂への参画、『法華法記』執筆などが行われているからである（本書第二の四参照）。おそらくほかにも経典書写や執筆がなされていただろう。次章で詳しく述べるが渡宋後の行動を考えるに、成尋と陳詠は面会時に渡宋後の計画を綿密に話し合っていた可能性が高く、これにより成尋は渡宋後のビジョンが明確に見えたのではないか。それに合わせ、渡宋を実現すべく日本国内でそれへ向けた準備を本格的に始めたのであろう。そうした流れの中で、請渡宋申文が提出されたのである。

三　母と子

母を岩倉に呼び寄せる

渡宋に現実味が帯びてきたことを確信した成尋がまず行ったことの一つが、幼い頃に別々に暮らすこととなった母との交流である。後冷泉《ごれいぜい》天皇が崩御した治暦四年（一〇六八）四月十九日からしばらく経った七月一日、成尋はお互いが簡単に行き来できる距離に母を住まわせた（以下、本節では特に記さないときは『母集』による）。残り少ない日本での時間を、母と共に過ごすこととしたのである。この行動一つをとってみても、成尋の強い決意、もう二度と日本には生きて戻らないだろうという決意を表しているようにも思える。しかしながら、母にはそれを初めは伝えず、母もまさか離ればなれになるとは露とも感じていなかった。

入宋の志を打ち明ける

母が岩倉に移ってから二年経ったある日のこと（治暦四年を含めての二年なので延久元年〈一〇七〇〉）、のんびりと話をして過ごしていると、突然成尋が、今行っている修行が終了したら入宋するつもりだ、ということを告白した。母にとっては青天の霹靂《へきれき》であり、その場では何も言うことができなかった。しかし母が受けたショックは大きく、「その三年《みとせ》過ぐるまで生きて、かの唐の出で立ち見じ。今日明日までも死なむ」（成尋が修行していると いう三年が終わるまで生きていて、宋への出立を見たくない。今日明日にでも死んでしまいたい）などと、死を口にするようになる。これ以降、母はたびたび死を望むようになっていく。

母に入宋の志を告げた後、成尋の動きは活発化したようだ。母から見て孫のような禅師二人（源隆国の子隆覚《りゅうかく》と覚猷《かくゆう》が有力。本書第一の二参照）もひどく泣き悲しむなど、周囲も戸惑っているにもかかわらず、出立の準備は着々と進んでいった。たまらず母は成尋の兄聖紹（律師）に「成尋の出発の日が近づいてしまった」と泣きつくも、聖紹は「成尋の決心は固いようです。仕方がありません」というばかりであった。

母との離別

そしてついに延久三年正月三十日、母は岩倉を離れ、聖紹の住む仁和寺《にんなじ》へ移ることになったのである。それは、成尋の出立がいよいよ目前に迫っていたことを示す。そして、母の願いもむなしく、この二日後の二月二日に成尋は都を離れたのであった（『扶桑略記』同日条）。途中一度成尋が京へ戻ってきた際に面会したものの、そのときは大変慌ただしく、そのためこの日が事実上、親子の別れの日となったのである。『母集』が延久三年正月三十日から書き起こされているのは、そのためである。

離別の際、母は成尋のために詠んだ歌十一首を近くにいた者に渡している。そのうち

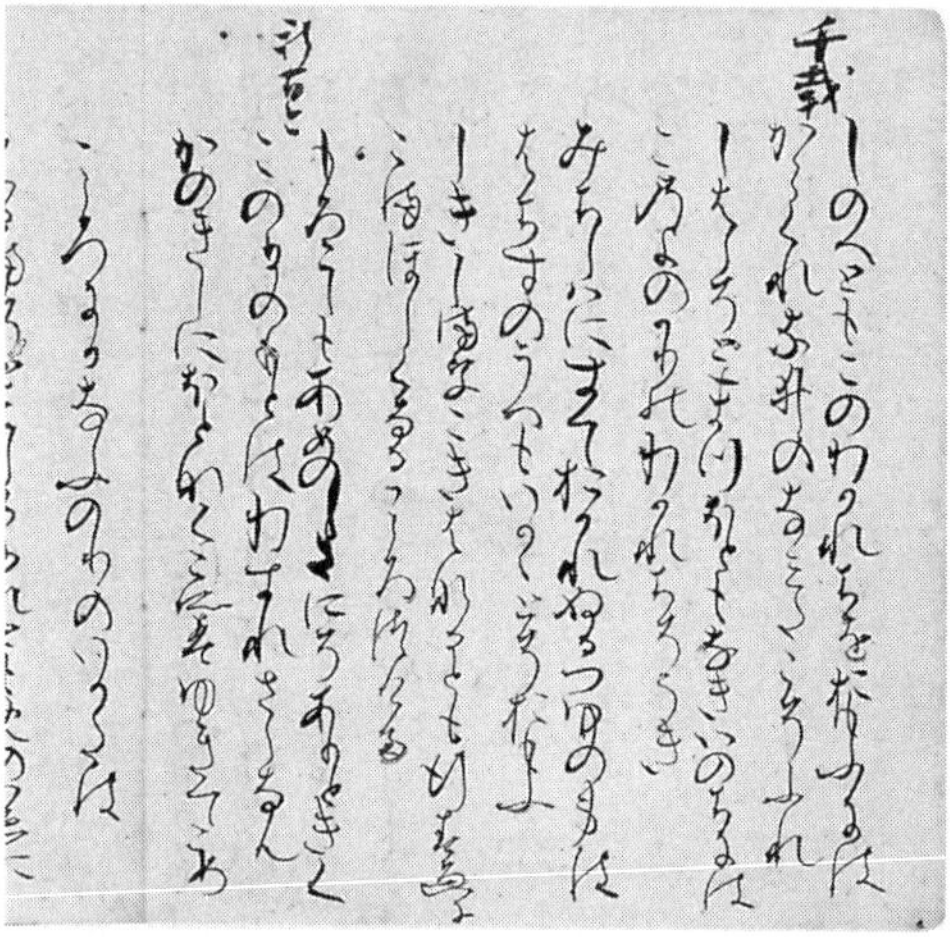

成尋阿闍梨母集（大阪青山学園本，国〈文化庁保管〉）

の冒頭の一首、

忍べどもこの別れ路《じ》を思ふにはからくれなゐの涙こそ降れ

（いくら堪え忍んだとしても、このたびの我が子との別離を思うと、真っ赤な血の涙がふりこぼれてくる）

には、母の痛烈な悲しみがあふれている。本歌は『千載《せんざい》和歌集』（巻七・歌番号四九一）などにも収載されており、成尋母を代表する歌である。

これらの歌を受け取った成尋は、翌朝に「一晩中涙が止まりませんでした」という内容の手紙を寄越した。母はそれを見て、また泣きはらし過ごしていたが、その日の夜、成尋はついに出立してしまったのである。成尋の出立を耳にした母の心は、千々に乱れるばかりであった。「あきれたことに、わたしに会うまいと思った成尋の心は、あまりにもひどいことだ」と最後の暇乞《いとまご》いをしなかった成尋を責める一方、「成尋が心から成し遂げようと思っていることを、母である私が邪魔立てすることはしたくない」と、息子の夢を応援する親心を吐露してもいるのである。

子を思う母の気持ち

成尋母の母親としての気持ちが特にあふれている箇所がある。それは、「このようなことを書かなくてもよいことではありますが、もし日本にお帰りになったならば、このように母は思っていたとご覧いただきたいのです」と、成尋へのメッセージという形で語られている。この中で、母は妊娠中のことを語る。自らが成尋を身ごもっていたときのつらさを語る一方、生まれた子を見るにつけ、この子が将来立派になってほしいとは思いはすれど、出産の折のつらさなどどうでもよいのだ、と出産のつらさよりも我が子かわいさがその痛みを忘れさせてくれるのだ、と述べる。

また、こんなエピソードも載せている。成尋が赤子のときのことである。成尋は他人に抱かせると泣き、自分が抱くと泣き止む。いろいろと試してはみるものの、やはり他の人では泣き、自分では泣かない。寝床に寝かせると泣くため、夜なども気がかりで、膝の上に寝かせ、自分は襖などに背中を当てて、生後百日まではこのようにして育てていた。乳母《めのと》に預けたのは、成尋が寝返りをするようになってからなのだ、と。

そのためか、一般的に身分に関係なく父親と母親の愛情は異なり、いわば無償の愛を注ぐのが母親なのだということをも述べるのである。その是非はともかくとして、当時ここまで母親としての気持ちを赤裸々に語ったものはなく、だからこそ、『母集』とそこにあふれる成尋母の愛情や訴えは、現代の私たちの心にも届くのであり、今なお読み継がれているのであろう。

その後も母の嘆きは続き、折に触れ悲しみ落ち込み、成尋を夢に見ては心配している。成尋の渡宋後もそれは変わらず、『母集』は母の悲しみに満ちている。その間に、母は大病を繰り返し、そしてついには「死なんとするにこそは」（きっと死んでいくのだろう）と自らの死期を悟り、その直後に『母集』は擱筆《かくひつ》されている。延久五年五月のことである。はたしていつまで母は生きていたのかはわからない。ただし、母は極楽を願いながら、極楽で成尋と再び出会えることを願いながら、この世を去ったことは間違いなかろう。

日本には帰らない覚悟

さて、ここまで、母から成尋への気持ちを見てきた。では、成尋の母への気持ちはどうだったのだろうか。まずは、『母集』に残る成尋のことばから考えてみたい。

成尋は渡宋の意志を母に語った際、「もし生きていれば日本に帰ってきましょう。宋で命を落としたならば、必ず極楽でお会いし、お姿を拝することといたします」と述べている。必ず帰るとも帰らないとも語らず、曖昧である。別の箇所では、「必ず帰ってきます。その間生きていてください」と、帰ってくると断言していたとの記述がある一方、「極楽で会うのを願っています」との記述も見られる。母は、そのことばに振り回

母に本心を伝える

され、希望を持ったり落ち込んだりを繰り返している。はたして、成尋はどちらともつかずに出立したのであろうか。

何度も繰り返すが、成尋の渡宋の意志は固い。これは間違いない。そして、老年であっても命がけで渡宋を決行したのである。これは並大抵の決意ではできないことである。ましてや、宿曜勘文によると六十一歳は「慎むべき」ときであるにもかかわらずである（本書第一の一参照）。先達の寂照の存在も相まって、成尋は出立時には日本にはもう戻らない覚悟でいたと考えられる。そのことは別の点からも確認できる。

成尋は渡宋後、杭州や台州において「杭州公移《こうい》」（通行許可証）と「台州公移」（天台山での滞在許可証）の発給を求め、その許可を得ている（『参記』巻二・熙寧五年六月五日条）。この手続きの手順などに関してはすでに日本滞在中の陳詠と話がついていたとみられ、日本で入念に準備していたものと思われる（遠藤隆俊「宋代中国のパスポート」）。その中に、三年間天台山国清寺で修行したいという旨が示されている箇所がある（「州帖国清寺」）。おそらくこれは成尋が初めから持っていた意志であり、帰国するつもりはなかったことがうかがえよう。

じつは、離日直前、成尋は一度母に宛てて手紙を書いている。この手紙は母の元へは、延久四年六月十日頃に届いた。内容は、三月十日頃に宋へ向けて出発するというものであるのだが、そこには「今はどうかもう心安く思っていただき、私は必ず極楽に参るものと思っていますので、そこで必ずお会いできるものだと思っています」と記されていた。日本を離れる直前に、成尋は極楽で会うとのみ述べ、帰るまで生きて待っていてほしいとは書いていないのである。これこそが成尋の本心であったのである。

ではなぜ、成尋はそれまで曖昧なことばを繰り返し母には伝えていたのであろうか。もちろん、必ず帰るというのは、成尋母の願望が生み出したことばである可能性はゼロではないだろうが、実際に成尋は両方の可能性を曖昧なまま伝えていたのではないだろうか。おそらく成尋は渡宋の意志を告白した際に、ことばを発することができなくなってしまった目の前の母の動揺ぶりを見て、曖昧に伝えることしかできなかったのではないだろうか。年老いた母を前にして冷たく言い放つことができず、戻るかもしれないという願望を示すことで母に希望を持たせた、成尋なりの〈優しい嘘〉だったと考えておきたい。というのも、成尋はけっして母への愛情が薄かったわけではないからである。

母のために読経を行う

請渡宋申文でも「母老ひて堂に在り。晨昏《しんこん》の礼何ぞ忘れん」と母への恩に言及している。

成尋は、出立前に母への修善を行っている。これは奝然・寂照の事例を範に採ったものと思われるが、単純なまねごとではけっしてない。そのときの様子が『母集』に載っている。

阿闍梨、なべての人も読まぬ経、いみじう罪も救ひたまう、書き出だして、みづから供養じて《ママ》、泣く泣く聞かせたまふ。法橋《ほうきょう》、また阿闍梨などいふ人々して、よう書き書かせ給ふ。

成尋は普通の僧でも読まない経で、母の罪を流し救ってくれる経を書写し、それを自ら供養し、泣きながら母に聞かせている。その経は法橋や阿闍梨などの高僧たちにお願いして、立派に書かせたものであったのである。

また、成尋は渡宋に際して、多くの人たちに母のことを気に懸けるようにお願いしていたと思われる。『母集』には、様々な人たちが母を気に懸けて綿を送ったり、歌を送ったりしていたことが記されている。特に兄聖紹とはよく話し合ったのではないだろうか。何かにつけて聖紹は母を気遣い、母もまた聖紹を頼りにしていた。成尋が出立の際に泣きついてきた母に対して、「仕方ない」と成尋の肩を持った兄聖紹は成尋のよき理解者であったのであろう。

宋にあって母を偲ぶ

成尋は渡宋後も母を忘れたことはなかった。成尋一行が天台山へ向かう途上のことである。剡《せん》県（現在の浙江省紹興市嵊州市）に宿を取った際、そこの家主の母親が来て成尋に対して礼拝し、銭二文を布施した。その母親の年齢「八十五歳」を成尋は書き残している（『参記』巻一・熙寧五年五月十日条）。永延二年（九八八）を成尋母の生年とすると、ちょうど八十五歳となるのであって、成尋は目の前にいる家主の母を見て、自分の母を思い出さなかったことはなかったのではないか。だからこそ、その年齢をわざわざ書き残したのだと思う。

また、陳詠と杭州で再会したその日、成尋は宿坊の壁の上に懸けてあった阿閦仏《あしゅくぶつ》真言を伴僧の聖秀《しょうしゅう》に外させて、自ら書き取った。その理由は、女身を転ずる因縁を日本に渡すためであった。これを「日本にいる老母の転女成男《てんにょじょうなん》を願ってのこと」とする解釈（齊藤注）は正しいだろう。転女成男は、女性の身体から男性の身体にかわることであり、変成男子《へんじょうなんし》とも言われる。これに対し、阿閦仏は東方にある妙喜仏国土《みょうぎぶっこくど》の主であり、かつ当時の日本ではほとんど流布していなかったため、西方浄土《さいほうじょうど》を望む成尋母がそれを受け取っても理解できなかっただろうという指摘がある（勝浦令子「『参天台五臺山記』にみる「女性と仏教」」）。確かにその可能性はある。しかし、成尋の思いは別であったはずである。当時仏教では女性の身のままでは仏の悟りは得られないと説かれており、成尋もこれを信じていたのであろう。成尋の身辺で女性であり、生まれ変わりが近い人物は母しかいない。やはり母の転生《てんしょう》、救いを願ってのことだったのである。

このように、成尋母は成尋を愛し、成尋もまた母の愛情を受け、母に対して深い愛情を持っていた。それでもなお、成尋は渡宋したのである。成尋の入宋の志の強さを改めて感じ取ることができよう。

四　文学と語学

後世まで読み継がれる母の歌

『母集』に残された成尋母の歌は、勅撰集などに収められるなど後世においても評価は高い。変わったところでは、「愛国百人一首」の一首にも選ばれている。愛国百人一首は、日本文学報国会が内閣情報局・大政翼賛会の後援及び毎日新聞社の協力のもと選定したもので、選定委員には佐佐木信綱《のぶつな》・斎藤茂吉《さいとうもきち》・窪田空穂《くぼたうつぼ》・折口信夫《おりくちしのぶ》らがなり、『万葉集』から明治元年（一八六八）以前の物故者の作品までの中から「愛国」に関わる歌を百首選んで、昭和十八年（一九四三）に成立したものである。いわば、国威称揚のひとつとして和歌が利用されたということである。その中に、成尋母の「もろこしも天の下にぞありと聞くこの日の本は忘れざらなん」（唐土も同じ天空の下にあると聞いているので、この日本はけっして忘れないでほしい）が選ばれている。この歌は、母が成尋に別れの際に送った十一首のうちの一つであり、遠く離れる息子に、どうか日本にいる母のことを忘れないでほしいという、母の悲痛な願望が読み取れる一首である。『新古今和歌集』巻九・離別（歌番号八七一）では「この日の本は」を「照る日の本は」としており、愛国百人一首は後者を基準として選定している。愛国百人一首では、この歌を「日本主義精神の旺盛なところが見えて甚だ愉快な一首」と評していて、詠作背景を切り捨てた解釈となっている（『定本愛国百人一首解説』）。

成尋出立の歌

このように変わった解釈もあるものの、成尋母の歌は後世まで読み継がれている。では、成尋の歌はどうであったのだろうか。

まず、『母集』に一首、成尋の歌が残されている。「天王寺別当、宮の阿闍梨」（永覚《えいかく》阿闍梨）から成尋出立の際に送られた「悲しみの涙の川に浮かぶかな流れあはばや法《のり》の海にて」（私は悲しみの涙を流し、その涙の川に浮かぶ身となっているが、やがて川を流れ下って、法の海でお会いしたいものだ）への成尋の返歌が以下である。

悲しみの涙を寄する法の海の一つ岸をば住みも離れじ

（悲しみの涙が流れ集まって注ぐ法の海だが、その海の同じ岸辺にあなたと身を寄せて、離れることをしたくない）

このやり取りからは、成尋が出立の際も、奝然や寂照と同様に関係者との歌の贈答が行われていたことが確認できよう。

『母集』にはこの一首のみだが、後の勅撰集や私撰集に収載されている歌が、確認できる限り六首ある。まず渡航に関連のある歌から取り上げていこう。鎌倉時代の私撰集

『万代和歌集《まんだい》』巻八収載の歌である（歌番号一七四九）。

入唐せむとし侍りけるころ、金泥《こんでい》法華経をあづけんといひける人の返事に

渡《わた》つ海《うみ》の船にたとふる法《のり》なればこのわたりにはいかがとぞ思ふ

（海原を渡る船に譬える仏法なのだから、今回の渡唐に法華経はどんなに力強いことかと思う）

詞書きから、やはり成尋出立に際して様々な人との歌の贈答があり、中には贈り物（ここでは法華経）を渡す人もいたことがわかる。『万代和歌集』巻八には続けてもう一首載る（歌番号一七五〇。『新千載和歌集』巻八にも収載。詞書きは「入唐の時よめる」とある。歌番号七六六）。

渡海の道にてよみはべりける

白波を分けてぞ渡る法の船さしけむ人の跡を尋ねて

（白波をかき分けて渡る法の船を操る人の跡を尋ねて、私は行くのだ）

この歌は、円珍の以下の歌を本歌としている（『新古今和歌集』巻二十・釈教歌・歌番号一九二二）。

法の船さして行く身ぞもろもろの神も仏もわれをみそなへ

（仏法を目指し求める船に棹さして行く身なのだ。諸神も諸仏も、お見守りください）

成尋の歌にある「法の船さしけむ人」とは、円珍その人を指しており、成尋の渡航が円珍の跡を追う旅でもあったことがわかろう。

もう一首、『宝物集《ほうぶつしゅう》』巻三（歌番号二二二）に、

成尋法師の 唐《もろこし》へまかりける比《ころ》、よみ侍りける

いかばかり空をあふぎて嘆くらん幾雲井《いくもい》ともしらぬわかれを

（空を仰いでどれほどか嘆いておられることか、数えきれぬほどの雲を隔てたこの遠い別れを）

が載る。空を仰ぎ嘆いているのは成尋母となるだろうが、『後拾遺《ごしゅうい》和歌集』巻八では「読み人知らず」（歌番号四九九）となっており、成尋出立後に母を心配した誰かが母に送った歌である可能性もある。実際、『母集』には母を心配して歌を送っている記載もある。本書では、一応、成尋が母のことを思って詠んだ歌として挙げておきたい。

渡航に関連のない歌も三首ある。まず、『詞花《しか》和歌集』巻四（六番目の勅撰和歌集）に載る次の歌である（歌番号一五九）。

歳暮の心をよめる

数ならぬ身にさへ年の積もるかな老ひは人をも嫌はざりけり

（物の数でもない身にまでも齢が寄せるものだ。老いというものは人を嫌わないものであるよ）

年の暮れに自らの老いを詠み込んだ歌である。同歌を収載する『後葉《ごよう》和歌集』巻十六には比叡山《ひえいざん》で詠んだとある（歌番号四七四）。このとき、成尋は入宋への志を意識していたのであろうか。

『新古今和歌集』巻八・哀傷歌（歌番号七六二）には、「弥生《やよい》の頃、人におくれて嘆きける人のもとへつかはしける」（三月の頃、愛する人に先立たれて嘆いていた人のもとに贈った歌）と詞書きがある歌が載る（『続詞花和歌集』巻九にも収載。歌番号三八九）。

花桜まだ盛りにて散りにけむなげきのもとを思ひこそやれ

（花桜はまだ盛りなのに散ってしまった。あなたのお嘆きお察し申し上げます）

若くして亡くなった人は女性だったのだろうか。

『宝物集』巻三に載る次の歌は、涅槃会《ねはんえ》（陰暦二月十五日に釈迦の入滅を追悼して行う法会）で詠まれたものである（歌番号二八四）。同歌を載せる『続詞花和歌集』巻十は詞書きに「かまくらの涅槃会」とあり、比叡山の鎌倉（蒲鞍）で詠まれたものである（歌番号四七〇）。

かなしさと薪《たきぎ》尽きけんその人のむかしに今はかはらざりけり

（涅槃会を迎える悲しさと、釈迦が薪が燃え尽きるように亡くなった昔の悲しさと、今は変わることがない）

漢詩を作らないことを誓う

成尋の歌は以上七首である。必ずしも多いとは言えないが、成尋が折に触れ歌を詠んでいたこと、また出立の際に歌の贈答がなされていたことがわかったであろう。

これに対し、成尋が詠んだとされる漢詩は管見のところ見出していない。じつは『参記』巻二・熙寧五年六月八日条に気になる記述がある。この頃、成尋は天台山で過ごしていた。この日は、通訳の陳詠が杭州へ向かった日であり、国清寺主など諸僧が旅立つ陳詠に贈り物をする、そんな一日であった。そして、その日の未の時、如日《にょじつ》という老僧が成尋のもとを訪れ、紙に書かれた詩一篇を成尋に贈った。このとき七十二歳の如日は、詩詠を一生の仕事としているようだ、と、その詩を成尋は書き留めている。これに対し、通常は詩を和すのだが、成尋はそれをしなかった。その理由を成尋はこう述べている。「祖師の智証大師（円珍）は唐にいた六年の間に、自他の詩集が十二巻ありました。大師は日本に帰ってから、いつも詩を作っていたことを後悔していました。そのため、私は日本で本尊に、一生涯詩を作らず、他人に和すこともしないと誓いました。どうぞいぶかしく思わないでください」と。

円珍の求法目録（「福州温州台州求得経律論疏記外書等目録」）には、「相送詩一巻」「温州緇素《しそ》相送詩一巻」「上仙詩七十首一巻」「詩集一巻」「雑詩一巻」などがあり、円珍が日本に複数の詩集を持ち帰っている。これらは残っておらず詳細はわからないが、円珍に対して贈られた詩だけでなく、それに和した円珍の詩も含まれていた可能性もある。ともあれ、成尋は円珍の後悔を受け、自らは漢詩を作らなかったというのである。成尋の漢詩が見いだせないのは、そのためかもしれない。

また、成尋が如日に詩を和さなかった理由は、「恥」の観念と関係があるかもしれない。「恥」の観念とは、日本が中国などと対等・凌駕するという意識と表裏一体をなすもので、日本の学芸などが劣っていることが明らかになれば、それは「日本の恥」となってしまうという貴族層のコンプレックスのことである（森公章「平安貴族の国際認識についての一考察」、渡邊誠「平安貴族の対外意識と異国牒状問題」）。成尋より少し前のことになるが、宋海商の周《しゅう》世《せ》昌《しょう》が宋へ帰国後（咸平《かんぺい》五年〈一〇〇二〉）、日本人の漢詩を献上して「詞は甚だ雕《ちょう》刻《こく》なれど、膚《ひ》浅《せん》にして取る所なし」と、形ばかりで薄っぺらいと評している（『宋史』日本伝）。こうした評価が一般的であったかどうかはわからないが、漢詩も「恥」を誘発する原因となることは確かであり、宋人とは慎重に和さなくてはならなかったと思われる。じつは成尋も「日本の恥」を口にする場面があり（『参記』巻七・熙寧六年三月三日条）、成尋もこの観念から自由であったわけではないのである。如日に和さなかった理由の遠因は、こうした当時の日本の対外意識にもあったと考えておきたい。

宋での会話はどうしていたか

それでは、成尋のことば（中国語会話）はどうであったのだろうか。奝然は「奝然隷書《れいしょ》を善《よ》くすれども、華言に通ぜず」、寂照も「華言を暁《さと》らざるも、文字を識《し》り、繕写すること甚だ妙なり」（『宋史』日本伝）とされ、二人とも入宋の際は中国語を話せなかった。それは、成尋も同様であった。入宋後は陳詠がそばで通訳にあたり、宋人との交流に活躍した。成尋にとって中国語が話せないことは、「恥」とはならないのである。それには、通訳の存在もあったが、漢文（文章）は書けたことが大きかっただろう。

成尋は通訳がそばにいないときは、筆談で宋人らと交流していた。上述した如日との会話も陳詠が杭州へ向かった後のことで、彼とは筆談で行っていた。そして、その文章能力は宋滞在中に上達したようだ。『参記』巻六・熙寧六年二月二十五日条によると、成尋が自分で天台に帰るための書類を作成し、それを慧詢《えじゅん》に見てもらったところ、訂正すべきところがなかったというのである。成尋は種々の書類を『参記』に書き留めている。これは、記録であるとともに、成尋にとっては書類の型を覚えるための練習でもあったのかもしれない。

成尋は日本に帰らず、宋で一生を終えた。中国語の会話も、きっと文章同様に上達したことであろう。

五　密航の事情

渡航のための準備

延久三年（一〇七一）二月二日、成尋は予定していた十六日よりも早く京を離れた（『扶桑略記』同日条）。この日から『参記』起筆の延久四年三月十五日までの成尋の足取りは、『母集』からうかがえる。

京を発った成尋は、船で備前《びぜん》に向かった。備前から母に手紙が届けられ、そこには「筑紫《つくし》へ向かう船に乗った」と書かれていた。その後しばらく連絡が途絶えていたが、筑紫からやってきた人が「八月二十日頃に、渡航しようとしていて、その準備をしています」という知らせを母のもとに届けた。成尋は来たるべき日へ向かって、着実に準備を進めていたようだ。

しかし、成尋はすぐに離日することはなく、十月十三日に一度帰京する。このとき成尋は、大雲寺に置き忘れていた書物を取りに来ていた。こうした書物の中には、渡海に合わせて書写したり、新たに撰述したものも含まれていたであろう。ただし、たんに書物を取りに来ただけとは考えられない。「大殿《おおとの》よりもこと殿ばらよりも御文どもあれど」と、大殿（関白。このときの関白は藤原教通《のりみち》であるが、成尋との関係から考えると頼通のことを指していよう）やその他貴顕から招きの手紙が届いており、成尋帰京の報は周囲に伝わっていた。成尋はこうした人びとと連絡を取り、勅許を得るための根回しをしていたのではなかろうか。そこで、何らかの感触を得ていた可能性もあろう。

母との今生の別れ

そのついでに、成尋は母と面会した。成尋は母に対して、「思ったとおりでした。『元気で生きて私の帰りをお待ちいただきたい』と仏に祈っていたのですが、このように元気でいらっしゃった。あと四年元気でいてほしいと、祈っているのです」と、ことばをかけている。成尋は翌日も来ると言っていたが、結局はこれが今生の別れとなってしまった。

備中新山での修行

翌十四日、成尋は淀《よど》に行き、その後備中《びっちゅう》国の新山《にいやま》へ向かい、二十日に到着した。新山は、現在の岡山県総社市《そうじゃし》黒尾の新山を指し、平安時代には新山寺《にいやまじ》があったが、現在は跡のみが遺されている。成尋によると、新山は「昔の人の行ひて、極楽にかならず参りたる所なり」という場所であり、成尋はここに百日間籠もって極楽往生を願ったのである。新山には、定秀《じょうしゅう》上人の伝承がある。上人は、幼いときに比叡山で出家したが、のちに学道に背き念仏を修し、二十一歳のときに山を下り、諸国を巡り、ついに備中国新山に至ったという。それから十二年もの間、山に籠もり求道し、承保《じょうほ》三年（一〇七六）、往生を遂げた、というものである（『拾遺往生伝』巻下・定秀上人伝）。ちょうど成尋の参籠時期と重なり、両者は新山で出会っていた可能性がある。こうした新山での参籠修行は、成尋の浄土教信仰を見ることができると同時に、「極楽で会いましょう」という母との約束を果たすべくの行動であったとも考えられる。

この修行中、成尋は夢告《むこく》を得ている。入宋後の熙寧五年十月二十二日、成尋は神宗《しんそう》から紫袈裟などを下賜されたのだが、そのことはすでに延久三年十二月十三日に日本備中国新山で見た「大内に於いて此の甲袈裟を賜る」という夢で予言されていたのである

（『参記』巻四・同日条）。成尋は新山での修行ですでに一つの験を得ていたことになる。

勅許未だ下りず

ところで、成尋は、新山での修行を翌年の正月頃に終えて、修行後に再び請渡宋申文を提出し、勅許が下りたら渡海し、下りなければ日本に留まると母に伝えている。これが本意であったのかどうかはわからず、母を安心させるための〈優しい嘘〉だった可能性も考えられる。いずれにせよ、この時点ではまだ勅許が下りていなかったことは確かである。

そして、二月十四日付の成尋からの手紙によると、新山での修行を正月末頃に終えた成尋は京へ戻ることなく、安芸《あき》国に向かった。そこで、「唐人ありなし」を聞いて、四月に再び上京するという。成尋は安芸で貿易船の情報を求めていたようであり、この手紙を受け取った母は、成尋が本気で宋に渡ろうとしていることを感じ取っている。ここには、四月の上京が具体的に何を目的としているのかは書かれていない。

そもそも新山での修行終了後の正月に、申文を提出したかどうか不明である。前年の十一月の母に宛てた手紙の中では、「正月には人を遣わせます。場合によっては私も参ります」と上京を示唆している。これは申文提出のためであったと考えられる。十月の帰京の際に何らかの感触を得た成尋は、次回こそは間違いないと考えていたのかもしれない。しかし、正月になっても成尋は来ない。そこで、岩倉の僧たちが成尋の迎えに出かけることとなり、母は手紙を託している。その後、徒歩で出かけると言っていた僧たちが帰ってきて、備中から安芸へ向かう船に成尋が乗るのを見届けたという報告を母は受けている。

これらのことから、成尋は確かに修行終了後に上京する予定で、大雲寺僧らともその手はずは整っていたことがうかがわれる。しかし、それをせず安芸に向かったのは、確度の高い貿易船の情報が入り、急ぎ確認の必要が生じたからではないか。勅許を得る前に、貿易船の確保を行い、改めて四月に申文を提出するつもりだったのかもしれない。老齢である成尋にとっては、一刻も早くそのチャンスを得たかったはずである。

筑紫で九州の僧たちと交わる

その後、成尋は周防国《すおう》へ行き、さらには筑紫《つくし》へ向かっている。筑紫では、渡航前に数名の僧らに灌頂《かんじょう》を授けている。

入唐の時、筑紫に於いて灌頂を授く。円慶《えんきょう》・実豪《じつごう》・安修《あんしゅう》・永尊《えいそん》・頼禅《らいぜん》・観範《かんはん》・日《にち》円《えん》等なり。日円は又た四人に授く、と云々。（『伝法灌頂血脈譜』）

このうち、円慶は成尋の付法の弟子で「教跡房《きょうせきぼう》」と呼ばれている人物である（『大雲寺縁起』付「当寺名哲之系図」）。円慶は京から出立まで成尋の側に仕え、このときに成尋から灌頂を授けられたことになる。日円は、「美作聖《みまさかのひじり》」（『拾遺往生伝』巻下・定秀上人伝）と称される人物で、のちに自らも宋の商船で入宋して天台山で入滅したとされている（『続本朝往生伝』日円伝）。成尋と日円の関係は、成尋の新山での修行が契機であり、その後筑紫まで同行していたと推測される（手島崇裕「成尋と後続入宋僧の聖地巡礼」）。なお、成尋の入宋や新山での修行は、美作・伯耆《ほうき》など周辺地域での宋代仏教志向を高めたのではないかと言われている（榎本渉「平安末期天台宗における宋代仏教へのまなざし」）。

また、安修は大宰府安楽寺の学頭であり、顕密の才が高いと評された人物であり（『続本朝往生伝』安修伝）、永尊も九州の僧として実在が確認できる（手島崇裕「平安中期の対外交渉と摂関家」）。このとき灌頂が授けられた中には地元九州の僧が複数含まれていたのであり、九州における僧のネットワークの存在を感じさせる。こういった僧侶たちが成尋の出国手配に関わっていたとの考えもあり（手島「平安中期の対外交渉と摂関家」）、残りの実豪・頼禅・観範も九州の僧であったのかもしれない。

勅許を得ず渡海

そして、成尋は上京予定の四月を前にした三月十五日に宋海商船に乗船し、日本を旅立った。結局、成尋は出発までに勅許を得ることができなかったことになる。つまり、成尋の渡宋は、〈密航〉であったのである。

ではなぜ、成尋は勅許が出ないままでの渡航が可能であると考え、それを実行に移したのか。一つは寂照の事例が念頭にあったのだろう。寂照は渡航後に勅許が出たと考えられることは先述したとおりである。寂照の事例を先例と捉えていた成尋は、たとえ出航時に勅許を得ていなくても、のちに与えられると考えていたのではないだろうか。

渡航の支援者たち

　それではなぜ、成尋はそれを信じることができたのか。それは、成尋の支援者の存在である。渡航僧に支援者は欠かせない。支援者は渡航僧を政治的にも資金面でも庇護し、一方で渡航僧は支援者の要望に応える。いわばギブアンドテイクの関係がある。奝然は、藤原氏の有力者、特に当時において主流をなしていた師輔《もろすけ》流と実頼《さねより》流の実力者たちが支援をし、寂照は、藤原道長の摂関家を中心とした有力貴族たちに支えられていた（石井正敏「入宋巡礼僧」）。そして、成尋にも支援者はいた。

　成尋は五臺山巡礼の際、日本から携帯した品々を文殊菩薩に供養し納めた。それは皇太后宮の藤原寛子《かんし》（一〇三六—一一二七）が持たせた先帝（後冷泉天皇）自筆の経巻や、太皇太后宮亮《すけ》藤原師信《もろのぶ》（一〇四一—九四）が託した亡妻の愛用の鏡と遺髪であった（『参記』巻五・熙寧五年十一月二十七日条・十二月一日条）。成尋は後冷泉天皇の病気治癒のための加持祈禱《かじきとう》を行っており（『母集』）、信頼は篤かった。師信の亡妻は藤原道長の子頼宗《よりむね》（九九三—一〇六五）の娘である。彼女らは成尋の支援者であったと考えられ、成尋は彼女らの代わりに五臺山で供養を行ったのである。

　また、成尋は宋で入手し日本に送る品々を詳細に書き留めているのだが、その送り先として、大雲寺経蔵のほかに、「宇治御経蔵」、「左大臣殿」、「民部卿殿」、「治部卿殿」

が挙げられている（『参記』巻六・煕寧六年正月二十三日条）。それぞれ、藤原頼通・藤原師実《もろざね》・藤原俊家・源隆俊にあたる。藤原師実（一〇四二—一一〇一）は頼通の子で、成尋は「左丞相を護持すること二十年」（『参記』巻一・煕寧五年六月二日条）と自ら述べるように、長年師実の護持僧を務めていた。俊家（一〇一九—八二）は頼宗の子であり、その妻は源隆国の娘である。源隆俊（一〇二五—七五）は隆国の長男で、大雲寺の西南院を建立した俊明の兄である。

藤原頼通との関係

彼らも成尋の支援者であったと考えられるが、最大の支援者は頼通だった。『安養集』を宇治平等院で編纂した源隆国も含め、彼らは皆、頼通に繋がる。後冷泉天皇の皇后であった寛子も頼通の娘であり、やはり頼通に繋がる。成尋は頼通の信頼も篤く、頼通が病気の際には宇治に招かれ修法を行い、頼通の病状を回復させている（『母集』）。また、大雲寺の吉倉寺を建立したのは頼通であり（本書第二の一参照）、成尋のみならず大雲寺に対しても古くから支援していたと思われる。

当時、道長・頼通らの摂関家は、朝廷を通さず個別に宋商人たちと関係を結んでおり、宋の文物、いわゆる唐物《からもの》を直接手に入れることができていた。たとえば、万寿五年（長元元年〈一〇二八〉）に「大宋国の商客」がもたらした「大宋国の文殊像」は「関白家」に安置された（『小記目録』巻十六・異朝事）が、この関白家とは頼通の邸宅のことを指す（森公章「朱仁聡と周文裔・周良史」)。成尋は、頼通の邸宅でこの文殊像を見て、宋への思いを強くしたことであろう。同様に彼ら(摂関家や諸貴族)は、渡航僧を自らが欲するものを手に入れるルートの一つと認識しており、成尋が上記の人びとに内外典籍を送っているのは、支援者と渡航僧との関係性を如実に物語っている(手島「平安中期の対外交渉と摂関家」)。

成尋への支援

もちろん、成尋側にも利益がある。それはまず、資金面である。成尋は勅許を得られず朝廷から公的な資金援助はなかったが、宋商船の船頭らに対し、米五十斛《こく》・絹百疋《ひき》・砂金四小両などの物品を渡しており、出発時に豊富な資金があったことがうかがえる(『参記』巻一・延久四年三月十五日条)。これらの出所は、頼通ら支援者であろう。

次に、人的支援である。成尋が無事海商船に乗れたのも、おそらく頼通らのもつ人的ネットワークによるところが大きく、手配・交渉を頼通らの持つ人脈を通して行っていたと考えられる。そうしたネットワークの中にいたひとりが陳詠であり、成尋と陳詠との仲立ちをしたのは頼通であったと考えられる。

ほかには、当然政治的支援があげられる。成尋が勅許を得ない密航という形でも渡宋することができたのは、頼通ら政府の中心人物たちの政治的後ろ盾があったからにほかならない。たとえ勅許が下りなくても、こうした人びとの支援は成尋にとっても心強かったことであろう。

海を渡る宋の海商

一方、勅許を持っていない成尋ら一行を乗せていく宋海商側のメリットは何か。もちろん、資金面や頼通ら政権中枢の人びととのコネクションが第一の理由であろう。しかし、それと共に注目したいのが海商たちの仏教信仰である。海商たちの人的ネットワークの紐帯として、共通する仏教信仰が想定されている（山内晋次「平安期日本の対外交流と中国海商」）。たとえば、鑑真《がんじん》が日本へ渡る途上で海難に遭った際、観音を唱えることで事なきを得ているように（『唐大和上東征伝《とうだいわじょうとうせいでん》』）、古くから航海において仏教の果たした役割は大きい。日本の高僧を乗せることで、自分たちの航海の安全も約束されたと思っても不思議ではない。実際に、成尋は船上で毎日、聖観音呪《しょうかんのんじゅ》を一万遍、風天真言を一万遍唱え、航海の安全を祈っている（『参記』巻一・延久四年三月十六日条）。

こうして、様々な要因が絡み合い、いわば〈公然の密航〉とも呼べる形で成尋は日本を離れたのであった。

勅許が得られなかった理由

ではなぜ、勅許が下りなかったのか。一つの可能性として考えられるのが、後三条天皇と頼通との関係である。頼通による嫌がらせが皇太子時代から激しかったと、後三条天皇の側近である大江匡房《おおえのまさふさ》が認識するほど両者の対立は深刻であり、即位後、後三条天皇は摂関家から距離を置こうとしていた（美川圭『日本史リブレット人　後三条天皇』）。それは、頼通のみならず、周囲の者にも及んでいた。後冷泉天皇在位中に天皇から寵愛《ちょうあい》を受けていた源隆国が、当時皇太子であった後三条に対し「頗《すこぶ》る奇怪なること等」（詳細は不明）があったため、即位後に意趣返しをして、隆国の子らを「事の次《ついで》をもって罪科に処せらるべき由」の考えがあったという話が残っている（『古事談《こじだん》』巻一―六四）。これは物語であるので、多少の誇張はあるかもしれないが、似たような話は実際にあったのであろう。また、成尋の支援者に後三条天皇やそのもとで関白に任じられていた頼通の弟教通の名が見えず、頼通や隆国と密接な関係のある成尋と後三条側とには距離があったのだろう。こうしたことから、後三条天皇は勅許を下さなかったのではないだろうか。

本節の最後に、成尋の渡航は密航ではなく、勅許が下りた上での正式な渡航であったとする説について触れておきたい（篠崎敦史「平安時代の渡海制と成尋の〝密航〟」）。篠崎はいくつかの論拠を挙げているが、そのうち、ここでは、これまで多くの論者が密航の証拠として挙げていた以下の『参記』の記述に対する解釈について触れる。

①寅の時、肥前国松浦《まつら》郡壁島《かべしま》に於いて唐人の船に乗る。……辰の時、西風吹くに依り、船出ださずして、壁島の西南の浦に在り。法華法、後夜経は第六巻、如意輪《にょいりん》供《ぐ》なり。海辺に人来たる時、諸僧皆一室内に隠れ入り、戸を閉ぢ音を絶つ。此の間の辛苦、宣《の》べ尽くすべからず。午の時、日中経は第七巻、如意輪供なり。……申の時、文殊供なり。戌の時、初夜経は第八巻、如意供なり。（延久四年三月十

五日条）

②寅の時、東風有るに依り船出だし帆を上ぐ。幾ばくも無く西風有りて、船還りて本の泊に着す。卯の時、後夜経は第一巻、如意輪供なり。海辺の男女頻りに来たりて売買す。終日戸を閉づ。極めて以て堪へ難し。午の時、日中経は譬喩品《ひゆほん》、如意輪なり。申の時、文殊供なり。……戌の時、初夜経第二巻了んぬ。如意輪供なり。（三月十六日条）

加部島（壁島）

③卯の時、後夜経は第三巻、如意供なり。辰の時、（海）辺の人来たり集まる。戸を閉ぢ声を絶つ。午の時、日中経は第四巻、如意供なり。申の時、文殊供なり。戌の時、初夜経は第五巻、如意供なり。（三月十七日条）

ここには、人びとが集まってきているときに身を隠す姿が描かれ（傍線部）、多

定刻に集まる人々

くの論者はこれを密航の根拠として考えている。これに対し篠崎は、ここはしきりに人びとが集まり騒がしくなり、厳粛な雰囲気が維持できない、もしくは、容易に俗人に見せてはいけない修法であったため、船内に入っただけであったのだと述べる。はたしてそうだろうか。①から③が時間経過に沿って記述されていたとすると、

①寅の時（午前四時頃）、乗船→辰の時（午前八時頃）、法華法・後夜経→人びと来る（隠れる）→午の時（正午頃）、日中経→申の時（午後四時頃）、文殊供→戌の時（午後八時頃）、初夜経

②寅の時、出帆・還着→卯の時（午前六時頃）、後夜経→人びと来る（隠れる）→午の時、日中経→申の時、文殊供→戌の時、初夜経

③卯の時、後夜経→辰の時、人びと来る（隠れる）→午の時、日中経→申の時、文殊供→戌の時、初夜経

という流れになる。人びとが海辺に集まるのは①③から辰の時であったことがわかる。毎日、同時刻に海辺で売買がされており、それが周囲の人びとの日常生活であった。このタイミングで成尋らは隠れている（②に「終日」とあるが、これは終日注意深く過ごしたというような意味ではないか）。

七時行法を枉げる成尋

そして、もう一つ気づくのは、定期的な行法である。それに注目して、流れを記述す

ると、

卯の時後夜経→辰の時隠れる→（巳の時）→午の時日中経→（未の時）→申の時文殊供→（酉の時）→戌の時初夜経

となり、これはいわゆる「六時行法」である。十八日条に「七時行法は例の如く修し了んぬ」とあり、乗船後もルーティンとして行っている（天台宗では七時行法ともいい、成尋は七時行法を行っている。本書第二の三参照）。

六時と十二時辰の関係は、「日没申時、初夜戌時、中夜子時、後夜寅時、晨朝《じんちょう》辰時、日中時午《ママ》」（『黒谷上人語灯録《くろだにしょうにんごとうろく》』漢語灯録・四浄土三部経如法経次第・礼讃時尅）となり、成尋はほぼ規定どおりに行法を行っていたことがわかる。異なるのは、後夜経の行法である。後夜経は規定どおりならば、寅の時に行うべきものであり、本来は卯の時は行わない。しかしながら②③と連日卯の時に行っており、①は辰の時（本来は晨朝経）となっている。①は寅の時に乗船したために行うことができず、辰の時にずれこんでしまったのだろう。②も寅の時に出帆したために、ずれこんだと考えられる。では、③はどうか。そこで十九日条を見ると、「寅の時、東北の順風大いに吹く」とあり出帆している。これらから考えられることは、成尋が乗船した商船は、朝は寅の時に動き出すということである。成尋はそういったルールに則って、慌ただしい寅の時に後夜行法を行うのではなく、遅らせて行ったことになる。

そして、もう一つ、成尋の記述には晨朝行法について触れられていないことがわかる。①は辰の時（晨朝）に行っているが、後夜経となっており晨朝行法ではない。しかも、成尋らはその後隠れているのであり、②③でもその時刻には戸を閉ざして声を絶ってい る。乗船初日に、辰の時に人びとが集まるという事実を知った成尋は、翌日以降、その時間に行法を行わず、息を潜めて過ごすこととしたのである。これは辰の時に集まる人びとに自分たちの存在がばれてしまうことを恐れての行動であったと考えられよう。それは、やはり成尋の渡航が密航であったからにほかならない。

確かに、成尋の渡航は〈公然の密航〉であった。しかし、勅許は下りておらず、正式な文書（請渡宋申文では太政官から大宰府へ文書を出すよう要望が書かれている）も発給されていない。そのため、もしここで存在がばれたとき、正式文書を有していないことで、確認などの手間がかかってしまうことになる。そうなると、ますます出航は遅れ、場合によっては下船を余儀なくされてしまう可能性もあったであろう。長年の夢が叶う目前でのそういった事態は絶対に避けたいはずである。成尋らの身を隠すという行動は、密航であるが故のものであったのである。

第四　入宋、天台山巡礼と皇帝との謁見

一　入宋～天台（巻一）

成尋の渡航記『参天台五臺山記』

『参天台五臺山記』は延久《えんきゅう》四年（宋の年号は煕寧《きねい》五年〈一〇七二〉）三月十五日、成尋一行が宋商船に乗り込むところから記述が始まっている。以降、翌年六月十二日までの十六ヵ月間（閏七月を含む）、ほぼ毎日成尋は記録を残している（巻二・煕寧五年七月十二日、巻六・同六年正月二十四日がない。ただし後者は、二十三日の記載に二十四日のことも含まれているとみられる）。その記録は、一行程度の日もあるが、ときには参観した寺院の様子や日常の出来事が微に入り細を穿ち記述されていることもあり、一僧侶の渡航記としてだけではなく、歴史史料としても非常に有益である。特に、他の中国史料には残されていない貴重な情報が詳しく記されていることもあり、中国史研究（宋代史研究）にも活用されている。本書では一部そうした記述にも言及するが、詳細は基本的には専論に譲り、『参記』の記述に沿って彼の旅の様子を描いていきたい。なお、以下、『参記』の用語と正式名称・別称などの

書き方は、「参記での用語（正式名称・別称）」と表記する。

肥前壁島に順風を待つ

まずは旅の始まりから見ていこう。

延久四年三月十五日、乙未。寅の時、肥前国松浦《まつら》郡壁島《かべしま》に於いて唐人の船に乗る。一の船頭曽聚《そうしゅう》字は曽三郎は南雄州《ゆうしゅう》の人、二の船頭呉鋳《ごちゅう》字は呉十郎は福州《ふくしゅう》の人、三の船頭鄭慶《ていけい》字は鄭三郎は泉州《せんしゅう》の人なり。三人心を同じくして船に乗せしむるなり。船頭ら皆物を給《たま》はるを悦ぶ。密々に相構《かま》ふるなり。志与《しよ》の物は、米五十斛《こく》・絹百疋《ひき》・褂二重・沙金四小両・上紙百帖・鉄百廷・水銀百八十両等なり。同じく唐船に乗る人は、頼縁《らいえん》供奉《ぐぶ》・快宗《かいそう》供奉・聖秀《しょうしゅう》・惟観《ゆいかん》・心賢《しんけん》・善久《ぜんきゅう》・沙弥《しゃみ》長明《ちょうみょう》なり。船に乗らずして還る人は、永智《えいち》・尋源《じんげん》・快尋《かいじん》・良徳《りょうとく》・一能《いちのう》・翁丸《おうがん》なり。涙を拭いて離れ去る。

成尋らは肥前国松浦郡壁島、現在の佐賀県東松浦郡呼子《よぶこ》町大字加部島に停泊中の「唐人の船」に乗り込んだ。松浦郡は神功《じんぐう》皇后が新羅征伐に際して訪れたとされる場所であり（『肥前国風土記』松浦郡条）、古くから大陸・半島との交通路になっていた。島の東部には式内社《しきないしゃ》である田島坐《います》神社があり（『延喜式』神名下・肥前国）、海上交通の守護神として尊崇を受けていた。壁島は船溜まりになっていたようで、成尋らの乗った船もここに停泊し、風待ちをしていたと思われる。

同行する商人たち

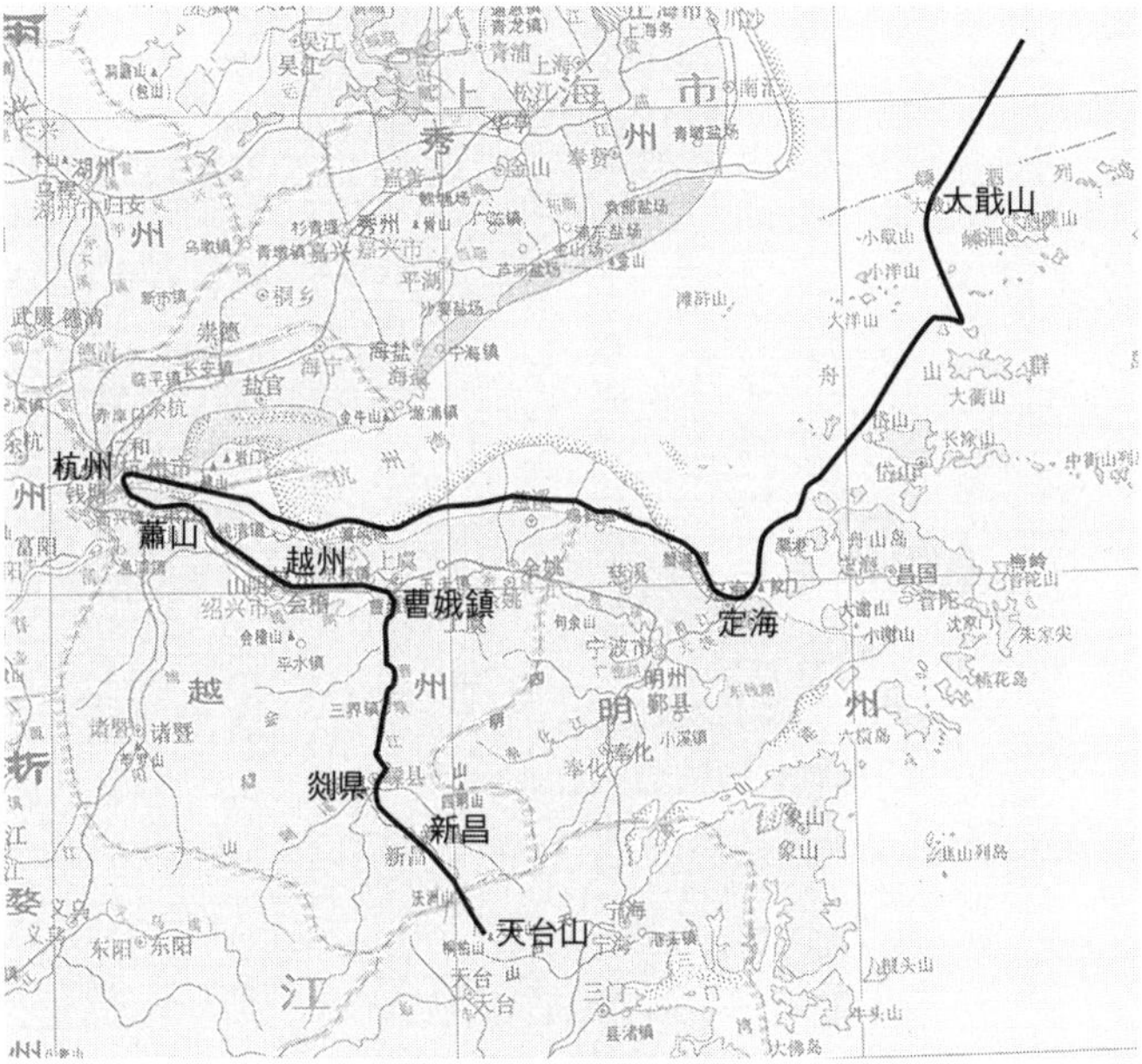

入宋から天台まで

成尋の記載は詳細で、三人の船頭（ここでは荷主の意味か）の名や出身地が記される。第一の船頭曽聚は南雄州（現在の広東省韶関《しょうかん》市南雄県）の人、第二の船頭呉鋳は福州（現在の福建省福州市）の人、第三の船頭鄭慶は泉州（現在の福建省泉州市）の人であり、中国南方の人びとを中心とした商船だった。曽聚らは日本で留黄（硫《い》黄《おう》）・水銀等を買い求めて中国で販売する商人であった（煕寧五年六月五日条。以下、特に出典を記さない場合は『参記』）。成尋は、彼らに米や絹・沙金などを渡した。これらが乗船費となったのであろう。なお、硫黄は日宋貿易の主力商品であり（山内晋次『日宋貿易と「硫黄の道」』）、のちに成尋の通訳となる陳詠も硫黄を扱っていた（六月五日条）。

七人の随行僧

成尋とともに渡航したのが、頼縁・快宗・聖秀・惟観・心賢・善久・長明の七名であった（長明は長命とも記されるが、本書では長明で統一する）。頼縁は『大雲寺縁起』付「当寺名哲之系図」によると、成尋の弟弟子・惟尊《ゆいそん》の弟子僧であった。快宗は延久五年（熙寧六年）にいったん帰国し、永保《えいほ》三年（元豊《げんぽう》六年・一〇八三）に再び入宋し、神宗《しんそう》に謁見している（『続資治通鑑長編《ぞくしじつがんちょうへん》』巻三三四・元豊六年三月己卯〈四日〉条。以下、『長編』と略記する。本書第六の二参照）。彼らはみな京から成尋に付き従ってきた者たちであろう。

京とのやりとり

また、乗船せずに港で別れたのが、永智・尋源・快尋・良徳・一能・翁丸であった。彼らが出立時から成尋に同行していたのか、その後大雲寺から派遣された僧なのかは不明であるが、このうちの永智（一乗房）はのちに入宋し成尋らと宋地で再会を果たしている（巻八・熙寧六年五月二十一日条）。そして、『母集』に延久四年十月一日の出来事として、筑紫《つくし》からやってきて成尋母に手紙を届けた僧がいて、彼は成尋母に向かって自身も入宋して成尋と会い、共に帰国したいと言ったことが記されているが、この僧が永智ではないかと考えられている。となると、成尋渡宋後もしばらく永智は筑紫に滞在していたことになる。彼は成尋と京・大雲寺との連絡係のようなことを行っていたのであろう。なお、この中に九州の僧がいたかどうかは明らかでない。

宋へ向け出帆

成尋らは乗船後もしばらく風待ちをしていたが、十九日ついに出帆した。そのときの賑やかな様子を成尋は「帆《ほ》を上げ乱声し、鼓《こ》を撃ち船を出だす」と記述している。しかし、外海は波が荒く船も大いに揺れた。聖秀・心賢・長明は船酔いで臥せってしまい、成尋も食事が喉を通らず、五年の間勤めてきた不臥《ふが》の行《ぎょう》も断念せざるをえないと音を上げている。翌日には成尋の体調も徐々に回復し、食事を摂ることができるようになった。この日に、船は高麗《こうらい》国の耽羅《たんら》山（現在の韓国済州《チェジュ》島）の近辺を通過している。体調の回復した成尋は船中で航海の無事を祈り続け、不動尊呪《ふどうそんじゅ》などのほかに、まだ見ぬ五臺山の文殊菩薩・一万菩薩、天台石橋《しゃっきょう》の五百羅漢を念じている（二十一日条）。なお、この日、成尋は吉夢を見たことを記録している。以降、『参記』には夢の記述が散見する。その後、船は順調に宋の海域に進み、二羽の浜雀が船中に飛来したのを見て、『巡礼行記』の記述のとおりであると、円仁の渡航と自分たちとを重ねている（二十二日条）。

二十五日には、船は蘇州《そしゅう》の石帆山《せきほさん》近辺に進み、大七山《だいしちさん》に停泊した。日本を出発して初めての陸地での停泊である。蘇州とはあるが、いわゆる江蘇省の水の都蘇州とは異なり、現在の舟山《しゅうざん》群島の北にあたる浙江省嵊泗《しょうし》県の嵊泗列島に含まれる鶏骨礁《けいこつしょう》が石帆山に比定されている。その後、船は鶏骨礁を西に見ながら大七山（大戢《だいしゅう》山）へ向けて南下したのである（藤善眞澄「日宋交通路の再検討―壁島より岱山へ―」）。これ以降、成尋は様々な島名を挙げ航路を記録する。これらの島名は船員の沈《しん》小六郎に筆談で教えてもらい記録していたようだ（二十八日条）。

船は途中、東茄山《とうかさん》（東茹山とも記す。現在の浙江省舟山市の東岱山に比定されている。藤善眞澄「日宋交通路の再検討―岱山より杭州へ―」）に立ち寄り、船頭らは上陸し泗州《ししゅう》大師堂を参詣した。

泗州大師堂参詣

山頂に四面が石壁に囲まれた堂があり、僧伽《そうが》和尚の木像数体が安置されていた。「往還の船人、常に参拝する処」であり、成尋も小舟に乗って参拝をした（四月二日条）。僧伽和尚（六二八―七一〇）は、唐の中宗《ちゅうそう》の景龍《けいりゅう》二年（七〇八）に、宮中の内道場に招かれ供養された人物で、弟子らからは観音菩薩の化身と称された。祈雨や治病などに霊験を顕したため、僧伽信仰は唐・宋代に広く行われた（『宋高僧伝』巻十八・僧伽伝など）。のちに成尋は僧伽和尚の本拠寺である泗州普照王《ふしょうおう》寺を訪れている（巻三・同年九月二十一日条）。舟山群島では南に位置する普陀山《ふださん》の観音信仰が有名であるが、当時は東茄山の僧伽信仰も同様に航海守護神として尊崇されていたことがうかがえる。なお、翌日（四月三日）曽聚が成尋に「縫い物の泗州大師影一鋪」（縫仏《ぬいぼとけ》）を贈っているが、成尋はこれを日本へ送っている（巻六・熙寧六年正月二十三日条）。

銭塘江の奇観を見る

銭塘江海嘯

参拝を終え再び航路についた一行は、四月四日には定海県《じょうかい》（現在の浙江省寧波《ニンボー》市鎮海区《ちんかい》）に入った。通常はここから甬《よう》江《こう》を通って明州《めいしゅう》（現在の浙江省寧波市）に入るのだが、県令《けんれい》（知県）は船の進入を許さず、「越州《えつしゅう》の指南人」（水先案内人）にしたがって海沿いに北上し、途中河船に乗り換えて越州（現在の浙江省紹興《しょうこう》市）へ向かった。六日には越州思胡《しこ》浦（思湖浦。現在の浙江省紹興市上虞《じょうぐ》区の西北の海浜）に到着し、しばらく留まっている。その後、十二日に越州蕭《しょう》山《ざん》（現在の浙江省杭州市蕭山区）に到着した成尋は、翌十三日に銭塘江《せんとうこう》の海嘯《かいしょう》を目撃する。仙霞嶺《せんかれい》山脈に発し、杭州湾に注ぐ銭塘江の河口付近では、海からの潮が逆流する現象である海嘯が発生する。特に中秋の頃が最大で、現在でも毎年人が波にのまれる被害が発生しているほどである。成尋は音が雷鳴のようであり「奇怪の事なり」と感想を述べている。同日、杭州湊口に入り、十六日に問官（海商からの徴税を扱う役人）による入国審査を受け、杭州の宿屋に投宿する。

宋商陳詠との再会

そして、十九日に陳詠《ちんえい》が成尋のもとを訪れる。彼は日本で成尋と会っており（六月五日条）、久しぶりの再会となる。このとき、陳詠を通事（通訳）として天台へ行くことが決められた。十九日条の書きぶりは両者がはじめて会ったかのようにも読めるが、すぐさま通訳が決定していることから、この再会と通訳決定は事前に申し合わせていたものであろう。以後の様々な成尋の申請書提出に際しても、両者間で綿密に打ち合わせがなされていたと思われる。

杭州の様子を活写

しばらく杭州に滞在していた成尋は二十二日、杭州の市場見物へ出かける。成尋がはじめて見る中国の市場であり、市場内が「百千の七宝」で飾られ、一ヵ所に二、三百もの燈火が置かれ、内側で火が焚かれている瑠璃《るり》の壺が並べられている様子を驚きと共に詳細に描いている。ほかにも女性が琴を弾き笙《しょう》を吹き伎楽《ぎがく》が奏でられている姿、水を吐くからくり人形やそれらを銀の器で茶を飲みながら見学する人びとの姿などを活写している。こうした詳細な記述こそが『参記』の特徴の一つでもあり、以降も随所に現れる。

興教寺に寄宿する

二十六日、杭州滞在の目的である天台山へ参詣したい旨の申文《もうしぶみ》を杭州府（杭州都督府）に提出する。おそらくその際、宿屋ではなく寺に宿泊したい旨も伝えていたのであろう、翌日に杭州府から使者がやってきて、西湖《せいこ》の南側に位置する南屏《なんびょう》山興教《こうきょう》寺がよかろうとの返答を得た。二十九日、成尋らは興教寺へ移った。このとき教主・諸僧の出迎えをうけている。その後、興教寺や近くにある浄慈《じょうじ》寺を見学している。ところで、興教寺の名は『母集』にも出てくる。それは、成尋からの書状の中である。

三月十九日、筑紫の肥前の国松浦の郡《こおり》に、壁島といふ所を離れて、同じ二十三日、みむしうのふくゐ山（明州の北界山か）を見る。そこに三日の風なくてあるに、はじめて羊の多かるを見る。同じ二十九日、ゑしうのしらのそく（越州の思胡浦か）に着く。たよりの風なくして、数《かず》の日をつめらる。四月十三日、杭州のふかく天（不明）に着く。二十九日、たいとのかみ、なんつい山のきようかけ寺（南屏山興教寺）に、うけ来たる八人の僧に、さいすはしおもく迎へらる。日本の朝の面目《めぼく》とす。五月一日、ふてそうたまはりて。

内容は場所の特定が難しい箇所や日程が『参記』とズレる箇所もあり確定しずらいが、成尋が天台山へ向けて出立する前の杭州で、筑紫にいる人に対し漢文体で五月一日までの旅のあらましを書いて送ったものをもとにしていると思われる（石井正敏「『成尋阿闍梨母集』にみえる成尋ならびに従僧の書状について」）。それが、成尋が出立して約一年後の延久五年二月十四日に母の手元に届けられたのである。母にはもう一通先述した永智がもたらした手紙が届けられている。これら二通は、ともにこの頃に書かれたものと思われる。

天台山参詣を聴される

その五月一日条には、一行が宿泊していた宿屋の主人・張賓《ちょうひん》と船頭の呉鋳《ごちゅう》が来て、成尋が提出した天台山参詣の申文に署名が必要となったので、我々が杭州府で署名をしてきたと知らせてきたとの記述がある。彼らは陳詠と同様に成尋の身元保証人となったのである。こうした協力も、陳詠が根回しをしたのであろう。

そしてついに、三日、陳詠が杭州府から「公移《こうい》」（「公拠」とも記される）を受け取った。公移は公文書の意味であるが、この場合は天台山までの通行許可証のことを指す。この公移は成尋ではなく陳詠に下されているのだが、それは、陳詠が成尋の保証人となり、天台山へ連れて行くという名目になっているからである。六月五日条に成尋自身が写した「杭州公移」が載せられており、その内容が明らかとなる。公移には、成尋の申文のほか、陳詠の申状、張賓の申状が引用され、その後杭州府の判断が示されている。

「杭州公移」に引用された申文によると、成尋は「昨今、杭州を出で巡礼し、台州《たいしゅう》天台山へ往き焼香し、羅漢に供養すること一回せんと欲す」として公移発給を求めていることがわかる。つまり、成尋は天台山で焼香供養することのみを目的として申請しているのである。陳詠申状にも「彼らが渡海してきたのは天台山への焼香が目的である。私が通訳として彼らを天台山まで連れて行き、焼香が終わったらすぐに彼らを杭州に連れ帰り、日本へ帰らせます」とあり、張賓は陳詠の言葉を担保し、もし違えば甘んじて罰を受けることを申し述べている。成尋の本心は、一回きりの天台山巡礼ではなく、宋地で長く修行することであった。しかし、天台山への一度の巡礼を申請しているのは、いきなり難易度の高い長期滞在を申請するのではなく、まずは公移発給をしてもらうことが狙いの方便であったのである。これは陳詠や張賓と事前に申し合わせていた内容であり、そもそもが日本で陳詠と相談していたことであっただろう。事実、成尋らは密航であるにもかかわらず、公移は発給された。ただし、焼香が済んだら速やかに日本に帰すことが明記されている。

天台山へ出発

かくして成尋らは翌四日に天台山を目指し杭州を発った。彼らは船で運河を移動する。公移の威力は絶大で、見せるだけで水門が開かれ通過することができた。途中、船に堰《せき》を越させるために牛を利用している様子に感心しながら（六日条）、一行は順調に越州を通過し、曹娥《そうが》堰から曹娥河（曹娥江。現在の浙江省紹興市上虞区の中央部を南北に流れる川）へ船を入れ、南下していく（八日条）。そして、剡《せん》県（現在の浙江省紹興市嵊《じょう》州市）からは船を降り、

天台山国清寺に到着

国　清　寺

成尋と頼縁は轎子《きょうし》（中国の輿）を借りて、それ以外の者は徒歩で天台山を目指すこととなった（十一日条）。なお、剡県では宿泊先の人びとが頻りに布施をしてきており、宿泊先の家主の八十五歳になる母親も礼拝して布施をした（十日条）。このとき、成尋は同年の自身の母を思い出したかもしれない（本書第三の三参照）。

成尋は轎子の中でも七時行法は欠かさず行い、ついに十三日、天台山国清《こくせい》寺《じ》に到着した。杭州を出立して十日の道のりであった。国清寺に入ると、寺主の仲芳《ちゅうほう》・副寺主の利宣《りせん》ら数十人が一行を出迎えた。

国清寺は、隋《ずい》の開皇《かいこう》十八年（五九八）に、

晋《しん》王広（のちの煬帝《ようだい》）が、前年にこの地で入寂《にゅうじゃく》した智者大師智顗《ちぎ》のために創建した寺である。以降、天台宗の根本道場となり、国内外の多くの僧が訪れる地となった。唐の貞《てい》元《げん》二十年（八〇四）には最澄《さいちょう》と弟子の義真《ぎしん》がここを訪れ、天台宗の教法を受け、帰国後日本で天台宗を興した。一時、武宗《ぶそう》による会昌《かいしょう》の廃仏（八四五―四六年）で荒廃したが、大《だい》中《ちゅう》七年（八五三）に入唐した円珍《えんちん》は、同十年に砂金三十両を投じて止観《しかん》堂・坊舎を修築した（『智証大師伝』）。そのため、止観堂は「天台山国清寺日本国大徳僧院」と称された。宋代になると、真宗《しんそう》が景徳《けいとく》二年（一〇〇五）に大修理を行い、「景徳国清寺」と名を改めている。このように、国清寺は日本との関わりも深く、天台僧である成尋も到着前に赤城《せきじょう》山を見ただけで感涙を抑えきれなかったほどである。到着後は、日柄《ひがら》が「吉日」であったことから、羅漢院や智顗など天台の諸大師の影像が安置されている大師堂などへ参り焼香礼拝した。成尋はそのたびに涙をこらえきれずにおり、その思いのほどがうかがえる。

翌十四日、長明を除く七名は国清寺の見学に訪れる。智顗の懺堂《せんどう》である教跡《きょうせき》院で、智顗直筆の『法華経』を見て涙し、次いで三賢院を参拝する。三賢とは豊干《ぶかん》・寒山《かんざん》・拾《じっ》得《とく》のことで、寒山拾得はのちに禅図の題材となったことでも有名である。ここで成尋は三賢について少しく詳しく書くが、ここの記述は、「寒山子詩集序」を書いたとされる閭丘胤《りょきゅういん》と豊干が出会った年を「貞観《じょうがん》十七年」と明記している最も古い例であり、この頃国清寺で伝えられていた話を成尋が採録した貴重なものとなっている（原美和子「『参天台五臺山記』にみえる寒山説話について」）。のちに成尋は「寒山詩一帖」を寺主の弟子禹珪《うけい》から贈られ（二十二日条）、これを源隆俊《たかとし》に送っている（巻六・熙寧六年正月二十三日条）。また、円珍が砂金三十両を投じ建てた定恵《じょうけい》院（止観《しかん》堂のこと）で焼香礼拝した。成尋も円珍建立について三善清行《みよしのきよゆき》（八四七―九一八）撰の『智証《ちしょう》大師伝』を引用し記述している。成尋にとっても重要な場所の一つであった。

円珍との縁はその後も続く。十七日には成尋らは国清寺の西にある十方教院に移る。ここは円珍が住した「国清寺西院」である（『行歴抄《ぎょうりゃくしょう》』仁寿《にんじゅ》三年〈唐大中七年・八五三〉十二月十三日条に「西院の東頭第□房に安置せらる」とある）。成尋もこれを「符契」と言っており、その縁を感じていた。

天台山中の諸寺を訪れる

翌十八日の記述は長大である。頼縁と長明を除く成尋一行は、寺主のアドバイスにより布施のための銀四両を携えて、天台山を登頂する。まず、智顗の真身（遺骸）が納めてある定恵真身塔院《じょうけいしんしんとういん》へ詣でる。成尋は名前だけを聞いていた場所に来て「中心（心中）の悦《よろこ》び、何事もこれに如《し》かず」と感激をしている。次に大慈寺《だいじじ》へ参る。ここは「智者大師伝法の地にして、また銀地《ぎんち》道場と号す」場所である。大仏殿などおおよそを見終わった後、副寺主が成尋らに茶を点《た》ててくれた。このとき、副寺主は成尋に向かって三度、地に伏せて礼拝し、涙を流した。その理由を尋ねると、「あなた（成尋）の顔があまりにも智者大師（智顗）に似ているため、大師の再来なのではないかと思い礼拝いたしました」とのことであった。また、食堂《じきどう》では、一人の老僧が「日本国元燈《げんとう》上人の影像、賜紫《しし》大師号幷びに讃」を持ってきて成尋に見せた。元燈は寂照とともに入宋した人物である（『日本紀略』長和《ちょうわ》四年五月七日条）。成尋は急いでいて書き取らなかったが、思いがけず日本人の影像を見ることができ感涙している。ほかに、成尋らは石橋《しゃっきょう》を訪れている。ここは石梁瀑布《せきりょうばくふ》や石梁飛瀑とも呼ばれる名所で、付近には宋代の書家米芾《べいふつ》（一〇五一—一一〇七）による「第一奇観」の題刻が残されている。成尋は渡航前の康平《こうへい》四年（一〇六一）七月三十日に石橋を渡る夢を見ており、現地を訪れ夢との符

石梁瀑布

合を確認している。また、ここは円珍も訪れた場所であり、「今小僧（成尋）、大師（円珍）の前蹤《ぜんしょう》を追ひ、宿念を遂《と》げ石橋を拝む。感涙極まり無し」とその気持ちを記している。

華頂峰に登頂

　このように十八日は一日中各所を参詣していて、記載が長大になるのも頷ける。しかし、理由はそれだけではない。十八日条はさまざまな文章が引用され構成されている。たとえば石橋を「橋の色は皆青白く、長さは七丈許《ばか》り」云々とその様子を描くが、これは『天台山記』からの影響は明らかである。ほかにも一例を挙げよう。以下は、天台山の最高峰である華頂峰《かちょうほう》を登頂したときの記述である。

　此れより行くこと三十五許里にして、天台山最高の峰に至る。号して華頂と曰ふ。此れ則ち智者安居し、天魔《てんま》を降伏せしめ、神僧を感得する地なり。招手《しょうしゅ》の石見在《げんざい》し、定光《じょうこう》の跡恒《つね》に新たなり。苦竹《くちく》は黤黮《えんたん》とし、茶樹《ちゃじゅ》は林を成す。林辺の亭子は倒《とう》景亭《けいてい》と曰ふ。甘泉《かんせん》横流し、人物棲息《せいそく》す。

　華頂峰にはどういった由縁があるか（智顗が安居し、天魔を降伏したなどの伝承があり、招手の石も智顗の夢と関連している。『宋高僧伝』巻二十三・志通伝）や、苦竹がうっそうとし、茶林があったことを書いている。しかし、ほぼ同文が『智証大師伝』や『行歴抄』など円珍関連の文書・書物に見られ、その前後でも引用されている。ここからは成尋が渡宋前に天台山に関する文章・書籍、特に円珍に関するものを読みあさっていて、それを宋に携帯していたことがわかるのであり、成尋の天台山への並々ならぬ思いをうかがうことができるのである。

天台県に滞留を願い出る

こうして、成尋は天台山の各所を参詣し、杭州府に提出した申文内で目的としていた天台山での焼香は達成した。本来ならば成尋らはすぐに杭州へ戻り、日本へ帰国しなくてはならないはずだった。しかし、成尋の真の目的は天台山での焼香ではない。そのため、まず二十日に、成尋は寺主仲芳と共に天台県の役人の下へ日帰りで参向し、二十六日には寺主仲芳・禹珪・陳詠と共に轎子に乗り国清寺を発ち、再び天台県へ向かい、知県に謁した。知県とは寂照と奝然《ちょうねん》の入唐の年紀に関する問答がなされ、また成尋が後《ご》冷泉《れいぜい》天皇直筆の『法華経』（「皇太后御法華経」とあるが、これはのちに五臺山に奉納する後冷泉天皇筆と見ておく）を見せると、知県は感喜するなどのやりとりがなされた。そして、二十八日には台州《たいしゅう》衙《が》（台州の役所）に参向し知州少卿の銭暄《せんけん》に謁した。このとき、成尋は国清寺に滞在したい旨を伝え、国清寺の牒と自身の牒とを提出し、杭州の牒を見せた。

成尋は銭暄に牒を提出したのみならず、皇帝神宗へ宛てて上表文を用意している。六月二日条にその案文が載る。ここには、①聖跡の巡礼（五臺山巡礼）、②天台で命終わるまで法華の修行をし極楽を期すこと、③携帯した天台・真言の経書などを長安の青龍《せいりゅう》寺経蔵《じきょうぞう》に持参し、その訛謬《ごびゅう》を訂正したいことの三点が、成尋の渡宋の目的として示されている。③は結局達成されたのかどうかは不明だが、①はこのあと果たすことができ、『参記』にも詳細が記される。この上表文は翌三日に銭暄に渡され、神宗のもとへ送られることとなった。この日、成尋は国清寺滞在を許されている。すなわち、成尋らは焼香が済んでも日本に戻らずに国清寺に残ることが正式に許されたのである。台州行きの目的を果たした成尋らは、四日、国清寺へ戻った。

二　天台山での暮らし（巻二）

成尋の国清寺滞在を許可する文書

巻二は六月五日から始まる。同日条には、文書の写しが三件収載されている。一つは五月三日に陳詠へ下された公移である。二つは台州から成尋へ下された六月一日付けの台州給（「給」は帖あるいは牒か）であり、内容は五月二十八日に提出された成尋からの滞在延長願いに対する返答である。その中で成尋は、「三年」という天台滞在期間を牒の中で提示していたことが明らかとなる。これに対し、台州は公拠（公移）を出し、ひとまずの国清寺滞在の許可は出したが、期間については即答を避けている。

三つめは、六月一日に台州から国清寺に出された台州帖である。内容は、成尋らのひとまずの滞在の許可と、陳詠に対し杭州公移を返却させることを命じたものである。ここでも滞在許可期間については示されていない。なお、「帖」は州から属県に下されるとき（ただし符式を用いない際）や、その他上司が所轄へ下すときに使用される文書形式で（『慶元條法事類』巻十六・文書門）、台州から所轄の国清寺への文書としては適っている。このように成尋が載せる官司などとの文書は、宋朝の文書行政に則していることが指摘されていて（遠藤隆俊「宋代中国のパスポート」）、成尋の記載の正確さを確認できると共に、宋代史研究に大いに役立っている。

国清寺から杭州・台州への報告

これに対し、国清寺は杭州と台州へ返牒を送っている。杭州へは、陳詠に与えられた杭州公移を確認し成尋らを受け入れたこと、その後成尋は「五臺に遊びて後、本寺（国清寺）に還りて三年誦経し、法華の秘法を修す」と言っているが、台州帖のとおりひとまず国清寺に滞在させていること、陳詠には杭州公移を返納させることを報告している（七日条）。台州へは、成尋らを十方教院に宿泊させていること、台州帖の内容を寺の僧らに周知したことを報告している（九日条）。これらのやりとりにより、成尋らがひとまず国清寺に滞在することが正式に許可された。五月末に成尋自ら天台県・台州へと赴き交渉を重ねた結果である。陳詠はこれらのやり取りを受け、八日に杭州へ向けて出発した。

国清寺僧との交流

こうして、期間は曖昧ながら正式に滞在許可を得た成尋らは、国清寺で生活を送ることになった。成尋の生活の中心の一つは、国清寺僧らとの交流であった。彼らとは書物の貸し借りを行っている。たとえば、寺主に対して『懺法私記《ざんぽう》』を貸している（十日条）。熙寧六年正月十日条（巻六）に「百光房《ひやっこうぼう》律師作懺法略私記一巻」があり、これを指していると思われる。百光房律師とは園城寺《おんじょうじ》僧慶暹《けいせん》であり、かねてから成尋と面識のあった人物である（本書第二の二参照）。成尋が日本から携帯した書物の中には、当時の日本僧が記した注釈書類もあったことがわかる。

当然、成尋自身の著作も貸し出している。鴻植《こうしょく》阿闍梨に『実相観注抄』を貸し出し（十一日条）、これより前に惟照《ゆいしょう》阿闍梨に『善才（財）知識抄』を貸している（巻一・五月二十三日条）。これらが成尋の著作であることはすでに述べたとおりである（本書第二の四参照）。そして、成尋も編纂に参加した『安養集』も積極的に貸し出し、普及に努めていた。二十日に寺主に貸し出しているのだが、七月十日条には、寺主が至極感心されたことが特記されているとともに、鴻植阿闍梨も同様に感心していることが記されており、どうやら『安養集』は複数の国清寺僧に読まれていたようである。

台州の官吏との交流

成尋が齎《もたら》した書物に関心を持ったのは僧だけではない。台州の知州少卿である銭暄がその一人である。禹珪が国清寺の返牒を台州へ持って行く際に書物を一緒に持たせ、

斎

日本から所持してきた『天台教目録』（国清寺で新たに書写したもの）を献上し、『（天台）真言書目録』を貸している（六月十一日条）。銭暄は呉越王銭弘俶《せんこうしゆく》（九二九—八八。宋建国後、諱《いみな》を避け銭俶と名を改める）の孫にあたる。銭弘俶は失われた天台教籍の収集につとめ、日本にも使者を送り、その送致を依頼した。それに対し応え渡海したのが日延である（本書第三の一参照）。銭暄も祖父同様に仏教には興味があったのであろう。また、成尋らが牒を提出するために台州衙へ赴き、銭暄と面会した際に同席していた通判郎中（尚書屯田郎中通判軍州事）の安保衡《あんほこう》も強い興味を持っており、成尋を斎《おとき》に招いたときに仏教に関する問答を行い、『観心注法華経』（成尋の著作。本書第二の四参照）を借りたいと申し出ている（六月一日条）。成尋は約束どおり第一巻を貸している（十一日条）。

僧や役人らとの交流の場の一つであったのが、斎である。斎とは僧に供養する食事であり、成尋らはしばしば斎に招かれている。たとえば、七月十九日条を見てみよう。辰の時には、国清寺僧の処規《しよき》庫主が粥を準備し、成尋を除く日本僧たちが参加している（成尋の分は、宿坊に届けられた）。また、同じ日に同じく国清寺僧の智海《ちかい》表白により日本僧のために設けられた斎に出かけている（長明のみ留守）。翌日も西山の鴻実《こうじつ》庫主の斎があり、智海表白も共に参加した。他に、客僧二人と俗人二人が同席しており、こうした場でさまざまな話がされ、情報交換がされていたことは想像に難くない。

また、斎のほかにもそれぞれの宿房を訪れていたりもするのだが、その際に必ずといっていいほど出されるのが茶である。中国における喫茶のはじまりについては、飲用起源説・食用起源説・薬用起源説など諸説があり、定見を見ていない。史料的には晋代以降から増加し、喫茶が行われていたことが確認できる（関剣平『中国古代茶文化史』）。唐代の封演《ほうえん》（生没年不詳）が著した随筆『封氏聞見記《ほうしぶんけんき》』には、開元《かいげん》年間（七一三―四一）には、一般の人びとが茶を持ち歩くようになり、至る所で飲まれ風俗となったことが記されている（巻六・飲茶）。また、封演と同時期の人物である陸羽《りくう》（七三三―八〇四）が撰した茶の専門書『茶経《ちゃきょう》』が登場するように、唐代の中頃には庶民も含め広く喫茶が行われていた。それは寺院でも同様で、そのことは円仁《えんにん》の『入唐求法巡礼行記《にっとうぐほうじゅんれいこうき》』でも確認できる（巻二・開成四年〈八三九〉六月八日条など）。白居易《はくきょい》（七七二―八四六）にも「李六郎中の新蜀《しょく》茶を寄するを謝す」（『白氏文集』巻十六）という詩があるほどである。本詩に「湯は勺水《しゃくすい》を添へて魚眼《ぎょがん》を煎じ、末《まつ》は刀圭《とうけい》を下して麴塵《きくじん》を攪《こう》す」（その茶の湯は一勺の水を注いで沸騰させ、抹茶は小さじを入れて攪拌する）とあることから、当時の茶が抹茶の形態であることがわかる。

天台山での喫茶

宋代になると喫茶の風はさらに広がり、北宋末の徽宗《きそう》（在位一一〇〇―二五）の頃には茶の種類も四十一品目と多様化したという（水野正明「宋代における喫茶の普及について」）。都市には茶坊・茶肆《ちゃし》が増え、成尋も杭州の市場見学をした際に、人びとが茶湯を銭一文で飲

大懺法を行う

んでいる姿や銀の茶器を利用していることを詳細に記している（巻一・延久四年四月二十二日条）。そして、『参記』の記事からもわかるように、寺院でも茶は欠かせないものであった。前節で触れた華頂峰登頂の記事の中に「茶樹は林を成す」という記載があった。この記載は『智証大師伝』からの引き写しであり、天台山では唐代から茶を栽培していたことがわかろう。国清寺の僧らは、天台山で採れた茶を日常的に飲んでいたものと思われる。

また、田中美佐によると宋代には茶と組み合わせて湯を出す「喫茶・喫湯」の作法があり、客の来訪時にはまず茶を出し、帰る時分には湯を出してもてなしていたという（田中「宋代の喫茶・喫湯」）。このときの湯とは、たんなる温水ではなく、甘美芳香な薬材を用いた飲料のことであった。『参記』にも「茶湯」（巻三・煕寧五年八月八日条など）や「湯」（巻六・煕寧六年正月四日条など）とある箇所があるが、これらも薬効を期待された湯であったと思われる。また、国清寺主の宿坊を訪ねたとき菓子と共に「茶薬」（茶や薬材。田中美佐「宋代の喫茶と茶薬」）が用意されており（巻一・煕寧五年閏七月二十五日条）、天台山でも茶と共に薬が日常的に食されていたことがわかる。僧らはこうして健康管理をしていたのであろう。

もちろん、成尋は仏事を行っていた。七時行法は毎日欠かさず行っている。それ以外にも法印和尚（成尋の師文慶《もんきょう》）の遠忌《おんき》を修し（熙寧五年七月二日条）、円珍の遺誡《ゆいがい》に基づき修禅《しゅぜん》大師（延暦寺初代座主義真《ぎしん》）の遠忌を修している（七月四日条）。ときには国清寺僧に頼まれ半風（病名であるが詳細は不明）治療として『寿量品《じゅりょうぼん》』を三遍誦し祈禱することもあった（六月十九日条）。そして、七月五日には、十方教院の阿弥陀仏の前に道場をたて、幡《ばん》を懸けて荘厳し、六時の大懺法《だいせんぼう》を開始した。懺法とは、経を読誦《どくじゅ》して罪過を懺悔《さんげ》する法会で、経典や本尊によって法華懺法、観音懺法、阿弥陀懺法など種々の別があった。成尋はそれを六時ごとに行ったのである。天台宗で最も盛んであったのは法華懺法であり、かつ成尋は法華法に習熟していたこと、天台県と明州の役人が国清寺を訪ねてきたとき「法華道場の懺法堂」を見せたこと（七月二十一日条）から、阿弥陀仏の前で行っているものの、ここは法華懺法であったと考えておきたい。成尋の修した大懺法は二十一日間行われており、日中には多くの人びとが来て聞いていた（十一日条）。成尋の修法《すほう》や設《しつら》えは宋人の目を引いたようである。

ほかにも、源朝棟《あさむね》（成尋の母方の又従兄弟）からもらった銀で飾られた杖尻を寺主に贈ったり（六月十八日）、逆に寺主から法華秘法の燈油に充てなさいと浄油一瓶と蘇州の香燈一小瓶が贈られたり（六月二十日条）と、物の贈答も行っている。また、老僧如日からはたびたび詩や頌が送られる（六月八日条など）など、成尋は国清寺で穏やかで平凡な日常を送っていた。

五臺山巡礼と朝見を命ぜらる

しかし、閏七月に入るとこの生活が一変し慌ただしくなる。六日に成尋のもとに寺主から手紙が届く。その内容は、皇帝から五臺山巡礼の許可が下りたこと、さらには上京し皇帝に謁見すべきこと、上京の途上には護衛がつくことというものであった。成尋の上表が皇帝のもとに確実に届き、望みどおりの回答を得たのである。成尋はこの宣旨を聞き、「これ以上の悦びはあろうか」と喜びを表している。翌七日、天台知県から呼ばれ寺主と共に出向くと、宣旨の書かれた台州牒を見せられる。宣旨の内容は以下のとおり。

> 成尋ら八人幷びに通事客人陳詠、台州をして使臣一人を選び差《つか》はしめ、盤纏《ばんてん》を優与し、暫《しばら》く引伴して闕《けつ》に赴かしめよ。仍ち両浙《りょうせつ》・淮南転運司《わいなんてんうんし》に指揮して、沿路の州軍をして厚く照管を与へ、人船を量り差はしめよ。

前日寺主の手紙にあった内容（皇帝謁見、沿路の州軍による路中の護衛）の他、盤纏（路銀）も与えられる破格の待遇であったことがわかる。翌日台州への返牒を書き天台県に送り、紙銭を焼き、上京と五臺山巡礼のための祈禱を天台山の道教諸神に対して行った。

出発の準備

十日には天台県の知県に台州を去ることの挨拶をし、十一日には禹珪や惟観・善久らを伴って台州へと向かった。なかなか旅の手続きがおわらずに、十六日には知州少卿の銭喧から乳薬の費用（生活費か）として銭をもらっている。

台州滞在時にも成尋のもとには、僧以外にも多くの人びとが訪ねてきた。十五日は道士が、十七日には明州の秀才《しゅうさい》（科挙《かきょ》試験の受験生）四人が訪れる。明州・温州《おんしゅう》・台州の秀才はすべて台州で受験することになっているために来ていた。彼らは連日成尋のもとを尋ね、仏教に関する問答を盛んに行っていて、彼らの仏教への関心度の高さがうかがえる。なお、この成尋の科挙に関する記載は北宋の科挙を考える上でも貴重な記述となっている（近藤一成「『参天台五臺山記』科挙記事と北宋応試者数」）。

二十二日、銭喧のもとを訪ねると、「明日国清寺にお帰りください。使臣も追って参りますので」とのこと。翌日、再び銭喧を訪ねると、「上京の路銀として銭二百貫を与え、沿路の州軍・鎮《ちん》は厚くもてなすこと」と書かれた転運使牒を見せてくれた。二十四日、成尋らは国清寺に戻った。

二十六日、剡県へ行くための人夫十人を雇う費用がいかほどかを尋ねに天台県に行く。成尋ら一行が杭州から天台山へ向かう際に、剡県からは轎子を自費で雇って来たためである。ところが、「聖旨は常事と同じからず。州県は心を尽くし運送す」との答えで、つまり無償で州県が運送してくれるということであった。皇帝の宣旨（聖旨）の威力は絶大である。

天台山を去る

二十八日には、寺主が送別の斎を設けてくれ、二十九日になると、台州大理寺丞・監税務・権推官の劉任衡《りゅうにんこう》が、「軍資庫に行って路銀の銭二百貫を受け取りなさい」という内容の牒を持ってきた。成尋らはいよいよ天台山を離れることになる（なお、東福寺本は、二十九日条の一部及び巻三冒頭部が欠けている）。

三　開封へ（巻三）

台州へ向かう

巻三は八月一日から始まる。この日、成尋は国清寺を出て台州へ向かう。途中、台州臨安県の道安駅で兵馬都監である鄭珍《ていちん》（『参記』では鄭崇班《すうはん》と記される。崇班とは、武職官三班使臣の大使臣の中の内殿崇班のこと）に会い、閏七月二十九日に劉任衡が持ってきた「牒」＝「台州帖」（ここでは「州牒」とも記している）を見せた（成尋は同一の書類を牒と呼んだり、帖と記しており、『参記』では同一の文書様式を示している）。この台州帖は、いわば五臺山行きの許可証であり、本条にその写しが載せられている。

日本の貢使に準ずる扱いを受ける

この台州帖（発行日は閏七月二十四日）には、まず枢密院箚子《すうみついんさつし》の節文（要約文）が引用される。枢密院は、軍政をつかさどった最高機関で、民政をつかさどる中書省《ちゅうしょしょう》と並び二府と称された。ここで出された箚子は、枢密院が勅令《ちょくれい》を待たずに細事に関して命令を下す文

成尋を引率する使臣・路銀の決定

書形式であり（平田茂樹「宋代地方政治管見」）、枢密院が関与しているのは武官の人事や駅伝交通に関係しているためであろう。この箚子によると、「台州は使臣一人を選んで成尋らを引率し、また彼らに路銀を与え上京させよ」との聖旨を受け、監路橋酒税（後文には「監塩使臣」とも記される。専売・商税に関わる監当官）の高侍禁《こうじきん》（侍禁は、禁中に侍奉する内侍〔宦官〕の役職）をその任に充てよ、と台州に命じている。宋朝は成尋ら一行を外国使節を接待する制度に従って官員を派遣しているのであり、彼らを貢使とみなして扱っていることがわかる（曹家斉「宋朝の外国使節に対する接待制度」）。成尋はこのとき、宋朝から日本の正式な使者に準ずるものと見られることになったのである。

しかし、高侍禁は国家財政の柱である塩法（塩専売と密売を取り締まるための法）に関わっているため、随伴することはできないので、台州は両浙転運使に指示を仰いだ。宋代は、中央―路《ろ》―州―県という官職の系統をとるが、転運使は財政や人事などの民政を統べ監督する路という大区画の長官であり、台州は両浙転運使の管轄地域である。その両浙転運使からの回答は詳細である。まず、すでに牒を京に至るまでの沿路の州軍に照会すると共に、上京路の途中から管轄となる淮南《わいなん》転運使に朝旨に則り施行することを牒したことを述べ、そして台州に対し、官銭二百貫文を路銀として成尋に支給することを命じ、また、さらに必要になった場合は通過する箇所で申請すればよいこと、別の使者を立てるのならばその者の名前を知らせよ、ということであった。

そこで台州は、ちょうど鄭珍が兵馬都監の任期満了で上京するので、彼を引率の使者とすること、さらには官銭二百貫文は、実際には一貫四十文を減らして、百九十八貫九百六十文を支給することとする、と述べている。これは当時の銭の使用慣行の「省《せい》陌《ひゃく》」または「短陌《たんぱく》」と呼ばれるもので、全額を丸々支給するのではなく、一部間引いて、額面金額より少ない金額を額面金額と同等と見なすというものである。つまり、額面と実際の銭量とが異なっていることになるのである。ここでは、現場経費を差し引いた後に「省陌」計算で支出したものだという（井上泰也「成尋の『日記』を読む」）。日本でも鎌倉中期以降、中国のこの慣行の影響を受け、九十七文をもって百文とみなしたことが文献に見られる。なお、本帖中に「日本国賜紫僧成尋等」という記載があるが、このとき成尋はまだ「賜紫僧」ではない。そのため、ここの部分はのちに加えられたか、それともすでに決定事項として台州帖に記されていたかは不明である。

国清寺を出発

台州帖を得た成尋は、軍資庫で銭を受け取り、それを小船に乗せ国清寺まで送った（三日条）。そして翌日、成尋は銭暄に別れを告げ、国清寺に戻った。五日には鄭珍から剡県で落ち合う旨の手紙を受け取り、六日、ついに国清寺を出立した。成尋・頼縁・快宗の三人は、寺主・副寺主・智海表白の轎子を借り、寺を出た。このとき、修法などに

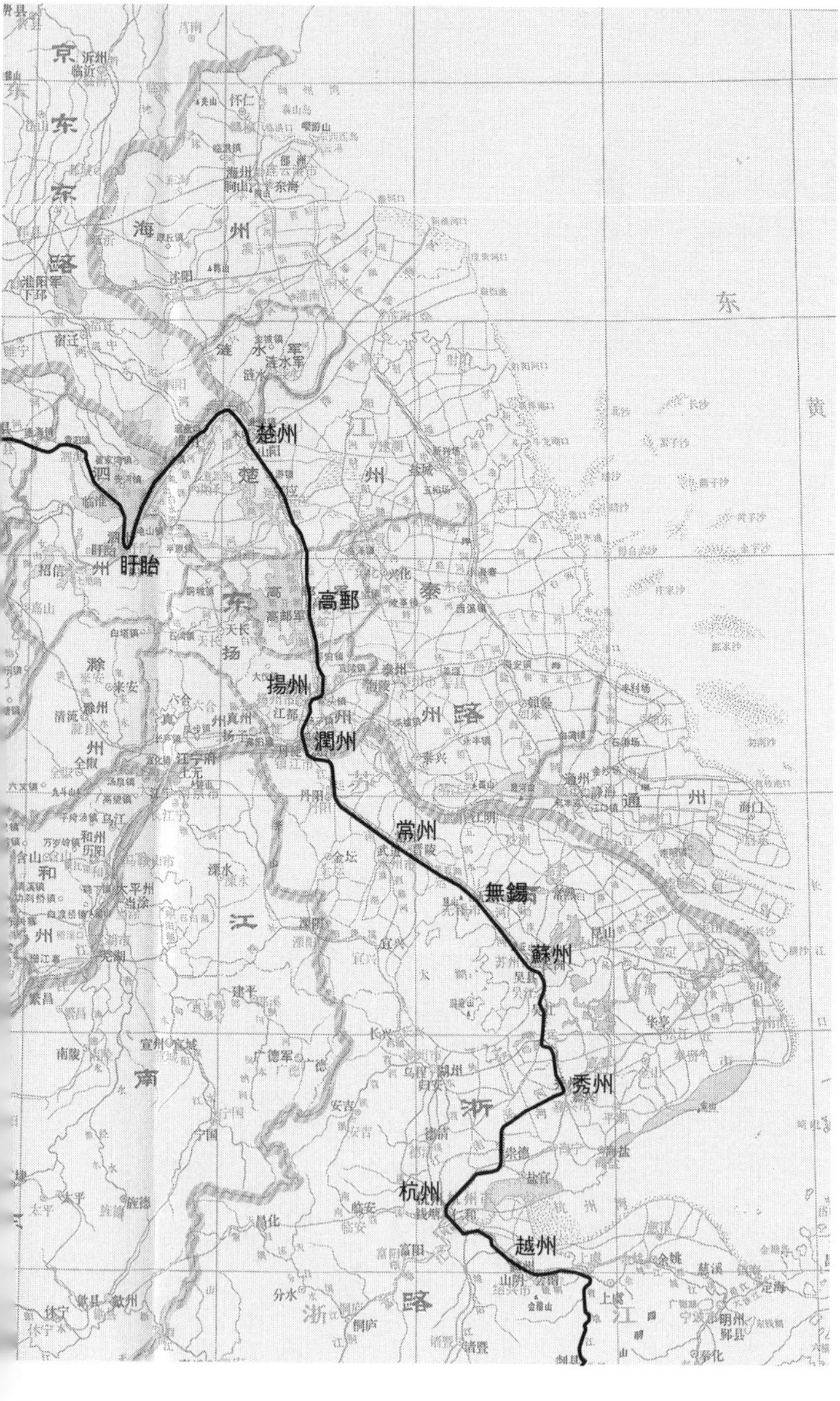
楚州
盱眙
高郵
揚州
潤州
常州
無錫
蘇州
秀州
杭州
越州

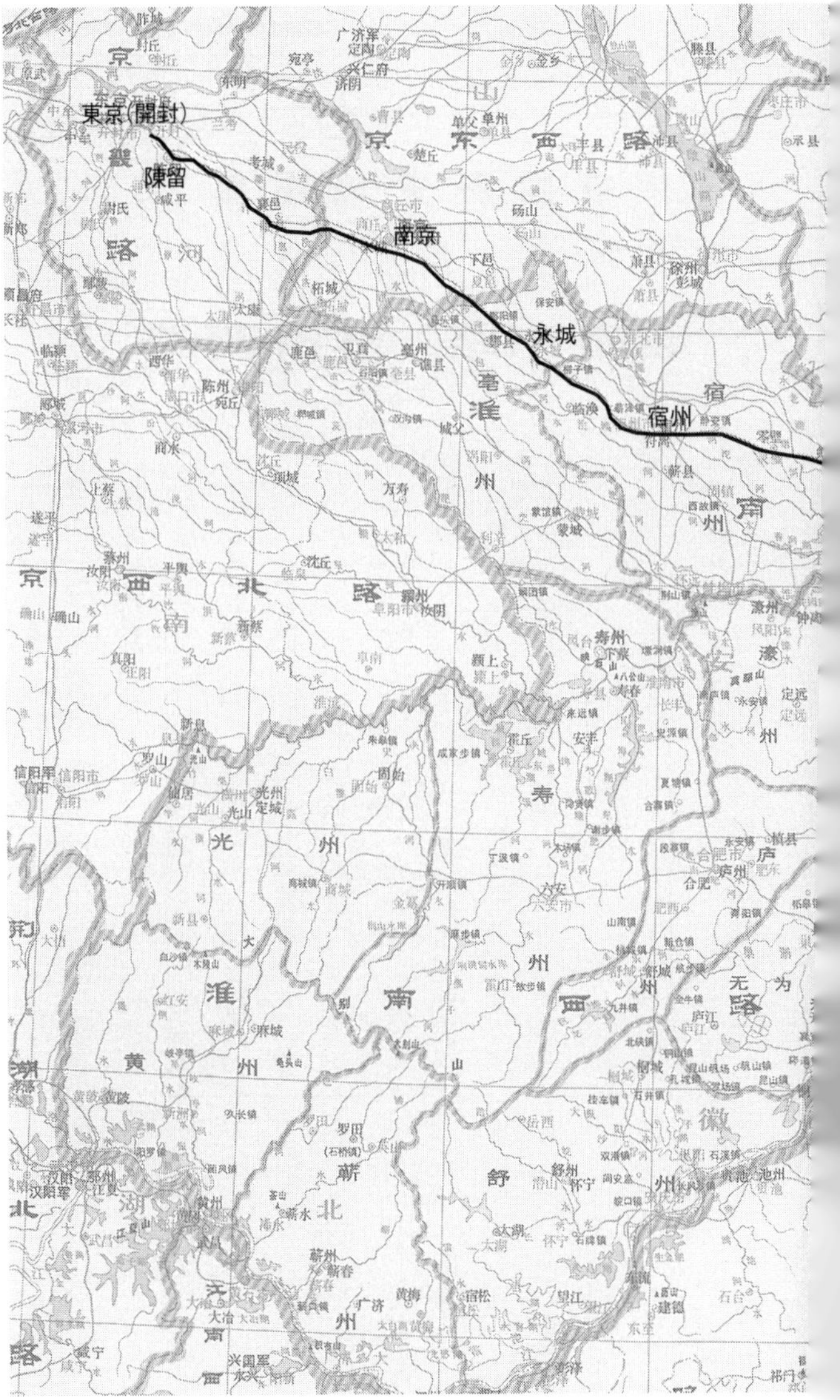

天台山から開封

越州に一時滞在

用いる法門の雑具は携帯したものの、再び国清寺に戻ってくるつもりでいた成尋は、その他の一般の雑具は国清寺に残している。

一行は、杭州までは往路と同様のルート・方法を採っている。七日、新昌県に到着すると、知県らと面会した。その際、台州帖を見せ宿を頼むと、すぐに宝巌《ほうげん》寺に案内された。ここで国清寺で借りた轎子を返し、新たな轎子に乗り換えている。八日、新たな轎子で出発した成尋らは剡県で鄭珍と落ち合う。ここから鄭珍が宋朝の使臣として、成尋らを引率していくことになるのである。実性院に身を落ち着かせた成尋に対し、院主は茶湯を点て食をもってもてなした。そこに剡県の知県ら役人たちが来て、筆談で「なぜ聖跡を尋ねるのか」という成尋渡航にまつわる問答をしている（本書第三の一参照）。

九日、知県が小船五隻を提供し、それに乗り込んだ一行はここから曹娥《そうが》江を下流に向かって水上を移動していくことになる。途中、船を乗り換えながら、一行は順調に進み十一日には越州府前に到着する。このとき、ちょうど越州にいて、杭州へ向かうことになっていた転運使から「杭州で会いましょう」という手紙を受け取る（十二日条）。

十四日、越州都督の孔延之《こうえんし》から送られた轎子に乗り、鄭珍とともに景徳寺の斎に赴く。このとき、寺主に対して「良諝《りょうしょ》和尚の入滅日」を尋ねた。良諝和尚は、越州開元寺の天台僧であり、円珍が「宗旨を講授」してもらった人物である（『智証大師伝』大中八年九月七日条。『行歴抄』によると、実際に講授が始まったのは九月二十一日)。これに対し、寺主は知らないと答えたため、成尋は少々呆れている。

そして、十五日、国清寺を先に発っていた陳詠が成尋のもとにやってきた。約二ヵ月ぶりの再会である。成尋は「悦びと為すこと極まり無し」とその喜びを表現している。外国において、言葉による意思の疎通が上手くいかないことは、それだけで不安になり、ストレスもたまる。知己《ちき》の人物に会ったことはもとより、やはり言葉が通じる喜びも大きかったであろう。

杭州で両浙転運使と面会

しばらく越州に滞在していた一行であるが、転運使からの催促の知らせが届いたため、十九日に杭州へ向けて出発した。ここからは、台州から護衛してきた兵士と交代し、越州の兵士が一行の護衛にあたっている(十七日条)。二十日には蕭山に至り、二十一日には銭塘江を渡り、杭州府に到着した。翌二十二日に、転運使のもとを尋ね、この日転運使から大船二隻を贈られた。ただし、その船は修理中であった。船の修理が終わらないので、転運使からの指示により杭州大卿の陳襄《ちんじょう》から代わりの大船三隻が贈られる。成尋は船中に、道場を荘厳している(二十三日条)。成尋は越州からの船中にも道場を荘厳しており、船中でも毎日の修法を欠かしていなかったことがわかる。

秀州での役人・僧との交流

二十四日、杭州を出発する。運河に沿って北上していく。二十六日、秀州《しゅうしゅう》(現在の浙

杭州の運河

江省嘉興《かこう》市）に着く。杭州から護衛してきた兵士二人はここで戻っていった（以降も兵士が各地で交代しながら必ず護衛しているが、本書では省略する）。翌日、秀州少卿の衙に参り、通訳を介して問答をした。これまでもそうであったが、成尋はその土地土地で、必ず首長やそれに相当する人に会いに行っており、政治的に要所要所を押さえている。

二十八日、兜率《とそつ》院の諸僧が迎えに来たので、兜率院諸堂に詣でる。荘厳は素晴らしく、澄照《とうしょう》大師（道宣《どうせん》。五九六―六六七）の影《えい》（画像）と天台第六祖である妙楽《みょうらく》大師（湛然《たんねん》。七一一―八二）の日記を見た。道宣は南山律宗の祖であり、鑑真は孫弟子に当たり、日本にも大きな影響を与えた人物である。このとき、一人の僧と天台義について問答をした。また、管内副僧正の用和《ようわ》という僧が文を持って成尋のところへやってきた。それは、当時二十歳になってようやく出家を許される決まりに対して、「出家は年齢によらず、父母の許可があれば許すようにしてほしい」という皇帝への嘆願書であった。成尋が上京し謁見することを知っての行動である。これについては、僧侶の移動の自由を求めるものという側面があったとも（王麗萍「宋代の公凭について」）、制度資格の変更に伴う混乱があったためだとも考えられている（齊藤圓眞「天台山から開封への行路」）。

蘇州で高僧の扱いを受ける

九月二日、秀州を離れ、三日には太湖《たいこ》の東側を通過し、蘇州《そしゅう》（現在の江蘇省蘇州市）に到着する。翌日、諸寺僧が都督《ととく》の命によって迎えに来る。その数なんと百余名。大集団である。この集団を率いていたのが、蘇州管内僧正の善顒《ぜんぎょう》と副僧正の法如《ほうにょ》であり、彼らは轎子で移動していた。彼らは「謹みて起居《ききょ》を闍梨大師に祇候《しこう》す。伏して慈旨《じし》を聴かん」（謹んで成尋にお仕えし、お言葉をお聞きします）云々と書かれた文を持っていて、成尋はそれを『参記』に書き残している。その後の潤州《じゅんしゅう》や常州《じょうしゅう》・揚州《ようしゅう》でも同様に僧侶たちが文を持って成尋らを出迎えていて、これが国家の客僧を出迎える作法の一つであったことがうかがえる。それと同時に、これは仏教的には高僧に対する迎接方法でもあった。高僧伝類をひもとくと、高僧らは各地で道俗から盛大な出迎えを受けている。そして、高僧には当地の権力者や高僧が出迎えている（水口「出迎えられる僧」）。成尋が受けた迎接は、こうした高僧たちの姿と重なる。成尋はすでに高僧として扱われていたのである。

普門院参詣

五日、成尋は快宗らと共に円通《えんつう》大師の影を拝むため、普門院《ふもんいん》へ参詣する。普門院は元々は報恩寺の僧坊であり、景徳年中に円通大師がここに一堂を建て、それを皇帝が諸堂を建て広大な寺となった、と成尋は記す。円通大師とは寂照《じゃくしょう》のことであり、普門院には寂照の影堂があったのである。寂照は晋国公丁謂《ていい》（九六六―一〇三七）の誘いにより帰国を断念し、蘇州の呉門《ごもん》寺に留まり宋地で客死した（『本朝高僧伝』巻六十七・寂昭伝）。その頃に普門院を建て、ここで余生を過ごしたのであろう。影堂の荘厳は素晴らしく、影には治平《ちへい》元年（一〇六四）五月初一日の日付の記された「普門先住持日本国円通大師真讃」があり、それを普門院の行者（修行者）に書き取らせた。また、寺主に寂照入滅の年を尋ねると、「亡くなってから三十年が経ちます」との答えだった。寂照は景祐《けいゆう》元年（長元《ちょうげん》七年〈一〇三四〉）に杭州で没しており、正確には三十八年となる。成尋にとって寂照は入宋を志すきっかけとなった人物であり、「極めて以て悲涙感喜すること、注《しる》し尽くすべからず」と感極まっている。

普門院参拝を終えると、一行は早々に出立した。六日に無錫《むしゃく》県（現在の江蘇省無錫市）、七日には常州《じょうしゅう》（現在の江蘇省常州市）に到着。常州では数十名の僧らが文状を持ち出迎える。九日、長江沿いに位置する潤州《じゅんしゅう》（現在の江蘇省鎮江《ちんこう》市）に到着すると、翌日には例によって成尋は役所に挨拶に行き、文状を持った僧らに出迎えられた。その日の午後、鄭珍の息子が薦めていた（八月十三日条）女人禁制の金山《きんざん》寺を参拝した。帰り道、知県から贈られた唐馬に乗って帰った。宋に渡ってから初めて馬に乗っての移動となる。

死人葬を見る

一行は移動を続け、十二日には揚子江《ようすこう》（長江）を渡り、十三日、揚州《ようしゅう》（現在の江蘇省揚州市）に到着する。ここでは十七名の僧の迎接であった。十五日、高郵《こうゆう》県（現在の江蘇省高郵市）で「死人葬」を見る。葬儀船の人びとは皆白い布を頭にかぶり、三人の女性が胸を打って啼泣《ていきゅう》しているとのこと。現在でも中国の葬儀では、関係者は白麻の衣装を身につけ、「泣き女」がいる場合もある。ところで、円仁の『入唐求法巡礼行記』には葬儀や人の死の記述がたびたび現れる。これに対し、『参記』ではここのみであり、読後の印象は両者で大きく異なる。もちろん、記述年数が大きく異なっているので単純に比較はできないが、苦難の旅を続けた円仁に比べ、成尋の圧倒的に恵まれた境遇が際立つ。

術数の隆盛

十六日、楚州《そしゅう》（現在の江蘇省淮安市）に入る。ここまで運河を北上していた一行は、ぐるりと転回し南へ向かうことになる。楚州には多くの水門があり、通過に時間がかかっている。その間に、登州の秀才が陳詠と共に来て、成尋の人相を見た（十七日条）。成尋が寿命を尋ねると、八十余年であるとの答え。こうした「相人《そうじん》」「相術《そうじゅつ》」とも呼ばれる占い方法は古くからあり、宋朝は太祖の時代からこうした術数《じゅっすう》（陰陽・五行の数理に基づく吉凶判断）にまつわる禁令をしばしば出し（『長編』巻十三・開宝《かいほう》五年〈九七二〉九月是月条・十一月癸亥〈七日〉条など）、太宗も同様に太平興国《たいへいこうこく》二年〈九七七〉十月甲戌〈十四日〉には「天文・相術・六壬《りくじん》・遁甲《どんこう》・三命及び陰陽書を禁ずるの詔」を発布している（『宋大詔令集』巻一九八、『長編』巻十八・同月丙子〈十六日〉条）。それはまた逆に術数が隆盛していたことを示しており、ここの記述は民間でも行われていたことをうかがわせる好例である。

普照王寺を参拝

二十日、船は淮河《わいが》に入り、盱眙《くい》（現在の江蘇省淮安市盱眙県）の貴山寺《きさんじ》に至る。盱眙は泗《し》州《しゅう》（現在の安徽《あんき》省泗県）に属した県で、貴山は亀山の誤りであろう（『元豊九域志』巻五・淮南路）。翌日、順調に泗州衙前に至って船を停めた。そこで成尋は船を下り、徒歩で僧伽《そうが》信仰の中心地である普照王寺《ふしょうおうじ》に向かった。成尋はすでに途上で何度か僧伽像を目にし拝んでいるが（その一つについては本書第四の一で言及）、ここには僧伽の真身（遺体）そのものが安置されていた。円仁も訪れているが、その頃は会昌の廃仏の真っ最中であり、「寺裏は寂《せき》寥《りょう》として人の来往する無し」という状況だったという（『行記』巻四・会昌五年〈八四五〉六月二十二日条）。円珍もここを訪れ、その後も真如《しんにょ》親王が訪れるなど日本僧にとって著名な場所であった（『智証大師伝』大中十年〈八五六〉正月十五日条、『入唐五家伝《にっとうごかでん》』真如親王入唐略記）。また、橘嘉智子《たちばなのかちこ》は恵蕚《えがく》に僧伽和尚への布施として繡文袈裟《しゅうもんけさ》を託しており（『日本文徳《もんとく》天皇実録』

嘉祥三年〈八五〇〉五月壬午〈五日〉条)、僧伽信仰は大陸のみならず日本にまで波及していたのである。

成尋はまず僧伽大師真身塔に参拝している。成尋の記述は詳細を極め、以下一部抜粋しておこう。

西面の額は「雍熙《ようき》の塔」と名づく。礼拝《らいはい》して焼香す。八角十三重にして、高さ十五・六丈許り。重ごとに黄色の瓦を葺くこと、黄茶埦《きちゃわん》の如くして光有り。階下ごとに羅網《らもう》有り。その中に菩薩・賢聖・天衆《てんしゅ》像を画く。

泗州僧伽像(上海博物館蔵)

その後も塔内の荘厳についての記述が続く。円仁の頃は見る影もなかった普照王寺であるが、宋代に入り太宗の太平興国年間(九七六―八四)に重修されて、整えられていった。このとき、塔が十三層となり、成尋が目にする威容となったのである(『宋高僧伝』巻十八・僧伽伝、『仏祖統紀』巻四十四・太平興国五年〈九八〇〉五月条）。額名「雍熙の塔」は、太平興国の次の年号である雍熙によるとすると、太宗より贈られた可能性が高い。

参拝中に講堂に入り、茶が点てられている間に寺主に僧伽の入滅月日を尋ねると、長い年月が経ち今や知る人がいないという答えだったので、成尋は「中宗《ちゅうそう》孝和皇帝景雲《けいうん》元年（七一〇）三月二日入滅。今年に至るまで三百六十三年なり」と紙に書いて示した。これに対し、寺主は「知っている」と答えたので、成尋は「頗《すこぶ》る前後相違するなり」と呆れている。

帰るとき、大門外廊の左右で内典・外典《げてん》の典籍が売られていて、成尋は『法華感応《かんのう》伝』一帖・『慈氏菩薩礼』一帖・『道場五方礼』一帖・『白衣《びゃくえ》観音礼』一帖を購入している。また、翌日も成尋は普照王寺を訪れ、そのとき、「途中、千万人路に満ち、敢《あ》へて隙《すき》無し。宝物・食物を売買すること杭州の市の如し」とその賑わいを記している。普照王寺は多くの人びとの信仰を集めた場所であると同時に、市としても栄え機能していたのである。

王都開封へ向け出発

午後になり、船を出した。ここから汴河《べんが》を北西に進み開封へ向かう路となる。汴河は河陰《かいん》県（現在の河南省鄭州市滎陽《けいよう》市）で黄河《こうが》と分流し、東流して東京開封府《とうけいかいほうふ》を貫き、さらに東南流して宋州《そうしゅう》府（南京応天府《なんけいおうてんふ》）を通過し、泗州盱眙県で淮河に注ぐ河である（青山定雄「唐宋の汴河」)。

二十九日、宿州《しゅくしゅう》(現在の安徽《あんき》省宿州市)に至る。翌日、知府が斎を設けたいと申し出てきたが、急いでいるためと言って断っている。十月二日、永城県《えいじょう》(現在の河南省商丘《しょうきゅう》市永城市)に入る。

そして、五日に南京(現在の商丘市)の大橋の南に着き、船を停泊させた。大橋の上や店家には多くの燈籠《とうろう》があり、伎楽《ぎがく》の音が遠くに聞こえていた。都市の賑わいが感じられる表現である。船頭が積み荷であった干した薑《はじかみ》を市頭に五十石ばかりを上げた(六日条)。宿州でも三十石ばかりを品上げしたようで、官船ではあるものの、途中の町で船員らが商売をすることは許されていたようである。

象を見る

七日、宋州府(南京応天府)に到着する。成尋は鄭珍の轎子に乗り、象厩《ぞうきゅう》に行く。成尋は象を知らないわけではない。成尋は、天台山の法華懺法院に詣でたとき、智顗が懺法を修しているときに示現した普賢《ふげん》菩薩が乗っていた大きな白象の像を見ており、大慈寺の東南に位置する石象道場についても言及している(五月十八日条)。しかし、このように成尋にとって象は普賢菩薩の乗り物としてであり、そのため、これが初めて見る本物の象であったのである。

なぜ象が飼われているのかというと、それは、皇帝が天の最高神を、冬至の日に南の郊外でみずから祀る「郊祀《こうし》」の際に、象に鹵簿《ろぼ》（行幸の列）を先導させるためである。象は通常は都の玉津園《ぎょくしんえん》東北で養われているが、毎年四月から九月までは応天府寧陵《ねいりょう》県で放牧されていた（『宋会要輯稿』職官・太僕寺・養象所）。そして、熙寧六年七月に「凡そ七馴《じゅん》象《ぞう》は」という文言で始まる「南郊《なんこう》教象《きょうぞう》儀制《ぎせい》」が詔頒されるのだが、これはその翌年の熙寧七年に実行される郊祀（『宋史』巻十五・神宗本紀・熙寧七年十一月己未条。この頃は三年に一度行われていた）に向けた象の調教法について定められたものである（『宋会要輯稿』職官・太僕寺・養象所・神宗）。北宋末のことが書かれている『東京夢華録《とうけいむかろく》』巻十の記述とも重なる部分が多く、このときに規定化されたことになる。成尋が象を見たのは、寧陵県駅から船で一里、轎子で一町半のところにある象厩であり、まさに放牧中の象を見たことになる。このとき、象厩には七頭の象がいたことが成尋の記述からもわかり、これもまた「南郊教象儀制」に「七馴象」とあるのと合致する。成尋が見たのは十月であり、九月に都へ戻る規定からずれるが、この年はまだ象は都へ帰っていなかったのだろう。なお、のちに入宋した戒覚《かいかく》も宋州で象を見ている（『渡宋記』元豊《げんほう》六年〈一〇八三〉二月十二日条）。

　成尋らが行くと、象は「外国僧が来たからお辞儀をしなさい」という象使いの言葉をうけ、後ろ足を屈して頭を垂れて拝み、「諾《だく》」（はい）と言いなさいというと鳴き声を上げた。成尋も鄭珍もその鳴き声の甲高さに驚いている。象厩にいた七頭の象は、広南

（ベトナム）大王が戦いのために養っていたものだという。宋朝にはベトナムから象が貢じられる記事が散見する。このときに近いものとして「交阯《こうし》、馴象九を貢ず」（『宋史』巻十二・仁宗《じんそう》紀・嘉祐《かゆう》八年〈一〇六三〉正月辛亥〈三日〉条、『宋会要輯稿』蕃夷七・歴代朝貢・仁宗・八日条）を例として挙げておこう。

開封に迫る

八日、再び船を出し、九日には汴州雍丘《べんしゅうようきゅう》県（汴州はすでに開封府と改称されているが、成尋はこのように書く。現在の河南省開封市杞県）に着く。ここには鄭珍の女子（娘）が住んでおり、しばらく逗留した。十日、船は東京陳留《とうけいちんりゅう》県（現在の開封市祥符区）に入った。開封は目前である。

四　皇帝謁見（巻四）

巻四は大宋国熙寧《きねい》五年（一〇七二）十月十一日から始まる。『参記』ではここで初めて宋の年号熙寧が明記される（なお、本書では、成尋が宋入りして以降は基本的に宋の年号を使用している）。

開封の繁栄を臨む

この日、陳留県から船を曳き鏁頭《さとう》に着き、停泊する。鏁頭は洛陽城（開封のこと）から七里の地点と示されている。北宋末期徽宗《きそう》朝の開封《かいほう》の様子を描いた孟元老《もうげんろう》撰『東京夢華《とうけいむか》録《ろく》』には、「東の城壁の水門の七里外から、西の城壁の水門の外まで、この河にかかる

虹　　橋（清明上河図，中国故宮博物院蔵）

橋は十三ある。東水門の外七里の所にある橋を虹橋《こうきよう》という」（巻一・河道）とあり、鑁頭は虹橋付近の船着き場のことだと思われる。虹橋は橋脚を持たないアーチ型の橋で、その下を船がくぐり抜ける。汴河沿いにはこうしたアーチ型の橋がいくつもあり、その中でも開封の虹橋は最も有名なものであった。虹橋の周囲には、大小数百の船が連河岸に停留していた。藤善注は成尋が虹橋に触れていないのが不思議であるとするが、これまでいくつもの橋を見てきた成尋にとってはそのうちの一つという程度の認識であったのかもしれない。国清寺を出発して六十五日、成尋一行は到着したことをみなで喜び合い、成尋は船員や兵士たちに酒や食事を振る舞った。

船上に二日間留め置かれる

しばらくすると、内殿崇班（正八品の武階）が船内に様子を見に来た。このとき内殿崇班に対し、成尋は「顕密《けんみつ》法門六百余巻の目録表」（目録と表文か）を奏上した。表文には、皇帝に五種の念珠《ねんじゅ》と純銀の香炉《こうろ》を進上することの由来が書かれていた。この日、成尋らはまだ下船できず、船中で夜を過ごした。

翌十二日、下船許可の宣旨はまだ下りず、船を移動し水門の問官前に停め、チェックを受けた。船員らは売物を堤上に山の如く積み上げたが、貴重な物は船内に隠していた。官人は日本僧の船だというので、船内に入らずにチェックを甘く済ませている。その後、汴河を西に進み下土橋を過ぎ、七間の高楼で三つの戸がある麗景門《れいけい》を見る。麗景門は旧宋門（『東京夢華録』巻一・旧京城）とも俗称されている。麗景門から一里過ぎた相国寺《そうこくじ》（大相国寺と称される）前の延安橋の下に至り船を停めた。この橋は、相国寺橋とも称されている（『東京夢華録』巻一・河道）。成尋はここでいつものように七時行法を行っている。

太平興国寺伝法院に向かう

十三日、ようやく下船の宣旨が下った。成尋らの止宿先は、太平興国寺伝法院《たいへいこうこくじでんぼういん》である。太平興国寺は開宝《かいほう》八年（九七五）に建立され、太宗の太平興国二年（九七七）に寺名を改められ太祖の像が安置された。相国寺・開宝寺・天清《てんせい》寺と合わせて東京四大寺と称される大寺

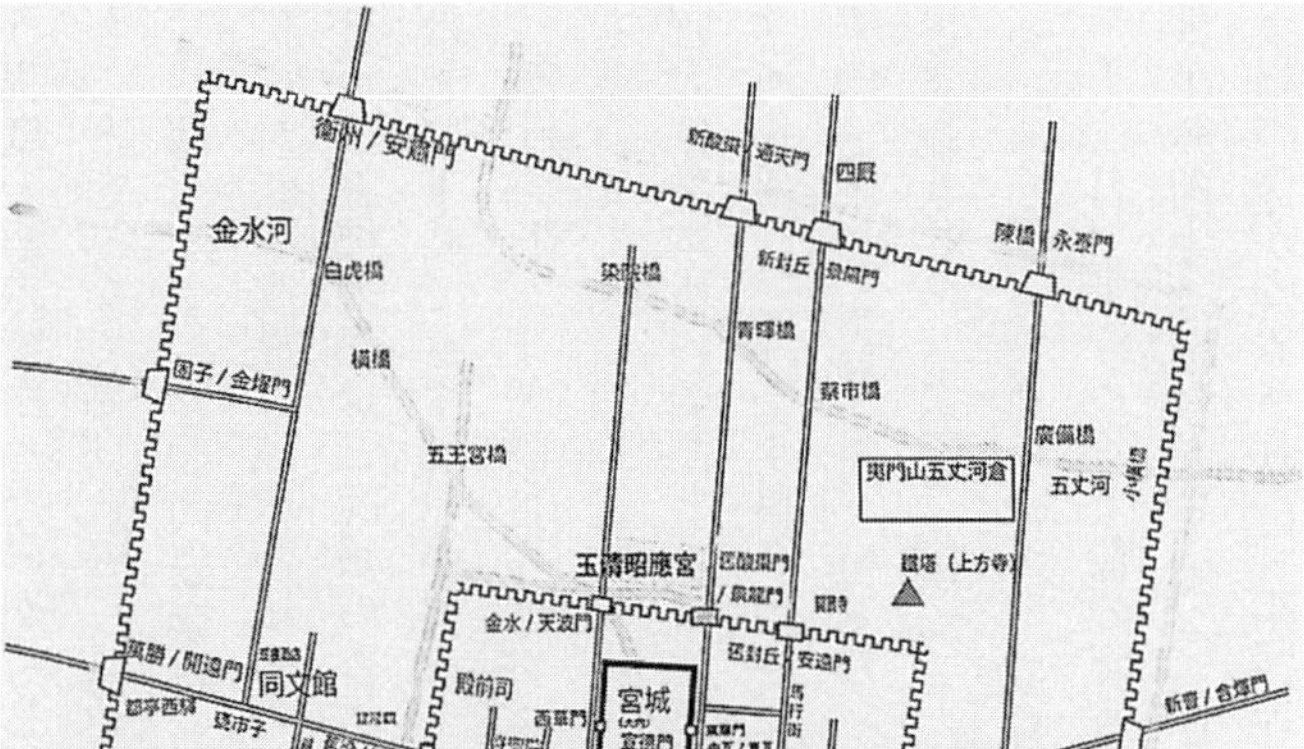

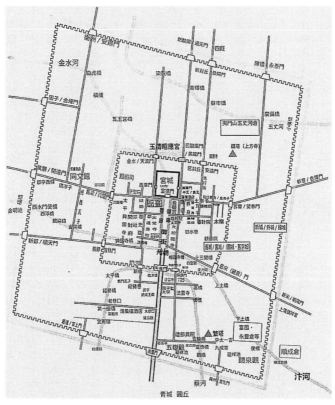

開 封 図（久保田和男著『宋都開封の成立』汲古書院，2023 年より）

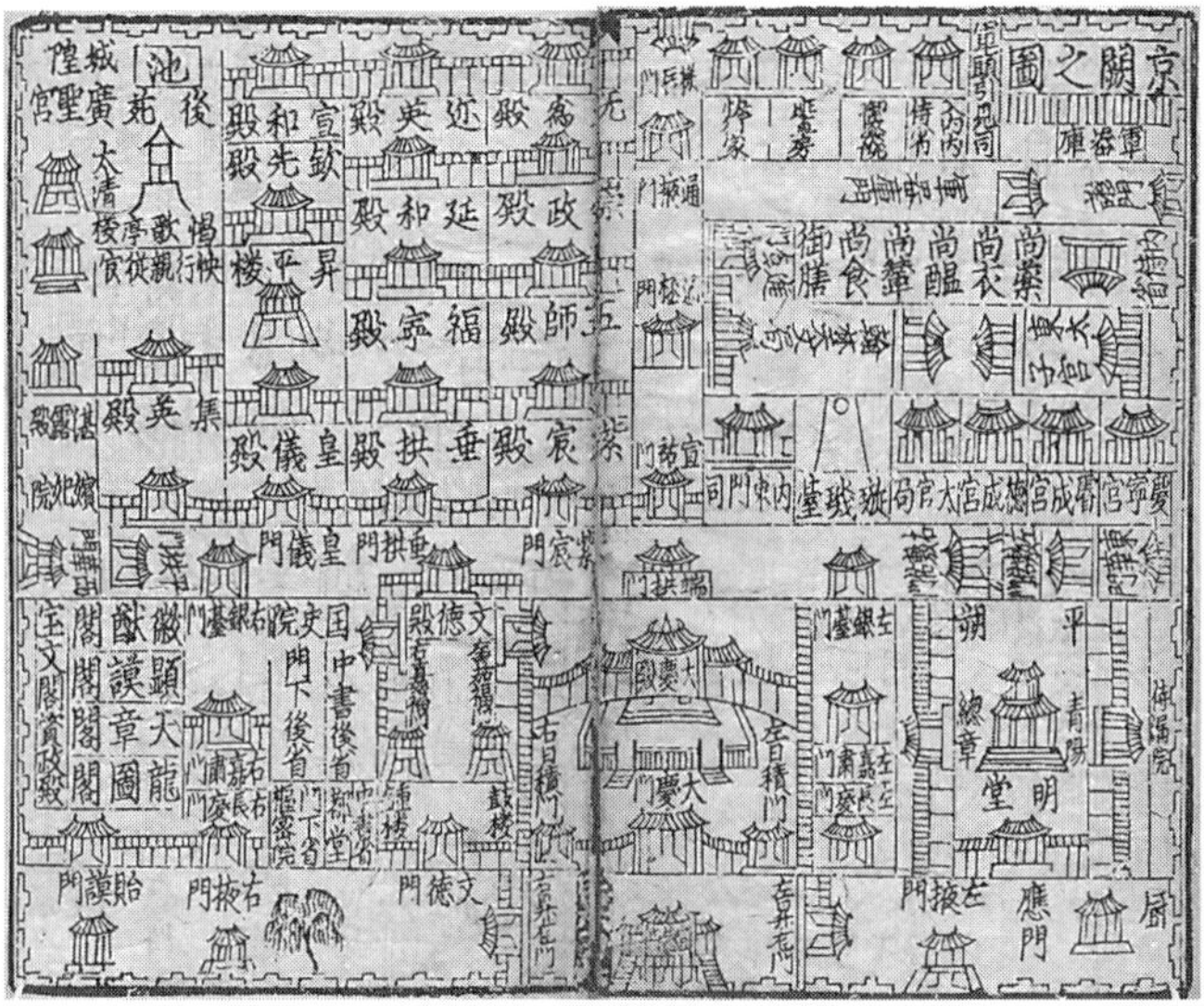

開封宮城図（陳元靚『事林広記』国立公文書館〈内閣文庫〉蔵）

である。伝法院はその西側に建てられたもので、もとは訳経院《やくきょういん》といい、インドから来朝した天息災《てんそくさい》と施護《せご》らがここで訳経に従事した。成尋らが伝法院に安置されたのは、伝法院が外国使節を管理する鴻臚寺《こうろじ》の管轄であること（『宋史』巻一六五・職官志五・鴻臚寺条）と、奝然の事例に倣ったためであろう（『宋史』日本伝、『宋太宗皇帝実録』巻二十九・太平興国九年三月乙卯〈四日〉条）。

　早速成尋らは伝法院へ向かった。このとき、成尋・頼縁・快宗と鄭珍《ていちん》は馬で、その他の者は徒歩であった。また、船の兵士に法門・雑物・銭等を運ばせた。成尋が下賜された銭は、

皇帝への献上品

このとき百四十六貫が残っていた。途中、越州・杭州・揚州でもそれぞれ二百貫ずつ請求できたのだが、それをせずにいたにもかかわらず、である。しかも、返却をする必要もなく、任意に使ってよいとのことであり、成尋たちの待遇はこれまでの日本からの渡航僧と比べても破格のものであったことが改めて確認できる。

伝法院では少卿の慧賢《えけん》らが出迎えた。頼縁・快宗は中門東の一間の小房に、成尋は二人を除く五人と中門西にある三間の大房に止宿することとなった。午の時になり、勅使の侍中御薬が来て、成尋らの生活費のための文書作成のため、通訳を介し、いろいろと尋ねてきた。このとき、侍中の要望により阿闍梨位官符及び五部の道具、後冷泉直筆経、皇帝に進上する念珠・香炉を見せ、ついでに官符を皇帝にお見せするために伝法院の僧に書写をお願いした。また、進上のため、法門目録を侍中に渡した。

しばらくすると、大卿《だいきよう》（伝法院の最高位）が帰ってきたので鄭珍と共に挨拶にうかがった。大卿は中天竺（現在の北インド中央部〜ネパール）の人で、日称《につしよう》三蔵という。年齢は五十六で、宋に来てから二十五年が経過しているという。大卿とは茶を飲み交わした。夜になると、宣旨により御薬から羊毛畳（布団）十枚が届いた。

十四日、種々の品々を皇帝に進上する。まず法具である。以下、『参記』に従い列挙しよう。それは、八供養具（金剛界曼荼羅《まんだら》の三十七尊のうち八菩薩に供養するための密教修法の道具）、両壇、鈴杵《れいしょ》、五鈷鈴《ごこれい》四口、塔・宝・三鈷・独鈷鈴《とっこれい》各一口、五鈷五枚、三鈷五枚、羯磨《かつま》四枚、輪一枚、橛《けつ》八枚、宝杵《ほうしょ》二枚、縛日羅《ばじら》一枚、閼伽器《あかき》八具、五色糸二結であり、これらは「銅壇具」と表現されている。続いて、「画功徳」は、法華曼荼羅一鋪、八字文殊曼荼羅一鋪、仏眼《ぶつげん》曼荼羅一鋪、梵字《ぼんじ》不動尊（これは、園城寺《おんじょうじ》の慶耀《けいよう》から頂いたもの）、衣〔倚カ〕座室天台大師像一体（これは百光房律師慶暹《けいせん》の智恵によるもの）、文殊三種真言大梵字一巻、尊勝等諸真言梵字一巻（これらは慶耀が五臺山に布施するものと、成尋に与えたもの）である。このうち慶耀の梵字は、伝法院のインド僧らに絶賛されている。

法具の他に、阿闍梨位官符、後冷泉天皇が書写した『法華経』、六尺の髪を進上した。この髪は、藤原師信《もろのぶ》が五臺山に供養するために成尋に託した亡妻の遺髪（巻五・熙寧五年十一月二十七日条・十二月一日条）である。

また、奝然の日記四巻と『入唐求法巡礼行記』三巻を進上している。このとき、成尋は「会昌天子の悪事」（会昌の廃仏）が書かれている『行記』第四巻は隠蔵して進上しなかった。成尋なりに気を遣ったのである。しかし、それは余計な忖度《そんたく》であった。宋朝の建国者である太祖（趙匡胤《ちょうきょういん》）は、後周《こうしゅう》世宗の廃仏策（三武一宗の法難の最後の一つ）に対する反感などから仏教側の支援を受け即位しており、続く太宗は太祖以上に仏教優遇策を推進している（竺沙《ちくさ》雅章「宋初の政治と宗教」）。中国は王朝が代われば、前王朝の出来事は、現王朝からは批判・否定の対象ともなりうる。宋朝にとって会昌の廃仏は、所詮前王朝唐の皇帝による過去の出来事に過ぎず、気にすることは何もなかったのである。この感覚は、天皇が神代から代わらず継続して存在しているとされていた日本で生まれ育った成尋にとっては、理解できないものであり、想像すらできなかったであろう。

勅使との予備的問答

成尋はこれらの物を進上するとき、それを受け取りに来た勅使と問答をしている。「なぜ日本は宋と通交しないのか」「日本の国主の姓は何か」といった質問に対し、成尋は丁寧に答えている。これらの質問は、十五日条にも載る神宗《しんそう》からの質問にも見られ、勅使はすでに神宗からこれら質問状を預かっており、予備的に成尋に聞いたのかもしれない。

宋代の訳経事業

また、成尋はこの日、訳経筆受《ひつじゅ》（経典の清書を行う役職と思われる）である定照《じょうしょう》に近年の訳経三蔵や大師の名を書いてもらっていて、それを『参記』に書き残している。このときの伝法院所属の人びとをあげると、大卿は中天竺僧の日称（宣梵大師と称される）、少卿は慧賢（宣秘大師と称される）、三蔵は慧詢《えじゅん》（梵才大師・梵才三蔵と称される）、訳経證義《しょうぎ》は智普《ちふ》（文慧大師と称される）・智孜《ちし》（慈済大師と称される）・中天竺僧の天吉祥《てんきつしょう》（広梵大師と称される。巻六・熙寧六年正月十八日条では梵義大師とも称される）、訳経正梵学は師遠《しおん》（梵恵大師と称される）・恵《え》琢《たく》（広智大師と称される）、訳経筆受は明遠《みょうおん》（崇梵大師と称される）・定照であった。その他、開宝寺や報恩寺などの別寺所属の僧も訳経のメンバーに名を連ねている。ここの記述は当時の訳経事業の構成が判明する貴重なものとなっている。

なお、進上した品々は、後冷泉筆『法華経』・『持験』（不明）・『日記』七巻（奝然日記四巻＋『行記』三巻）を除き、この日のうちに返却されている。

神宗の質問状に回答

十五日、成尋らは三蔵慧詢、大卿日称、少卿慧賢の順に伝法院諸僧への挨拶回りを行った。これは朔日と十五日に行う礼法であった。午の時に慧詢から呼ばれ房へうかがうと、神宗からの質問状を見せられた。これは前日に勅使が伝法院に手渡したものと思われる。成尋はこれらの答えを伝法院の書生に清書させてから提出している。質問内容と回答は以下のとおりである。

（一に問ふ）「日本の風俗は」と。答ふ「文武の道を学ぶこと、唐朝を以て基《もとい》と為す」と。

一に問ふ「京内の里数の多少は」と。答ふ「九条三十八里なり。四里を以て一条と為し、三十六里なり。一条の北辺は二里なり」と。

以下、京内人家数、人口数、日本の境界、郡邑数、王の称号、庶民の姓の有無、中国と通交しない理由、日本の官職名、世系、気候、明州から日本への距離と到着地、日本が中国に求める物資、日本にいる禽獣類、王の姓、毛国《もうこく》までの遠近、と続く。成尋はこれに一つひとつ丁寧に回答している。

このように皇帝から勘問がなされることは特殊なことではなく、唐代から続く常例である（河内春人「『新唐書』日本伝の成立」）。入宋僧の前例としては、「本国職員令」と「王年代紀」をそれぞれ一巻提出している奝然の事例が挙げられる。「王年代紀」は神代から奝然入宋時の円融《えんゆう》天皇までの天皇名が列記され、時折仏教や求法関連の事項が差し挟まる形態となっている（『宋史』日本伝）。翻って成尋への質問を見ると、同様に「世系」（神代と人代を世系と呼ぶという慧詢の説明が『参記』にはある）に対して、成尋が答えている部分がある。

これらを見る限り、奝然も成尋も勘問に備え、あらかじめ日本で回答を準備していたと考えるべきであろう。少なくとも奝然の事績を学んでいた成尋は、そうであったはずである。だからこそ、神宗からの質問に即日で回答することができたのである。なお、回答の文書は翌十六日に提出された。

皇帝への拝謁に備える

十七日、慧賢、慧詢、定照が法華法壇を持ってきたので荘厳する。以降、連日多くの人びとがこの法華壇を見学に訪れるようになる。午の時、内客省使の官人が「いつ朝《ちよう》見《けん》したいか」と聞いてきたので、「すぐにでも朝見し五臺山へ参りたい」旨を告げ、早速申文を作成し、翌日提出した。二十日に、朝見が二十二日に決定したとの連絡を受け

宮中に参内する

る。二十一日には、朝見当日は早朝に東華《とうか》門に赴くこと、持ち物制限があることなどの連絡があり、あわせて①客省からの箚子《さつし》と朝見の目録を携帯すること、②進奉人の姓名・身分などを問奏すること、③皇帝からの賜衣を着用のこと、④酒食を賜うこと、⑤拝礼の仕方、といった作法（マニュアル）が提示された。

二十二日、卯の一点（午前五時から五時半頃）、陳詠を加えた成尋ら九人は馬に乗り出発した。以降の成尋の記述には少々混乱があり、そのためここでは藤善眞澄の整理に沿って説明していく（藤善「宋朝の賓礼」）。まず一行は朱雀門街を北へ向かい、正門の宣徳《せんとく》門（『参記』では一大門）を入り東の回廊で馬を下りた。そこには、幕が懸かった安下所（休息所）があったので、そこで暫く逗留した。すると、客省の官人が成尋らを率い左昇龍《しょうりゅう》門（第二門）に入る。その間、馬に乗った数百人の人びと（昇殿拝礼の人びと）が門に入ってくる。続いて第三の大門（名称不明）を入り、数里を過ぎて東華門の南廊に入り安下する。そこには幕や簾が懸けてあり倚子が並べられ、饗膳が準備される間、数千の人びとが見に来る。辰の二点、客省の官人二人が来て、御前に立ち万歳を唱する際の作法をレクチャーする。辰の三点、客省の官人と通事を先頭に、東華門から数えて四つ目の門（第四門）である通極《つうきょく》門を入り、ようやく延和殿《えんわでん》の庭に出た。延和殿には赤い衫衣《さんい》を着た神宗が北面して倚子に座っていた。

神宗への拝謁

拝礼が進み、成尋たちの番になった。成尋らは庭中に出て西を上座として南面して神宗に相対する。官人が「引見」といい、陳詠が進み出て体を屈し「聖躬万宝」と叫ぶ。続いて成尋らは頭を垂れ「万歳、万万歳」と叫ぶ。官人が「例物を賜ふ」というと、西から東へ成尋らの前を賜物が通過し運ばれていく。すぐに成尋らは再び「万歳、万万歳」と叫ぶ。次に、官人が「却け」（謁見終了の意）といい、また成尋らは「万歳、万万歳」と叫ぶ。そして勅使の御薬が御前から出てきて「諸寺に参詣し焼香することを許可する」と宣旨を伝え、続いて別の勅使の御薬が御前から出てきて「五臺山巡礼を許可する」との宣旨を伝えた。正式に念願の五臺山巡礼が認められた瞬間である。なお、成尋の朝見儀礼は、正式な朝貢《ちょうこう》使《し》と同道して朝見する外国僧を想定した儀礼であったとの指摘があることを付言しておく（廣瀬憲雄「入宋僧成尋の朝見儀礼について」）。

その後退出した成尋らは休息所で食事をとる。食事は非常に豪華であった。食事を終え、二つの門を出て馬に乗り伝法院へ帰った。この門がどこなのか明確ではないが、成尋は門を出た後に見た、金銀・珍宝が多く売られている市頭の賑やかな様子を描いていることから、東華門であったのではないだろうか。東華門街は朝は早くから市民が活動をし、夜は夜市が開かれる商業が栄えていた場所である（久保田和男「城内の東部と西部」）。となると、成尋らは正南門である宣徳門から入り、東門である東華門から退出したこと

諸寺院での焼香を拝命する

太平興国寺啓聖禅院

になる。

神宗からの下賜品は車で伝法院に届けられた。成尋には金羅紫衣《きんらしえ》、その他の僧には金羅褐僧衣であり、成尋は賜紫《しし》僧となったのである。成尋はこのとき、延久三年（一〇七一）十二月十三日に日本の備中新山《にいやま》で、内裏で袈裟を賜る夢を見て、宋で紫衣を賜る験ではないかと思ったことを思い出し、まさしくこれと合致していると感激している。

また、慧詢とともに相国寺・太平興国寺・啓聖《けいせい》禅院・顕聖《けんせい》寺・感慈塔《かんじとう》・開宝寺・福聖《ふくせい》院に行き、焼香するようにとの宣旨が伝えられた。夜にはその慧詢が成尋のもとを訪れ、「去年西天竺から二人の三蔵が来ましたが、朝見はできず、五臺山に詣でただけでした。あなたは皇帝と縁があるのですね」と告げた。こうして、成尋の忙しい一日は終わった。

二十三日、前日の宣旨を受け早速諸寺を参詣する。勅使の到着を待ち、馬を借り出立する。まずは太平興国寺に向かい大仏殿を参拝する。その後、東大門から出て啓聖禅院に行き、西の脇門から入る。大仏殿、盧遮那《るしやな》大殿、東大殿、西大殿などを参拝し、仏牙《ぶつげ》堂に入る。勅使が自ら開封する。勅封《ちよくふう》の簡《ふだ》（藤善注は筒かとする）があり、内に高さ八尺ばかりの七宝塔があり、塔内には純金の楼閣がある。楼閣内には一辺一尺ばかりの純金の筥《はこ》があり、筥の中には純金の小さな厨子《ずし》がある。厨子は四面が白瑠璃《るり》であり中が見える仕組みになっている。中に銀の蓮華座《れんげざ》があり、その上に長さ一寸三分・幅六分・厚さ四分の仏牙（釈迦の歯。仏牙舎利）が置かれていた。成尋は感激のあまり涙を流した。

相国寺

続いて相国寺へ向かった。相国寺は唐僧慧雲《えうん》の感得により創建された寺であり、寺の弥勒《みろく》像は、慧雲が異気の中に現れた「兜率《とそつ》の宮院」で見た弥勒像をもとに鋳造されたものであるという（『宋高僧伝』巻二十六・慧雲伝）。成尋らはまず弥勒大殿でその弥勒像を見た。その後、盧舎那大殿、盧遮那大殿の高楼を巡り、「法華之院」と名づけられた仏牙堂を参拝する。ここでも勅使が勅封を開く。中には七宝殿があり、その中に高台がある。台上には純金の宝殿があり、中に純金の宝閣がある。さらに閣内には純金の筥があり、中に純金の厨子がある。啓聖禅院同様の荘厳で仏牙の大きさも同じであった。厨子には先帝（英宗《えいそう》）と今上（神宗）の勅封が二つあった。

仏牙信仰の日本伝来

ここで触れておきたいのが、仏牙と奝然の関係である。仏牙信仰は中国では南北朝時代から重んじられ、唐代には盛んになっており（齊藤圓眞「舎利会」）、円仁も長安で目にした仏牙会に言及している（『行記』巻三・会昌元年二月八日条など）。北宋でも仏牙信仰は隆盛しており、それを背景に奝然が仏牙を日本にもたらしている。現在の京都清涼《せいりょう》寺《じ》には釈迦如来立像が安置されている。本仏は、優塡王《うてんおう》が生前のブッダの姿を描き作らせた仏像を模しており、奝然が中国台州で造立させたものである。そのモデルとなった仏像が、啓聖禅院に安置されていた栴檀《せんだん》釈迦瑞像である。日本ではこれを三国伝来（天竺→中国→

日本）とするが、北宋では梁の武帝が将来したものであるという認識が一般的であり（塚本麿充「皇帝の文物と北宋初期の開封（上）」）、成尋が東大殿で見た釈迦像がこれに当たる。奝然は、現清凉寺釈迦如来立像造立の際に、その胎内に五臓六腑《ごぞうろっぷ》の模造物、造立の過程を記した「奝然入宋求法巡礼行並瑞像造立《ずいぞうぞうりゅう》記」などとともに仏牙を納入している。

福聖禅院

翌二十四日も諸寺参詣である。昨日同様、早朝に馬に乗り伝法院を出た一行は数里を過ぎ皇城の南門である宣徳門を通過した。成尋は平安京の朱雀門のようだと感想を述べる。東南の角をまがり、北へ向かうと東華門に至る。そして、そこから東へ数里進んだ福聖禅院がこの日の最初の目的地であった。ここは開封の十大禅院の一つとも考えられる（齊藤注）。福聖禅院ではまず食堂で皇帝の勅賜の斎をいただく。その後、大仏殿など諸殿を参拝する。盧舎那堂の四面には金銀でできた長さ一尺の仏像三千体が安置され、座や光背までもみな金銀でできていた。これらは太宗が建立したものであるという。他に羅漢殿には舎利が納められた一間の小殿があった。

開宝寺の塔を登る

福聖禅院を出た一行は開宝寺へ向かった。途中、景龍《けいりゅう》門、天陰《てんいん》門（天波門か）などを通過し開宝寺へ至る。中門には「勅寿禅院」の額が懸かり、塔の額には「感慈塔」とある。これは仁宗が再建した霊感塔であり、現在も鉄塔の名で親しまれている。塔の内部は各層みな一堂の高さほどで三千仏が並んでいる。同行していた侍中に「五臺山に詣で

開宝寺の鉄塔

ようと思うのならば、必ずこの九重塔を登り切るべきだ」と言われ、汗だくになりながら登り切った。よほど疲れたようで、伝法院に戻ってから「勅宣でなければ、あえて登る人はいない」とぼやいている（なお、現在の鉄塔は十三層であり、成尋の記述「九重塔」とは異なる）。

開宝寺からの帰り道、皇城の西門である闔門（閶闔《しょうこう》門）、宜秋《ぎしゅう》門を通過した。この日、成尋は皇城をぐるりと回ったことになり、四面が八町で日本の皇城のようであると述べている。ともかく、これで二十二日の宣旨で挙げられた寺でまだ参拝していないのは顕聖寺を残すのみとなった。

二十五日、『大日経義釈』（円珍か）・『金剛頂経疏《きょうそ》』（円仁）・『蘇悉地《そしつじ》経疏』（円仁）・『最勝王経文句』（円珍）・『法華論記』（円珍）・『安養集』（源隆国）など日本で撰述された合計六十四巻を厳選して慧詢に貸した。国清寺同様に、開封でも書物の貸し借りを行っている。慧詢にはこの日ほかに『智証大師伝』も貸し出している。智普に見せるため、源信の『往生要集』や『源信僧都行状』ほか源信に関わる文書を部屋に持っていたが、慧詢の部屋にいるというのでうかがうと、二人ともこれらを見て感歎した。『往生要集』は、日本で聞いていたようには広まっていなかったことを確認することとなった。

五臺山行を待ちわびる

二十六日、五臺山に同行する使臣である劉鐸《りゅうたく》が尋ねてきて、来月一日に出発する旨が伝えられる。二十七日、御薬の李舜挙《りしゅんきょ》が尋ねてきて、「今は厳寒期なので春に五臺山へ行ってはいかがだろうか」というので、成尋は「他の僧と陳詠らは日本に帰ることを望んでおり、すぐにでも五臺山に参ります」と答えた。やはり成尋はひとり宋に残ることを決めていたことがわかる。また、通訳として陳詠を同行させたい旨の中文を李舜挙に渡した。

二十九日、神宗に見せるための日本の装束の提出を求めるために、勅使の侍中が来た。成尋は、衲袈裟《のうげさ》などを提出した(即日返却された)。未の時、沿路の路銀支給の宣旨・州県の伝馬使用許可の宣旨・州県の兵士護衛の宣旨を持って劉鐸が来た。成尋は、こうした朝恩に感涙するとともに、『夢記』に、「延久元年(一〇六九)閏十月七日の夜、旅路にあって、帝王が御薬を召して糧を賜う、云々という夢を見た。覚めてから考えるに、五臺山での修行が成就する相である」と書いていることが、現在の状況と合致すると書き記している。

三十日、いつも世話してくれることの感謝のしるしとして、慧詢に沙金と細布を送る。二度返され、三度目に受け取ってもらえた。伝法院に入って以来、慧詢は何かにつけて成尋らの面倒を見てくれている。神宗からの質問状を慧詢が見せていることから（十五日条）、これは慧詢の人柄もさることながら、おそらく正式に世話係として任じられていたのであろう。いずれにしても、成尋らにとっては大変ありがたいことであったのは間違いなかろう。

第五　五臺山巡礼と成尋の活躍

一　五臺山巡礼（巻五）

五臺山へ出発

巻五は十一月一日から始まる。成尋はついに五臺山《ごだいさん》へ向けて出発する。ここで五臺山について簡単に触れておこう。五臺山は現在の山西省の東北部の忻州《しんしゅう》市にあり、東臺・西臺・南臺・北臺・中臺の五峰から成っている。五臺山は文殊《もんじゅ》菩薩《ぼさつ》示現《じげん》の霊地として知られるが、それは『華厳経《けごんきょう》』に文殊菩薩の住処がインドの東北にあるという清《しょう》涼山《りょうさん》だとされていることに対し、中国の東北にあたる五臺山が清涼山と同一視されたことによる。そのはじまりは東晋《とうしん》の頃からで、その後仏教を厚く敬った北魏《ほくぎ》の孝文帝《こうぶんてい》が中臺に大孚《だいふ》霊鷲寺《りょうじゅじ》を創建してから多くの寺院が建立されたという（『広清涼伝』巻上・菩薩何時至此山中三では、後漢《ごかん》の明帝《めいてい》時創建との説もあるが、『古清涼伝』巻上・古今勝跡三の記述により北魏孝文帝創建説を採る。日比野丈夫・小野勝年『五台山』参照）。

拡大する五臺山信仰

唐代になると則天武后《そくてんぶこう》が五臺山信仰を重視し、このとき大孚霊鷲寺も大華厳寺と改称された（『広清涼伝』巻上・菩薩何時至此山中三）。さらに密教僧の不空《ふくう》が代宗《だいそう》治世下の大暦《だいれき》元年（七六六）に、五臺山での金閣寺建立を上奏し、以降次々と文殊信仰に関わる施策を提言し実現していった。これは不空が代宗に仏法付嘱《ふしょく》国王（仏の付嘱を受け、国を法化する使命を与えられた国王）としての自覚を促し、代宗の結縁仏《けちえんぶつ》（仏道において縁を結んだ仏）である普賢菩薩の行願《ぎょうがん》（修行と誓い）を通じて、仏教による治国、すなわち護国仏教の完成が目的であったとされる（岩崎日出男「不空三蔵の五台山文殊信仰の宣布について」）。普賢菩薩が、なぜ文殊信仰宣揚に結びつくのかというと、普賢菩薩と文殊菩薩とは共に釈迦如来の脇侍《きょうじ》という対の関係にあり、『華厳経《けごんきょう》』でも両菩薩の関係が述べられているからである。以降も五臺山は文殊信仰の聖地として多くの人が訪れる場であった。

五臺山信仰において注目すべきは、中国に留まらずインドを含む周辺地域にまで波及していることである。『参記』にも天竺《てんじく》僧が五臺山巡礼に訪れたことが記載されていて、いわば、五臺山は東アジアの一大「宗教センター」であったのである（小峯和明「五台山逍遙」）。日本においては、『日本霊異記《りょういき》』上巻五縁に伝承化された五臺山の姿が描かれていることから、平安初期（『霊異記』編纂の弘仁《こうにん》期）には、ある程度、五臺山信仰に関する情報が伝わっていたと思われる。

また、成尋以前に五臺山巡礼の記録が残っている僧に、玄昉《げんぼう》・行賀《ぎょうが》（真偽は不明）・

霊仙《りょうせん》・恵蕚《えがく》・円仁《えんにん》・円覚《えんかく》・恵運《えうん》・宗叡《しゅえい》・寛建《かんけん》・奝然《ちょうねん》・寂照《じゃくしょう》がいる。このうち、恵蕚は嵯峨《さが》皇后の橘嘉智子《たちばなのかちこ》の命により、繡文袈裟《しゅうもんけさ》を僧伽《そうが》和尚らの供養に施すとともに、宝幡《ほうばん》及び鏡匳《きょうれん》の具を施入するために五臺山へ向かっている（『日本文徳《もんとく》天皇実録』嘉祥《かしょう》三年〈八五〇〉五月壬午〈五日〉条）。日本での僧伽信仰の一端がうかがえると共に、皇后（皇太后）が僧に命じて供養物を五臺山へもたらしており、「後冷泉《ごれいぜい》皇后藤原寛子《かんし》―成尋」の先例としてあげることができよう。また、円仁は当初の目的地であった天台山へは向かうことができず、その代わりに五臺山巡礼を行い、そこで当地の文殊信仰・五臺山仏教に触れた（『行記』）。円仁は帰国後に五臺山仏教・宗教全体を請来《しょうらい》し、比叡山仏教・宗教のモデルにしようとしたともいわれており（曾根正人「平安仏教の展開と信仰」）、以降の日本仏教における五臺山の影響は大きい。

成尋一行の出発

成尋らは朝廷から支給された銭を受け取り、慧賢《えけん》や慧詢《えじゅん》らに見送られ馬に乗って伝法院を出た。成尋ら日本僧八名、陳詠《ちんえい》、そして引率の劉鐸《りゅうたく》の総勢十名の旅である。彼らの馬は朝廷から支給され、合わせて護衛として兵士二十名が付き従った。以後、兵士は要所要所で交代しながら、五臺山への往路・復路で常に側に仕えていた。成尋らの出立は都でも噂になっていたようで、大門外に見物の道俗が列をなしていた。一行は伝法院から西へ進み、都の西門である順天門《じゅんてんもん》を通過し、金明江《きんめいこう》（金明池）を横目に見て、祥《しょう》符県《ふ》（開封《かいほう》府所属の県の一つ）の新店馬鋪《ばほ》から一町西にある永福院《えいふく》に至り、そこに宿泊した。

翌日、新店馬鋪からもたらされた馬十疋に乗り換えて出発した。宋代では、唐の後半期に弛緩《しかん》した駅制を補うために、全国各地の幹線路や支線路に逓鋪《ていほ》を置き、文書や貨物

開封から五臺山

の輸送などの便に資した。馬鋪は正式には馬逓鋪と称され、馬逓用の馬や逓夫が配され、時期によって異なるが十里から二十里ごとに設置された（青山定雄「宋代における逓鋪の発達」）。成尋らは、道中、駅と馬鋪を利用し、十里から十五里程度ごとに馬を乗り換え進んでいった。当然、こうした交通制度は朝廷からの許可があって初めて利用することができるのであり、宋朝の成尋への厚遇ぶりを確認できる。この日は、途中で神宗《しんそう》から五臺山で供えるべき香が届けられた。

三日、さらに西に進み、鄭州《ていしゅう》（現在の河南省鄭州市）に着く。鄭州では霊顕王廟《れいけんおうびょう》という道教寺院で焼香をした。おそらくここで五臺山巡礼の安全を祈念したのであろう（王麗萍「入宋僧成尋と道教」）。鄭州は劉鐸の本宅があるため、彼の願いによりここに二日間逗留した。

五日に鄭州を発ち、一行はひたすら西へ向かった。七日には永安県馬鋪（永安県は現在の河南省鄭州市鞏義《きょうぎ》市辺か）から十二里の地点で潞河《ろが》（洛河《らくが》）の浮船橋を渡った。この浮橋は、大船十六隻を並べて渡した橋であった。このとき、進路を北へ変えたことになる。さらに河陽《かよう》県（現在の河南省焦作《しょうさく》市孟州市）に至り、さらに北へ向かい黄河の浮橋を渡った。ここは黄河が二つに分かれている地点のため、まず大船二十一隻を並べた橋を渡り、さらに大船十六隻からなる橋を渡り、孟州《もうしゅう》に至った。

北進し駱駝を見る

以後も一行は五臺山へ向けひたすら北進する。孟州以降通過した府州軍は、懐州《かいしゅう》（八日。以下、日付は管内に入った日。現在の河南省焦作市）、澤州《たくしゅう》（十日。現在の山西省晋城市）、潞州《ろしゅう》（十二日。現在の山西省長治市）、威勝軍《いしょうぐん》（十五日。潞州の銅鞮《どうてい》県・武郷《ぶきょう》県・沁源《しんげん》県・綿上《めんじょう》県を管轄する。『元豊九域志《げんぽうきゅういきし》』巻四・河東路）、太原府《たいげんふ》（十八日。河東路の太原府・太原郡。九県・二監を管轄する。『元豊九域志』巻四・河東路。現在の山西省中部に設置）、忻州《しんしゅう》（二十二日。現在の山西省忻州市）、代州《だいしゅう》（二十四日。現在の忻州市代県）となる。途中、両手両足のない童から拝されたり（八日条）、石碑に書かれた詩を書き写したり（九日条など）しながら順調に進んでいた。太原府では知府に立派な斎《おとき》を振る舞われている（二十日条）。

道中、成尋は駱駝《らくだ》をよく目にしていた。十七日条には、その容姿が事細かに記されている。頭面は馬のようで、上の歯がなく目は牛のようである、尾は猪の尾のようで、背中に高さ一尺の鞍骨《くらぼね》が二つある、などなど。成尋が目にしたのはフタコブラクダだったようだ。そして、最後にこう付け加える。「最も罪業《ざいごう》の深重なるものと云ふべし」と。駱駝の形態を見て、成尋は罪業が深いと述べるが、これは故なきことではない。『日本霊異記』には病に関連する話が複数あり、その中でも原因を「宿業《すくごう》」（前世での悪因による悪報）とする話が三話ある。『霊異記』内では宿業は全て身体的な問題の病として現れている。たとえば、下巻三十四縁では主人公の女性の頸《くび》に大瓜のような「癭肉疽《えいにくそ》」（肉の上にできた瘤《こぶ》）ができている。成尋は、駱駝のコブを見て、前世の悪因がもたらした姿だと思ったのであろう。

二十五日、代州内の崇韜駅《すうようえき》に至る。そこで代州の大卿の李綬《りじゅ》により斎が設けられる。そして、ここからは虎・盗賊に襲われる危険があるため、兵士が三十五人に増員された。翌日、崇韜駅を出て東へ向かい繁時駅《はんじえき》に至る。

五臺山麓に到着

二十七日、繁時駅から宝興軍《ほうこうぐん》（繁時県にある砦の一つ）の宝興駅に到着する。その後深い山谷に入り、軍の初めの門をくぐると、五臺山の東臺の頂が成尋の目に飛び込んできた。思わず成尋は感動のあまり涙を流した。数里を過ぎ軍の門に入る。宝興駅に宿ると、壁には多くの文字が記されていた。それらはみな五臺山巡礼者たちが記念に書き記したものであった。成尋はそれらを書き取っている。五臺山の寺主から迎えの馬十疋と行者七人が送られてきた。夜成尋は五臺山に供養する物の目録をチェックした。供養物は、成尋が砂金三両・銀十両、頼縁《らいえん》・快宗《かいそう》・聖秀《しょうしゅう》が唐絹各一疋、惟観《ゆいかん》・心賢《しんけん》が銭各一貫、善《ぜん》久《きゅう》・長明《ちょうみょう》が銭各五百文、それと藤原寛子が託した後冷泉天皇直筆の経典、供養目録、藤原師信《もろのぶ》が託した鏡・髪・文であった。

二十八日、真容院《しんよういん》から馬八疋、宝興軍の駅馬二疋、合計十疋の馬が贈られる。真容院は、中臺から東南に延びてその端の小高い岡に位置していて（『広清涼伝』巻上・釈五臺諸寺

真容院に入り供養を行う

五臺山菩薩頂(真容院)

方所七)、文殊信仰の根本道場である。成尋は「中臺下半」にあると表現している。円仁や奝然も訪れ、のちに入宋した戒覚《かいかく》が永住を認められた場所でもある(『渡宋記』元豊六年〈一〇八三〉六月十五日条)。

一行は提供された馬に乗って山を登った。ただし、道が凍結しているため馬から下りて徒歩になる場所もあった。また、路中では北臺・西臺・中臺・南臺を望んだ。真容院に近づくと副僧正の覚恵大師承鏑《しょうてき》ら諸僧が出迎え、八流五色の幡《ばん》を捧げ持ち並んで行く。総勢百名ばかりの盛大な出迎えであった。成尋は早速文殊菩薩への供養物を輿上に積み、真容院へ諸僧と共に向かい、文殊菩薩の宝前に置いた。目的の文殊への供養を終えた成尋は宿坊に入った。この日、一行は西堂（西臺？）の頂に五色雲を見るという奇瑞《きずい》に恵まれる。瑞雲は円仁も目撃しており（『入唐求法巡礼行記』巻三・開成《かいせい》五年六月二十一日条）、五臺山奇瑞の一つである。

二十九日、承鏑に案内され諸堂を参拝する。大僧正順行《じゆんぎよう》は不在のため承鏑が担当となったのである。昼に承鏑の房で斎が振る舞われる。そのとき、妙済大師延一《えんいつ》が同席した。延一は清涼三伝と呼ばれる五臺山にまつわる根本史料『古清涼伝』『広清涼伝』『続清涼伝』のうちの『広清涼伝』を撰した人物であり、成尋は彼から直接『広清涼伝』の摺本《すりほん》三帖をもらいうけた。成尋は感動し、のちにこれを日本に送っている（巻六・熙寧六年正月二十三日条）。

文殊の霊験を感ず

この日、昼前から雪が降り始める。開封を出発してから二十八日間全く雪が降らなかった（確かに『参記』にはこの間雪の記述はない）のに、到着してから降ることを「希有の事」と言っている。この事実を真容院内の諸僧はみな文殊が成尋を歓迎している験《しるし》だと感じているという。成尋も開封に戻ってからこのことを話しているように、そう感じたのであろう。文殊の霊験を成尋は体験したのである。また、承鏑から菩薩石（白の石英）を三個もらうが、それぞれに五色の光があった。成尋は、宿泊した迎福亭の戸扉への書き付けや壁書の記載に、「五色の毫光」「五色の光」の奇跡を見たことが書かれていることを見て、菩薩石に「五色の光」があることに対し「希有の事」と記している。

十二月一日、各所を参拝する。宝章閣《ほうしょうかく》では一万菩薩を見、集聖閣《しゅうせいかく》では千手観音三丈像・五髻文殊菩薩《ごけいもんじゅぼさつ》丈六像・十六羅漢像・観自在菩薩像を見る。昼食後、馬に乗り中臺中腹にある太平興国寺へ詣で、文殊閣《もんじゅかく》の丈六像（文殊菩薩像）を拝する。八十二歳の寺主の崇暉《すうき》和尚は、「五十八回、五臺山をめぐり、左手の無名指（薬指）を焼いて文殊に供養しました。東臺では文殊の円光・頭光・摂身光を見、一万菩薩を見ました。南臺の上では金色世界を見ました」と語った。文殊の霊験・示現を体験しているのであり、「最聖人」だと成尋は評している。さらに、大華厳寺へ詣でる。僧坊では西天竺三蔵に会い、サンスクリットで書かれた『阿弥陀経』『阿嚕迦経《あろかきょう》』の貝葉《ばいよう》経や純金の釈迦五寸像、天竺の袈裟などを見せてもらう。三蔵は今年の秋に西天竺から来て、開封の伝法院から供《ぐ》奉《ぶ》官を使臣として五臺山に送られ、十月に到着したという。成尋は三蔵と入れ違うように伝法院に入ったことになる。

使命を遂げ開封へ帰る

この日、「大宋国河東道代州五臺山大華厳寺真容菩薩院文殊聖容殿」から出された「返牒」を二通入手する。一通は「大日本国皇太后宮」（藤原寛子）が納めた後冷泉天皇直筆の経典供養に対して、一通は「太皇太后宮亮」（藤原師信）が納めた亡妻の鏡・遺髪に対しての返牒である。寛子への返牒には「文殊師利菩薩の真容の面前に於いて、法の如く安置し、永く供養に充《あ》つ。集まる所の福利は大日本国の先皇帝に廻向《えこう》す」とあり、この文面により確かに文殊菩薩に供養されたことが確信できる。この日成尋は「百日修行を遂げんがため、明年参るべき由」を書いて諸僧に見せているように、成尋の今回の五臺山巡礼の目的が自らの修行ではなく、委託された供養にあったことがわかる。成尋は署名者も含め返牒を詳細に書き記している。

二日、ひとまずの使命を遂げた成尋は、承鏑らに見送られ帰路につく。雪と凍結路のため、下山は難儀であったが、なんとか宝興駅に着いた。帰路は一部を除き往路同様の行路を通った。三日、繁畤駅に着き、繁畤県知県と「来年五臺山再訪の際に、再会しましょう」との約束をした。この日丑の時に、「真容院からの帰路に、路銀と真容院の菩薩石の大石三十個を馬に乗せて出立する」夢を見た、昨日は「三万菩薩が見送ってくれる」夢を見た、と記している。十二日にも、「文殊が現身で説法する所に入り、宮殿を見る」という夢を見ており、五臺山での霊験が成尋の身心に引き続き訪れていることが感じられる。

帰路においても各所で接待を受けている。往路同様に太原府では斎が設けられ、種々の食物・酒などが送られる（九日〜十一日条）。十七日には、潞州の崇賢駅に至ったとき、ちょうど潞州の都督がおり、都督自ら湯薬を点《た》て、成尋が馬に乗る際には手を執り手助けをした。

帰路も順調で二十三日にはすでに黄河のほとりまで来ていた。一行は往路でもそうであったように、黄河の浮橋を二つ渡り、先を急いだ。ここから少し、往路とは異なる道を進んでいったようだ。また、往路も復路も大小の河川は全て凍りついており、人馬はその上を通っていったことが記されている。「厳寒期だから五臺山巡礼を春にしてはどうか」という発言（巻四・十月二十七日条）は、こうした路面の悪さも心配してのことだったのだろう。

伝法院に着く

二十六日、順天門から開封に入り、伝法院に戻った。伝法院では諸僧が出迎え、成尋らの帰着を随喜して感歎した。引率者であった劉鐸は成尋らを伝法院に送り届けた後、家に帰っていった。夜には、早速慧詢から酒や珍菓が房に届けられた。このたびの五臺山巡礼は開封出立から約二ヵ月の旅となった。

二十七日、五臺山への往路の二十八日間は雨も雪も降らず、到着後の翌日に大雪が降ったものの、各所を参拝したときには晴れ、帰路も出立時に小雪が降ったもののすぐにやみ、あとはずっと晴れていた、と成尋は旅での恵まれた天候を振り返り、そして今日になって雪が降っているのだが、これはまさに文殊菩薩のご加護にほかならないということを院内の諸僧に伝えている。諸僧も成尋の話に感動し悦んでいる。諸僧からは今月二十四日に朝廷から祈雪を命じられたところ、その日に大雪が降ったと知らされたが、

諸国の僧と交流

やはり二十四日は成尋たちの旅路では晴れており、このことに諸僧はますます喜んだ。

この日、天吉祥《てんきつしょう》三蔵の房に挨拶に向かった。天吉祥は二十二年前に中天竺の摩竭提国（マガダ国）から来宋し、以来伝法院で訳経に携わっていた。成尋は天吉祥の容貌を「最も奇特」と評している。また、中天竺の僧二人と丈夫国《じょうぶこく》（現在のパキスタンのペシャワール）の僧二人と会う。中天竺僧は今年二月に伝法院に到着し、その後朝見し、紫衣《しえ》を賜り、三月に五臺山巡礼を果たしているという。丈夫国僧は五月に伝法院に戻ったのだという。伝法院はこうした異国からの僧が多く集まる場所であり、成尋は彼らと茶を飲み交わし、交流している。

二十八日、陳詠が斎を設けた。日本僧のほかに、慧賢・慧詢・天吉祥・智普《ちふ》・智孜《ちし》・中天竺僧二人・丈夫国僧二人が招かれた盛大な斎である。斎の後、天吉祥の房へ招かれ、中天竺僧らと茶を飲んだ。天吉祥からは貝葉経を見せてもらい、逆に成尋が慶耀の書いた梵字を見せるとみな一様に感歎した。また、紙に書かれた『白傘蓋真言《びゃくさんがいしんごん》』（『楞厳《りょうごん》経白傘蓋真言』）の梵本（サンスクリット経典）と、「新雕《しんちょう》補闕《ほけつ》楞厳経白傘蓋真言後序《こうじょ》」を見せてもらい、校勘《こうかん》の後序を書き取っている。ここには校勘補闕として「西天中印度摩竭陀《マガダ》国那《ナー》爛陀《ランダ》寺沙門天吉祥」の名が記されている。後序によると、当時蘇州にいた苗振《びょうしん》なる人物のもとに、智吉祥・天吉祥の二人の天竺僧が訪れたことにより、不備があった二種の訳本（般《はん》刺《し》蜜諦《みったい》訳・不空訳）を改めて彼らが将来した梵本により補闕校勘したものであることがわかる。この後序は現在他に残されておらず、成尋の記載は当時の訳経の事情がわかる非常に貴重な史料となっている。

なお、当日条には、五臺山巡礼の際には後冷泉天皇中宮の章子《しょうし》内親王から賜った五条袈裟を着用し、毎日後世《ごせ》の往生極楽を祈り、源隆俊《たかとし》からもらった頭巾《ずきん》を着け、二世の誕生を祈っていたことが付け加えられている。やはりこのたびの五臺山巡礼は、自分のためではなく、支援者たちのためであったのである。

入宋僧の記述を写す

二十九日、慧詢の房で奝然と寂照の『来唐日記』を見せてもらった。それが載る『楊《よう》文公談苑《ぶんこうだんえん》』を借り受け、奝然と寂照に関連する部分を写し取っている。『楊文公談苑』は、王欽若《おうきんじゃく》とともに類書『冊府元亀《さつぷげんき》』を編纂し、『太宗実録』の大部分を執筆したとされる楊億《ようおく》（九七四―一〇二〇）による談話録である。成尋が書き写した部分は、もともとは別紙にあったものを抄写の過程で改めて本文中に加えたものであり、南宋の『皇朝類《こうちょうるい》苑《えん》』にも収録され残されているが、全体的に『皇朝類苑』の方が優れているという（藤善眞澄「成尋と楊文公談苑」）。また、この部分は『太宗実録』の日本関連史料として取り入れられ、さらに『宋史』日本伝の記述となったものである。

出張報告書を提出

三十日、智普が作成し、定照が清書してくれた「参五臺山慶悦表」を御薬のもとに提出した。いわば、出張報告書を提出し、正式に五臺山巡礼が終わったことになる。また、昨日購入した板八枚・方木五枝を用い、法華法壇を作り上げ、堂を荘厳した。

二　都開封での暮らし（巻六）

巻六は熙寧六年正月一日から始まる。五臺山巡礼を終えた成尋は、都開封での日常の生活に戻った。この日は新年の挨拶回りから始まった。日本僧一行は陳詠と共に、伝法院諸僧の房を訪れ、そこで茶湯を振る舞われる。未の時（午後二時頃）には、天吉祥が中天竺僧二人を伴い成尋の房を訪れ、法華壇の荘厳を見て感歎する。翌日には定照が、景徳寺僧の真梵《しんぼん》を連れて見に来ているように、成尋の設置した法華壇は、伝法院の僧だけでなく他寺の僧にも話題になっていたようだ。以後も多くの他寺僧が成尋の元を訪れ、一様に法華壇に感歎の声を上げている。このように、成尋のもとには実に多くの開封の寺々の僧らが連日尋ねてきており、成尋は彼らと盛んに交流している。成尋はすでに開封では有名人となっていたのである。

僧としての名声を高める

円則に法華法を授ける

成尋の僧としての名声が広がっていた事例を挙げておこう。二月二十四日、定照を介し、相国寺東経蔵戒律院の円則《えんそく》座主が来て、成尋から法華法を受けたいと切々と乞うて

異国僧のための斎に出る

相　国　寺

きた。その要望を受け入れ、二十六日、円則に法華法を授け、『（法華）儀軌』『（法華）次第』などを貸し与え、写書するように指示した。異国僧としてだけではなく、単純に僧として受け入れられ評価されていたことがわかるだろう。なお、円則には三月十三日（巻七）に法華法を立印《りゅういん》（印の結び方を教えること）している（『参記』三月十三日条には「受法僧」とのみあり、円則の名は無いが、他に法華法を宋僧に授法している記述はなく、本書では円則と理解しておきたい。それとも、円則以外にも授法していた箇所と見るべきか）。

他寺の僧から招かれることもあった。正月二十二日には、衡慶院《こうけいいん》住持の賜紫の尼僧である子恵尼《しけいに》の招きを受け、成尋ら日本僧は、慧詢・天吉祥・中天竺僧・丈夫国僧らと同道して斎に参加した。参加者を見ると、この斎が異国僧のために設けられたものであったことがわかる。なお、このときはすでに中天竺僧にはそれぞれ恵遠《えおん》と恵寂《えじゃく》の名前が、丈夫国僧にはそれぞれ吉祥子《きちしょうし》と衆護《しゅうご》の名前が与えられていた（正月二日条）。衡慶院は、成尋によると広大な伽藍を有している尼寺であり、施主の子恵は七十三歳の老宿であった。以降も尼僧からの斎の招きはあり（巻七・三月一日条など）、尼僧との交流は日常的になされていたようだ。

異国僧からの情報

成尋は天吉祥ら異国僧とも積極的に交流している。天吉祥からは「王舎城《おうしゃじょう》（天吉祥の出身でもあるマガダ国の首都ラージャグリハの漢名。現在のインド北東部、ビハール州ラージギル）は今は無く異教徒の婆羅門《ばらもん》の家となっています。霊鷲山《りょうじゅせん》（王舎城の東北にあった山。釈尊が『法華経』や『無量寿経』などを説いた所として有名）に登るには一日かかります」といった話を聞いたり（正月四日条）、丈夫国の僧吉祥子からは、五天（五天竺）では菩薩戒《ぼさつかい》を受戒の本《もと》としていることやその作法を聞き、出家人は婦母・童子を用いず、一般の人びととの信仰心は厚く、僧が来ると衣服を脱いでまで布施をする（正月十七日条）など、日本ではなかなか得ることのできない情報を記載している。また、中天竺僧の恵遠が祈雨の験により、紫袈裟などを皇帝から賜与されたとの情報も見られ（十八日条）、のちに触れる成尋以外にも祈雨を成功させている僧がいたことが確認できる。

日宋の書籍を貸借する

天台山でもそうであったように、ここでも書籍の貸し借りを行っている。五臺山で撰者延一から直々にもらった『広清涼伝』は、『古清涼伝』とともに、早速智普が借りに来た（巻五・熙寧五年十二月二十八日条）。開封でも、撰述されたばかりの『広清涼伝』は貴重だったのだろうし、『参記』には記されていないが、延一に会い、『広清涼伝』をもらった話は成尋から直接智普ら諸僧に伝えられていたのであろう。日常の何気ない会話風景を垣間見ることができる事例である。

正月十日には、慧詢に『懺法《せんぽう》略私記』一巻・『金剛頂経』・『蘇悉地《そしつじ》経』・『官符』一巻を貸している。ここに書籍貸借の一つのあり方が見られる。『懺法略私記』は百光房律師、すなわち園城《おんじょう》寺《じ》の慶暹《けいせん》作であり、『金剛頂経』は円仁撰『金剛頂大教王疏』（『金剛頂経疏』）、『蘇悉地経』は円仁撰『蘇悉地羯羅《がら》経略疏』（『蘇悉地経疏』）であり（藤善注）、みな日本の書であることである。『金剛頂経疏』『蘇悉地経疏』はすでに前年の十月二十五日に慧詢に全七巻ずつを貸し出しており（本書第四の四参照）、そのとき全巻書写をしなかったのか、それとも改めて確認したい箇所があったのか不明だが、再貸し出しをしていることがわかる。『官符』は円仁もしくは円珍に下されたものか、それとも成尋の阿闍梨位官符かは定かではない（藤善注）。いずれにせよ、宋の僧侶らは日本撰述の書をもとめていたし、また、成尋も積極的に日本撰述の書を宋の僧侶らに見せることで、日本仏教、特に日本天台宗の質の高さを喧伝《けんでん》していたのである。

逆に成尋が借りた本の中に、日本を見つけることもある。慧詢から届けられた『諸教壇図』一巻の中に『金剛界諸尊別壇図』があり、その奥書に次の一文を見つけた（二月十五日条）。

時に、長興《ちょうこう》三年（九三二）四月内、洛京敬愛寺《らくけいけいあい》内に於いて、写し得畢《おわ》んぬ。日本国持《じ》念弘順《ねんこうじゅん》大師賜紫寛補《かんほ》之を記す。

寛補（寛輔）は延長《えんちょう》五年（九二七）に寛建《かんけん》とともに渡海した僧で、旅中寛建は浴室で悶死する不幸に見舞われるが、寛輔は他僧とともに五臺山巡礼を果たすなど、その後も中国に滞在し続けた（本書第三の一参照）。寛建は成尋の請渡宋申文にも先達として登場しており、成尋にとっても思い入れのある人物である。こうした事績に出会え、感慨深かったことであろう。なお、寛輔は中国において三十余人に灌頂を授けたと、成尋は書き残している。

再び朝見する

さて、慧詢に諸本を貸した正月十日の申の時（午後四時頃）、客省から「十一日に皇帝の出駕《しゅつが》（行幸）があるので、成尋並びに通事陳詠は、早朝に内門（太平興国寺南大門か）前で待ってお出迎えしなさい」という文書が届いたので、「成尋八人並びに通事陳詠は明日早朝お待ちいたします」と返答した（文書は十二日条に記載）。しかし、翌日約束どおり早朝に待っていたが、その日はあいにくの雨であったため、出駕が取りやめられ、十三日に延期となった。

十三日、成尋らは太平興国寺の南大門に向かった。そこには多くの僧俗が集っていた。皇帝の輿の前には供奉官人の騎馬隊数千を陣し、ある者は紫衫《しさん》を、ある者は赤衫を着し、馬具はとても素晴らしいものであったと成尋は記す。その後も成尋による出駕隊列の壮麗さの記述が続き、供奉官は数万人規模であったという。実に盛大なものであり、成尋らはさぞかし圧倒されたことであろう。成尋らは皇帝の輿の側で一緒に進み寺の大門をくぐり、中門の前で深々と頭を下げ敬礼を行い、朝見《ちようけん》を済ませた。その後、太平興国寺の諸僧が輿に付き従い、諸僧が鐃鈸《にようはち》（鐃と鈸。法会に用いる打楽器）を打ち鳴らしながら寺に入っていった。ここで成尋は伝法院に戻ったので、皇帝の焼香作法は見なかったが、儀式は午の時まで続いたとのこと。その後、内裏から茶菓が成尋のもとに届けられた。これは他の僧に対しては無く、「日本僧は面目を施すのみ」と成尋はメンツが保たれたことを誇っている。茶菓は普段からお世話になっている慧詢などにお裾分けしている。

都で元宵節始まる

翌日の夜から上元節《じようげんせつ》（元宵節《げんしよう》）が始まっている。本来は十五日が節に当たるのであるが、都ではこの日から三日間、京内の至る所に燈籠《とうろう》が吊され、新年最初の満月の夜を楽しむ一年で最も賑やかな時期の一つである。元宵節は、歴代多くの詩人が題材とし、唐の詩人白居易《はくきょい》も杭州刺史《しし》であったときに「正月十五夜月」と題する詩を作り（『白氏文集』巻二十・律詩）、街の賑やかな状況、朝から市民も自分もこの日を楽しんでいるという愉悦に満ちた情景を詠み込んでいる。『水滸伝《すいこでん》』第七十二回では、主人公たちが元宵節の開封に忍び込むことから物語が展開するなど、誰にとってもハレの一日であり、何かが起こる気配があった日である。『東京夢華録《とうけいむかろく》』巻六にも元宵節についての記述があり、一部以下に紹介しよう。

　正月十五日は元宵である。大内の前には、前年の冬至の日から、開封府の役所の手で木を組んで山棚《やぐら》を築く。それは宣徳楼と真向かいで、見物人はもう御街《ぎょがい》の両側の歩廊に群れ集まっている。そこには奇術珍伎や歌舞百芸が、目白押しにならび、楽の音は十余里にもかまびすしい。たとえば、撃丸《げきがん》・蹴鞠《けまり》・綱渡り・棒登りや、趙野人の冷淘《れいとう》の逆立ち食い、長九哥《ちょうきゅうか》の刀呑み、李外寧《りがいねい》の薬しかけ（ある種の化学変化を利用したしかけか？）の人形芝居、……もある。そのほか薬売りや八卦見《はっけみ》や砂書きの謎あてなど、さまざまに技巧を凝らし、新趣向が次々と出る。

喧噪《けんそう》が今にも聞こえてきそうな実に賑やかな様子が伝わってくる。十八日の中天竺僧恵遠の話によると、「太平興国寺の楽声は十四日から始まり、昼夜止まず、自分たちも種々の術や猴楽舞《さるがくまい》などを毎日見学していますが、見尽くすことができません。相国寺など他の寺も同様です」とのこと。この日宣旨があり、日本僧も見学が許され、みないろいろなところへ出かけていった。「后宮の車は千万、楼上に殿上人等充満し之を見ると云ふ」と伝聞形式になっているところを見ると、成尋は見学に行かなかったようだ。

弟子僧の帰国を申請

こうして日常生活を送っていた成尋だが、同時に、朝廷に対していくつかの働きかけを行っていた。まず、皇帝の出駕があった十三日、成尋は弟子僧に関するある申文《もうしぶみ》を慧詢に作成してもらい、それを定照に清書してもらった上で朝廷に提出している。それは大きく分けて二つの内容となっている。一つは、頼縁・快宗・惟観・心賢・善久の五名を陸路で明州に向かわせ、そこから商船により日本に帰国させてほしいという願いである。そのために、移動の公憑《こうひょう》（移動許可証）を発行してほしいと要求している。二つは、長明を聖節《せいせつ》（神宗の誕生日）に登壇し受戒させてもらい、それが終わったら長明を日本に帰国させてほしいという願いである。

そして、正月二十日、宣旨により入内内侍省の供奉官が成尋のもとを訪れ、五臺山での「霊相」の有り無しや往還の便不便について質問をし、成尋は五色雲（ここでは「五色光」と答えている）だけであること、非常に快適でさまざまな場所で歓待されたことなどを答えている。重ねて供奉官は「あなたは伝法院にはいつまで滞在予定であるか」という問いかけをしてきた。これは十三日提出の申文には弟子僧のことのみで自身のことが記されていなかったからかもしれない。これに対し成尋は「春になるのを待ち、天台山に行き、十二箇所の道場で一道場あたり数十日のあいだ、秘法を修行し聖応を求めたいと思っています。その後、二年後に開封に覆奏したのち、再び五臺山へ参り、臺頂ごと（五臺山それぞれ）に九旬（九十日）ずつ修行し開封に戻ってくる、それが私の本意です」と答えている。

帰国の準備

二十一日、頼縁ら五人の帰国許可、長明の受戒許可がそれぞれ下った。翌二十二日には、帰国に際しての朝辞《ちょうじ》（皇帝への帰国の挨拶）はいつにするかという相談を客省の使いと相談し、二十七日に決まった。

頼縁らの帰国が決まったことにより、成尋は日本へ送る物の仕分けを行う（二十三日条）。日本への消息（手紙）は惟観・心賢に預け、泗州《ししゅう》大師影像一鋪（行きの船の船頭曹聚がくれたもの）と五百羅漢像一鋪（慧詢がくれたもの）は日本に送ることとしている。そして、さらに細かく仕分けしたものが以下のとおりである。

宇治の御経蔵（藤原頼通《よりみち》）宛て…『百官図』二帖・『百姓名帖』・『楊文公談苑』三帖八巻・『天州府京地理図』一帖・『伝灯語要』三帖

大雲寺経蔵宛て…『法華音義』一巻・『永嘉集』一巻・『證道歌注』一帖・『泗州大師伝』二巻・『広清涼伝』三帖・『古清涼山伝』二巻（二十九日条では治部卿殿に奉

ずるとある）・『入唐日記《にっとうにっき》』八巻
左大臣殿（藤原師実《もろざね》）宛て…『唐暦』一帖・『老君枕中経』一帖・『注千字文』一帖
民部卿《みんぶきょう》殿（藤原俊家《としいえ》）宛て…『暦』一巻
治部卿《じぶきょう》殿（源隆俊《たかとし》）宛て…『寒山詩』一帖・『暦』一巻

『入唐日記』と『参記』の関係

ここで問題となるのが大雲寺へ送った『入唐日記』八巻である。これは『参記』のことを指すと考えられるが、『参記』の記述はこのあとも続いているのであり、『入唐日記』八巻と現行本『参記』八巻との関係が問題となる。『参記』には成尋自筆本（原本）は伝存しておらず、東福寺所蔵の古写本が現存最古の写本であるが、これは自筆本では貼付されていた文書が本文に組み込まれて成立したことがわかっている。この関係について近年、森公章がふたつの仮説を立てている（森「渡海日記と文書の引載」）。

①その時点まで綴述していた渡海日記＝現行本『参記』をある時点までで区切って、それを全書写したものを八巻に仕立てた。

②適宜ダイジェストして八巻の渡海報告書としたもの。

その上で、現行本巻五までの日記を八巻に分けた案を提示している。大変魅力的な仮説であるが、疑問も残る。それは、『入唐日記』八巻以降の日記（二十四日条は欠のため、二十五日条以降の日記。仮にX）はどうなるのかという点である。森の仮説によって考えると、

「入唐日記八巻」は後筆

①だと八巻＋X＝成尋自筆本となり、それを現行本が八巻に組み直したものとなる。②だと八巻＋Xを改めて成尋自身が八巻に直したものが成尋自筆本となる。いずれにしても手間がかかってしまう。特に①だと、成尋自身が分けた「八巻」と現行本とは異なる分け方になるのだが、書写の際にそんなに自由に改編してしまってもいいものだろうか。そのため、本書では以下のように考えておく。

成尋が頼縁らに託したのは五巻までであった。その後、明州で合流後にそれ以降の三巻を手渡し、合計八巻となった、と。そして、成尋は頼縁らに託す際に、それまで書きためていたものを五巻に編纂し直したのではないだろうか。というのも、巻の変わり目が月ごとになっていない箇所があり、それが内容的に切れ目となっているからである。先に見たように巻三は天台から開封への移動が主であるが、開封に入る直前で終わっている。そして、巻四は開封に入るところから始まっているのであり、『参記』を一つのストーリーとしてみた場合、展開も明確で、非常に読みやすい構成となっていることがわかろう。巻五も五臺山へ向けて出発するところから始まっており、巻五の終わりは五臺山巡礼終了の報告となっている。これはたまたま月初めに出発だっただけで、やはり変化が起こったときを起点としているのである。そのため、元来託したのは五巻であって、本条の「八巻」は本来は「五巻」と記されていたか、巻数が記されていなかったが、現行本にする際に後人が「八巻」と書き換えたか、書き加えたとするのが穏当であろう（藤善注）。

弟子僧に紫衣下る

二十七日、頼縁ら五人と陳詠が参内する。彼らは紫衣を賜り、御前で紫衣を着て庭中で慶賀を申したとのこと。その後、五人は日称・慧賢・慧詢・天吉祥に挨拶に行った。諸僧は五人に紫衣が下ったことに感歎することしきりで、「大師（成尋）を饗応するが故なり」と成尋に対する待遇の厚さを口にしている。成尋も、伝法院の老宿が黄衣《おうえ》なのに、五人が紫衣を賜るなど「希有の事」だと述べる。成尋は『楊文公談苑』をひもとき、斎然の従衆もみな紫衣を賜ったことを確認し、その前例によったのか、としている。

二月一日、神宗から天皇への贈り物の品々が届く。金泥《こんでい》で書かれた『法華経』七巻や「川（四川＝蜀地域の意味）合羅雲鳳細錦《ごうらうんぽうさいきん》」など錦二十疋である。翌日、受領の表を提出した。

宋朝高官との面会

四日、成尋ら八人は枢密副使・朝散大夫《ちょうさんたいふ》・右諫議《かんぎ》大夫蔡定（蔡挺《さいてい》）から斎の招きを受け参加した。ただし、快宗・聖秀・心賢・善久は疱瘡《ほうそう》の病にかかり参加できなかったため、成尋・頼縁・惟観・長明と陳詠で向かった。蔡挺（一〇一四—七九）は、熙寧五年に枢密副使になった神宗朝の大物政治家である（『宋史』巻十五・神宗本紀・熙寧五年二月丙寅条）。成尋らの存在は、そういった政治家の間でも知られていたのである。斎では、焼香の後、『法華経』二巻などを読経した。

八日、ついに頼縁ら五人が明州へ向け出立した。使臣として王宗彦《おうそうげん》が随伴し、兵士十人が護衛についた。

旧法党に招かれる

頼縁らが旅立った翌日、伝法院内で高官たちによる斎があり、成尋も招かれた。本文は「院内来将軍斎」とあり、「来将軍」が不明であるとされているが、「来」は「有」であり「将軍」は「偉い人、高官」程度の意味であるとする説を採り（郭万平「「王将軍安石」小考」）、ここではこのように解釈しておく。参加者は、枢密侍中《じちゅう》（枢密使）の文彦博《ぶんげんはく》（一〇〇六—九七）・参政侍郎《じろう》（参知政事）の王珪《おうけい》（一〇一九—八五）・参政諫議《かんぎ》（参知政事）の馮京《ふうけい》（一〇二一—九四）・枢密副使諫議の呉充《ごじゅう》（一〇二一—八〇）・枢密副使諫議の蔡挺の五名である。この五名は、王安石《おうあんせき》（一〇二一—八六）を除く当時の東西両府（中書と枢密院）の首脳たちであり、いわゆる旧法党《きゅうほうとう》の面々である（藤善眞澄「成尋をめぐる宋人」）。ただし、王珪は新法党《しんぽうとう》と旧法党のどっちつかずであり、微妙ではある）。

成尋が入宋《にっそう》した熙寧五年・六年は、王安石による新法改革が行われている真っ最中であった。王安石は、熙寧二年（一〇六九）に発布された均輸《きんゆ》法（政府に必要な物資の円滑な調達と物価の安定をめざすもの）を皮切りに、青苗《せいびょう》法（常平倉の穀物を原資として、二割の利子を取って農民に貸し与え、農民の窮乏を未然に防止するのを目的とするもの）、市易《しえき》法（中小商人に対する低利の貸し付けを目的とするもの）など次々と急進的な経済政策を打ち出した。これに対し、それまで高利

A 中央

a **中書門下省**
民政をつかさどる
同中書門下平章事（宰相）2〜3名
参知政事（執政）2名
翰林学士院（両制）
翰林学士（内制）・直院
天子の命をうけて詔勅を起草
舎人院　知制誥（外制）・直院
宰相の命をうけて制詞を起草
館職
昭文館・史館・集賢院　三館　図書・記録を所蔵
秘閣　太宗が建てた貴重書籍・書画の庫
大学士・学士・直学士・待制

- **知諫院・同知諫院**　天子の行為を諫争する
- **起居院**　天子の言動を記録する　同修起居注
- 判省事

- **審官院**（後の審官東院）
- **流内銓**
- **三班院**
- **審官西院**
- **太常礼儀院**　礼儀のことをつかさどる
- **審刑院**　刑獄のことをつかさどる
- 判部事

- **台院**
- **殿院**
- **察院**

b **御史台**
朝廷の監察をつかさどる
大理寺　天下の奏獄を裁断することをつかさどる
宗正寺　宗室のことをつかさどる
国子監　国立大学

c **枢密院** ―― 通進銀台司
軍政をつかさどる
皇城司　宮城の警備をつかさどり、かねて各種の諜報活動を行う
客省司　外民族の朝貢・宴享などをつかさどる
群牧司　馬の牧養のことをつかさどる
左右金吾街仗司　儀衛の軍器をつかさどる

d **三司**
財政をつかさどる
- **塩鉄部**　河川・軍器・商税・塩・茶の専売・坑冶・鋳銭・祭祀の飲食施設などをつかさどる
- **度支部**　官吏の俸給・軍粮の支給・官物租税の運送（漕運）をつかさどる
- **戸部**　田税・酒の専売・各種の工作修理をつかさどる
- **提挙在京諸司庫務司**
- **提点在京倉草場司**

B 地方

路 ―― 府 ―― 県
　　　　州 ―― 県
　　　　軍 ―― 県
　　　　監

a **路**
路の監司
転運使（漕司）　民政・財政をつかさどる
安撫使（辺境では経略安撫使）（帥司）　軍政をつかさどる
提点刑獄（憲司）　監察をつかさどる
提挙常平使（倉司）　常平倉の運営など、新法のことを取り扱う

b **特殊な官府**
江淮制置発運使　東南六路の転運使を指揮し、大運河の漕運や政府への上供を行う
提挙市舶司　海上貿易・貿易行政・貿易からの徴税をつかさどる

北宋前期の官制図（小島毅『中国の歴史07　中国思想と宗教の奔流　宋朝』講談社，2005年より）

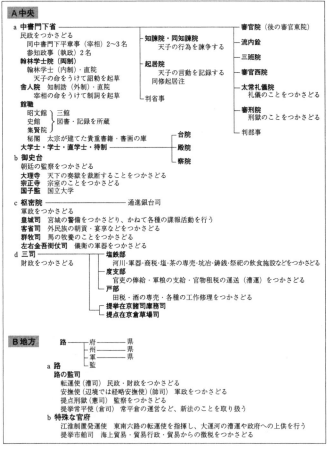

貸しなどで私腹を肥やしていた地主ら、いわば既得権益層を中心として強い反発を受け、激烈な論争、政治闘争が繰り広げられていた（小島毅『中国の歴史07　中国思想と宗教の奔流　宋朝』、小林義廣『世界史リブレット人　王安石』）。この日の斎には、新法に反対する人びとが集まっており、文彦博はその急先鋒であった。成尋は席上では「日本の作法」を問われ答えているが、それ以外の話、たとえば政治の話をしたのかどうかはわからない。呉充からはその後自宅に招かれ（巻七・三月二十一日条）、後日伝法院を訪れた馮京とは祈雨の作法についての質疑を行っている（巻七・三月二十八日条）。

成尋体調をくずす

十三日、相国寺三学院の善湊《ぜんそう》から招かれていた斎を断っている。それは咳嗽《がいそう》（咳と痰）があったためである。さすがに、これまでのハードワークが堪《こた》えたのであろう。しばらく体調不良が続いていたようだ。十六日には慧詢から咳の良薬だといって辰砂《しんさ》丸《がん》十五粒をもらっている。それにしても、高齢でありながらこの程度で済んでいることが驚異ではある。

宋代の訳経

二十五日、慧詢が定照に経蔵を開かせ、新訳の『福蓋正行所集経《ふくがいしょうぎょうしょしゅうきょう》』一部十二巻と『父子合集経《ふうしがっしゅうきょう》』二巻を送られた。このあたりから、新訳経典についての話が増えてくる。ここで簡単に宋代の訳経事業について触れておく。

大蔵経《だいぞうきょう》の印刷は宋代になり始まった。最初は太祖の開宝年間（九六八―九七六）に四川の成《せい》都《と》で開版され、これを開宝蔵《かいほうぞう》と呼んでいる。四川での開版は太宗の太平興国二年（九七七）にほぼ終了し、その後、太平興国八年（九八三）に版木《はんぎ》が朝廷に進呈され、開封に印経院という印刷所が作られ印刷が行われた。それと同時に太宗は太平興国七年に太平興国寺訳経院を創建し、これが翌年伝法院と改称され、以後ここが宋朝の訳経の中心地となった。印経院では開宝蔵とともに新たに訳された経典を印刷し、国内の大寺に配布すると共に、外国使節にも下賜している。高麗《こうらい》に下賜された大蔵経は、のちに高麗大蔵経を生み出すことになる。また、日本へは奝然が将来している。神宗朝になると、王安石の政策により、熙寧四年（一〇七二）に版木が印経院から顕聖寺《けんせいじ》に移管され、そこで印刷が続けられるようになった（竺沙《ちくさ》雅章「漢訳大蔵経の歴史」）。

成尋の記録した訳経の様子

成尋は宋朝訳経事業の中心地に滞在しているのであり、そこで見せてもらう経典は当時の最先端であり成尋の興味を強く引くものであったのは当然である。成尋は「無益の事」と言いながらも、『福蓋正行所集経』十二巻の奥書、特に訳経関与者の名を列挙しており、その変遷を詳細に載せている。毎年二・三巻訳出され進奉されていることもあって、途中で誰々が逝去し、入れ替わるなどの情報がわかり、これは当時の訳経の状況を生々しく伝える貴重な史料となっている。筆まめ成尋の面目躍如といえよう（藤善眞澄「宋朝訳経始末攷」は、成尋の記述をもとにして熙寧末期の伝法院訳場の構成を復原している）。

なお、訳経の具体的場面が描かれている箇所がある（巻七・三月二十八日条）。それによると、まず大卿（日称）が梵文経典（サンスクリットで書かれた経典）を一紙取り説明する。その中から筆受（筆記者）の智宝《ちほう》がまず梵文の一句を取りあげ、これを読むと、慧詢が漢語で唱え（翻訳し）、それを筆受の智宝が書き取る。この作業を繰り返し行うことにより一紙訳し終わる、という。これもまた非常に貴重な証言である。

その後も新訳経典の話が続く。二十七日には皇帝へ進覧する『父子合集経』は、標紙は錦で軸は金で作られているとその装丁について触れ、原本となる『父子合集経』の貝葉の大きさにまで言及している。二十九日にも、定照が経蔵を開き、成尋自ら新訳経四百余巻を見て一帙《ちつ》を借り出し、『仏母《ぶつも》宝徳蔵般若経』一部三巻を読んでいる。成尋は引き続き翌日以降も新訳経典を読むつもりであったのだろうが（実際翌日はいくつか読んでいる）、いったんそれを中断しなくてはならない事態が訪れる。それは、朝廷からの祈雨の要請である。

三 祈雨の成功（巻七）

祈雨を命ずる宣旨下る

巻七は三月一日から始まる。天候は晴れ。この日はいつもどおり諸僧と交流し、新訳経典に目を通すなどして過ごしていた。ところが、未の時（午後二時頃）になり事態は急変する。内裏から供奉官が来て、「正月・二月と雨が降っていない。このままだと、五穀が絶えてしまう。ついては、あなたに祈雨をさせたいが、勤めてくれるか？」という宣旨が告げられた。これに対し、成尋が「聖旨に随いお勤めいたしましょう」と答えると、使いは一度帰っていった。しばらくすると、今度は宮中の庭園「後苑《こうえん》」を管理する後苑司から「日本国の成尋、後苑に於いて壇を粉《かざ》り、雨を祈るべし」との宣旨が下った。

翌二日、晴れ。成尋のもとに今日より後苑で粉壇《ふんだん》して雨を祈るようにという「祈雨粉壇請書」が届いた。成尋は、「法華法を修します」という返事をした。すぐに参ぜよとのことだったので、急いで壇の道具や天蓋《てんがい》・幡《ばん》などを調え、成尋・聖秀・長明・陳詠の四人は馬を借りて後苑へと向かった。皇宮へは東華門から入ったと思われる。

ここで成尋は後苑の様子を詳細に描写しているが、中国側史料にも『参記』ほど詳しく書かれている箇所はなく、史料的にも価値が高い。成尋によると、皇帝の御殿の北に大きな池があり、池の中に皇帝の念誦堂《ねんじゅ》であり「瑤津亭《ようしんてい》」と名付けられた大宝殿があった。瑤津亭は、道教的な設《しつら》えがなされている（『宋会要輯稿』巻一八七・方域）、二階建ての立派な八角建物であった。瑤津亭までは大きな橋が架けられており、それを通って人びとが往来をしていた。ここが、成尋が壇を築く場所となった。その他、池には龍頭船

（舳先が龍の頭の形をしている船）が多数あり、水鳥や人の言葉に返事をする大きな鶴、白いクグイなどがおり、多くの生き物たちが飼われていた。三日条では神宗らが実際にこの池に龍頭船を浮かべ遊戯をしている。

法華法・水天法の壇を立てる

四重の門を通過する際に門番に銭を要求されたが、特別に「日本僧を入れよ」という宣旨が下った。そこで、成尋は瑤津亭の母屋の中に大壇を立て、東の庇《ひさし》に護摩壇を築いた。行事太保《たいほう》と供奉官がすぐに五宝（儀軌によって異なるが、『成就《じょうじゅ》妙法蓮華経王《おう》瑜伽《ゆが》観智儀軌《ちぎき》』では「金・銀・真珠・瑟瑟《しつしつ》・頗梨《はり》」）等を持ってきて、十二天供諸龍王壇を立てた。十二天とは帝釈《たいしゃく》天・火天・焔魔《えんま》天・羅刹《らせつ》天・水天・風天・毘沙門《びしゃもん》天・伊舎那《いしゃな》天・梵《ぼん》天・地天・日天・月天（『覚禅鈔《かくぜんしょう》』第六・十二天）であり、十二天供は十二天それぞれを壇上に配置する方法である。法華法では護摩壇・聖天壇とともに設置されていた（『覚禅鈔』第二・法華法・観修記）。諸龍王とは、八大龍王（『法華経』説法の座に列したという難陀《なんだ》・跋難陀《ばつなんだ》・娑伽羅《しゃから》・和修吉《わしゅきつ》・徳叉迦《とくしゃか》・阿那婆達多《あなばだつた》・摩那斯《まなし》・優鉢羅《うはつら》の八種の龍王）のことを指すと思われ、齊藤注は十二天供に八大龍王への祈願が含まれており、その一部に諸龍王壇を設けて併修したとみる。しかし、六日条に「護摩并びに龍壇」「龍壇・十二天壇」、七日条に「青龍八座」とあり、十二天壇とは別に龍壇を立て勤修したのであろう。また、「水天法倶迦梨龍（倶梨迦《くりか》龍）」を修すべきことが示されているが、水天法（水天供ともいう）は祈雨の際に用いられる方法

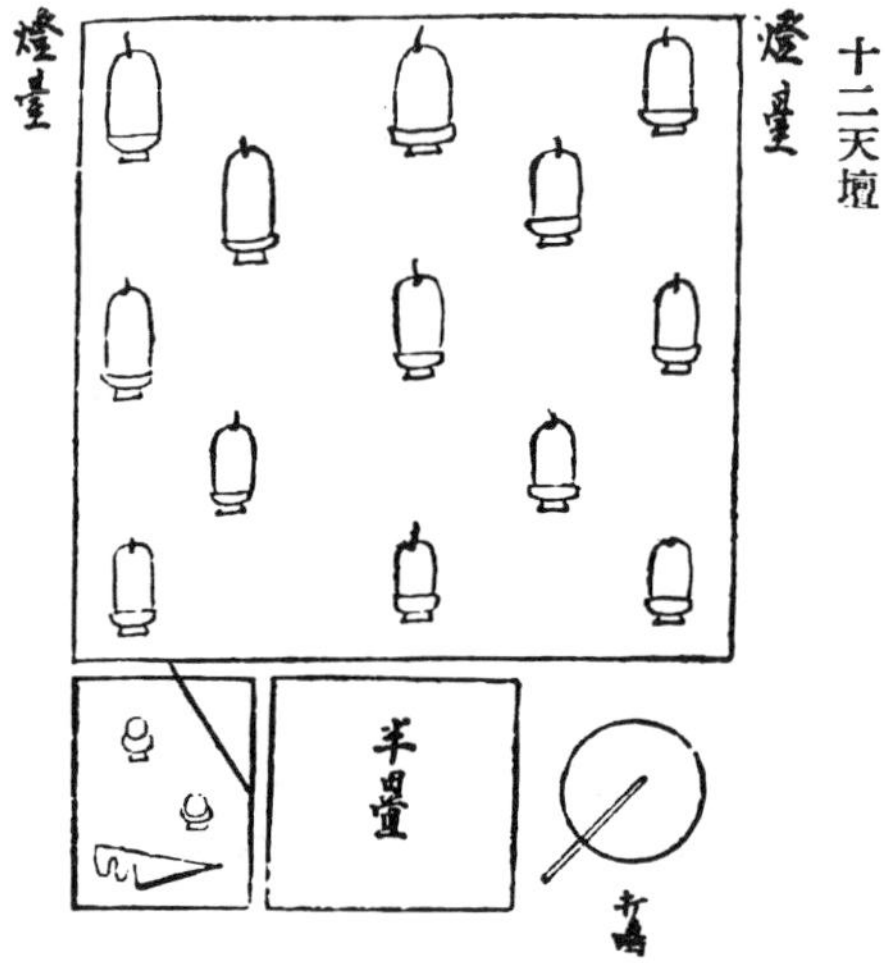

十二天壇図（仏書刊行会編『大日本仏教全書』第46巻「覚禅鈔」第2，国立国会図書館デジタルコレクション）

であり、倶梨迦龍王は水天の眷属《けんぞく》である。水天法については、成尋に授学した行円《ぎょうえん》が、祈雨に際して修したという記録が残されており（本書第二の二参照）、直接的には、成尋は行円からこの修法を学んだのかもしれない。

いずれにせよ、今回の祈雨に際して、成尋は大壇で法華法を修すほかに、十二天壇・諸龍王壇を立て、さらに水天法を修したことになる。別個に修すべき水天法を併修したのは成尋の新しい意向であるとみる意見もある（三崎良周「成尋阿闍梨と北宋の密教」）。

なぜ成尋はこのような方法をとったのか、それが語られる場面が七日条にある。行事太保から法華法を修した理由を問われ、それに対して、成尋は「私は祖師円珍の門徒であり、円珍は青龍寺《せいりゅうじ》の法全《はっせん》和尚から真言の秘奥を学び、その中には、水天祈雨の秘法や倶哩迦龍（倶梨迦龍）祈雨法があります。また法華法を修するのは何故かというと唐（実際は梁）の光宅寺（法）雲法師が、法華経を講じて祈雨をしているとき、薬草喩品《やくそうゆほん》の『其の雨普《あまね》く等しくして、四方に倶《とも》に下る』の部分に至ると、天が大いに感じて雨が降りました。さらには法華経を誦し、雨を降らせた人々はたくさんいます。ましてや八大龍王は皆『閻浮提《えんぶだい》に於いて雨を降らすべし』との仏勅があるのだからなおさらです。若干の眷属は法華座にあって、この曼陀羅の中に諸龍王を並べました。そのために、この法を修して雨を降らせるのです」と答えている。

開封の高僧の仲間入り

諸壇を築いた後、成尋は道場所内の柱に張り出された「後苑瑤津亭道場所、聖旨を奉ずる僧二十二人、幷びに日本阿闍梨を請ひて粉壇祈雨道場を開啓すること七昼夜」ではじまる文章を写し取っている。じつは、この祈雨は成尋の独修ではなく、開封の各寺院の高僧二十二人も参加していたのであった。筆頭として開宝寺の文鑑《ぶんかん》大師用寧《ようねい》の名があげられ、続いて成尋となっている。以下、僧名・所属寺院名が示されている。人名と所属寺院だけをあげておくと、洪且《こうしょ》（相国寺）・守恩《しゅおん》（万歳院）・善湊《ぜんそう》（三学護国院）・智普《ちふ》（顕聖寺）・文秀《ぶんしゅう》（開宝寺）・之弁《しべん》（文弁）（相国寺）・恵浄《えじょう》（等覚寺）・令喜《れいき》（報慈寺）・自然《じねん》（相国寺）、清彦《せいげん》（実相禅院）・雲秀《うんしゅう》（相国寺）・省賢《しょうけん》（清天寺）・道林《どうりん》（相国寺）・処祥《しょしょう》（相国寺）・永定《えいじょう》（相国寺）、法顕《ほっけん》（相国寺）、浄橋《じょうきょう》（相国寺）、恵慶《えけい》（相国寺）、智来《ちらい》（相国寺）、惟秀《ゆいしゅう》（相国寺）、恵《え》玭《ひん》（相国寺）となる。雲秀以下十一人には、それぞれ役割が割り振られている。たとえば、処祥は「知磬《きん》」と記されており、儀礼中に打楽器である磬を担当していたことがわかる。また、彼らは、それぞれ『金剛経』(『金剛般若波羅密経』)などを読経する役目も担っていた。

所属寺院別に見ると、相国寺が十三名、次いで開宝寺が二名で、両寺合わせて十五名となる。この二寺は、宋代の史料に祈雨を行った記録も散見する。ほかに、等覚寺・万歳院・三学護国院・顕聖寺・報慈寺・実相禅院・清天寺(天清寺?)が各一名で、みな開封に所在した寺院である。成尋の祈雨に合わせて、開封中の重要寺院から高僧が招請されていたことがわかろう。翌朝、成尋は彼らと筆談で他宗の状況などを問答している。高僧との交流は成尋にとって非常に有益なものであっただろうし、これで成尋も開封の高僧の仲間入りを果たしたことになったのである。

さらに道場内だけではなく、外にも掲示がされていた。ここには、瑤津亭で祈雨道場が七日間にわたって開かれること、関係者以外の出入りを禁止することなどが記されていた。こういった文言が後苑に掲示され、人々に注意が喚起されていたのである。

神宗の面前で聖旨を下される

そして、準備が整った申の時(午後四時頃)、神宗が道場を訪れ祈雨道場で焼香をあげた。成尋は護摩壇に立つと、神宗は「丁寧に祈りなさい」と声をかけ、成尋は「忠節を尽くします」と答えた。二人の距離は、わずか一間ほどであり、かつ面前で聖旨を伝えられるということは希有のことであった。しばらくして、神宗は還御した。諸僧が先に立ち、橋の南端に至ったとき、神宗は成尋一人だけを見たという。成尋はこう冷静に記すが、内心は自尊心の高まりを押さえきれなかったのではないだろうか。

祈雨の修法開始

夜になり、法華法を開始した。祈雨が開始されたことになる。これを僧俗が見学していた。成尋の祈雨が興味を持たれていたことがうかがえる。子の時（午前零時頃）にいったん終了する。

三日、法華壇には公卿をはじめ宮中の様々な人たちが見学に来ていた。そのなかには、大皇太后・皇太后・皇后らも含まれ、神宗も訪れた。それを伝え聞いた成尋は、「必ず法華法の霊験を顕わそう」と決意を新たにし、その理由を三点挙げている。第一が、法華経の利益を明らかにするため、第二が、神宗の広恩に報いるため、そして第三が、これまで多くの日本僧が渡海しているものの、今まで祈雨を要請されることはなかったのだが、それでももし今回失敗したら日本にとって「大恥辱」となってしまうためというものであった。当時日本は対外的に「恥」の概念をもって事に当たっており（渡邊誠「平安貴族の対外意識と異国牒状問題」）、成尋の発言はこうした状況に適う。その上で、成尋は必ず三日の内に大雨を降らせようという誓いを立てた。しかし現段階では、一向に雨が降る気配がなかった。

夢告どおり三日で雨が降る

申の時（午後四時頃）に、行事太保が「もし夢相があれば上奏しなさい」という神宗の

納蘇利の面
（東京国立博物館蔵，ColBase より）

質問を伝えに来た。そこで成尋は、「護摩を焚いている間、夢のように人が告げるには、『四金剛が日月光を隠した。だから三日以内に必ず雨が降るだろう』と。だのちに幸いにも日光が暗く閉ざされ、地上が清涼となる意ではないでしょうか」と答えた。この発言はさきほどの成尋の決意「三日以内」とも重なる。

四日、約束の三日目である。しかし雨気は全くなく、成尋は必死に本尊諸尊に祈った。すると、辰の時（午前八時頃）、念誦を唱えている時に眠り入ると、陵王《りょうおう》のような装束を着た人と、納蘇利《なそり》のような装束を着た人が共に天に馳せ上って行った夢を見た。目覚めてから考えてみると、これは「赤龍と青龍が天に昇ったということを表しているのだ」とわかったという。陵王・納蘇利は共に舞楽の登場人物であり、それぞれ赤と青の装束をまとっている。また、陵王面の頭上には龍が象《かたど》られ、納蘇利面も龍に模されていて、そのため赤龍と青龍と判断されたのである。成尋も八大龍王へ祈願しているように、龍と水、龍と祈雨との関連は深い（古代東アジアの祈雨については、水口『渡航僧成尋、雨を祈る』を参照。以下特に記さない場合、祈雨に関しては本書による）。これは吉兆として受け取られたのである。

すると、未の時（午後二時頃）、にわかに空がかき曇り、大雨が降り始め、雷電が鳴り響いた。雨脚はますます強くなるばかりで、一時の間に大変な量が降った。

申の時になって、ようやく晴れ間が見えてきた。しばらくすると、太保が来て、「確かに感応したが、まだ十分ではない。ますます精進しなさい」と書かれた神宗からの手紙を成尋に手渡した。成尋は、「龍王が天に昇ったのです。何の問題がありましょうか。聖旨に従い、ますます精進いたします」と答え、引き続き雨を祈った。その後は、小雨は降るが、風が強く不快な状態であった。そのしばらく後、太保が再び訪れ、「風が強いから風を止めるよう祈りなさい」と告げた。成尋は「十二天壇の中に風天の座があるので、風を止めるようお祈りできます」と述べ、早速風天真言を一万回唱えた。すると、風が止み、大雨が降った。一晩中それは続いた。

このように、ついに、成尋の祈雨は成功したのである。要した日時は、宣言どおり、わずか三日間であった。

五日、雨は降り続いていた。巳の一点（午前九時から九時半頃）になり、神宗が祈雨成功を喜び法華壇に焼香に来た。諸僧は橋の南に立って見送ったが、成尋らは護摩壇にいて見送りにでることができなかった。しかし神宗は、彼らがそこにいるものだと思い橋を見た。そこで彼らがいないことに気付き車を止め、太保に「雨が大いに降って、大変喜ばしい」という言葉を伝えさせた。

謝雨を行い結願する

昼時に諸僧らと珍果を食べていると、太保が「今日より七日間延長し、雨を降らせた龍王らを法楽《ほうらく》（神仏の前で読経・奏楽などをして神仏を楽しませること）し、十二日に結願《けちがん》せよ」との宣旨を伝えに来た。八日条に五日付の謝雨祭文《しやうさいもん》を載せていることから、これは祈雨成功の後に行われる謝雨のことを指していることがわかる。この日から謝雨が行われていたのである。未の時（午後二時頃）から大雨となり一晩中降り続いていた。

翌六日も大雨が続いていた。巳の一点（午前九時から九時半頃）に行事太保がやってきて「雨は十分降った。今度は雨を止めた方がいいでしょう」と言ったので、「昼頃から雨が止むよう祈りましょう」と答えた。すると、申の時には晴れ間が戻ってきたが、雲は尚厚かった。

子の時に太保がやってきて、「護摩壇と龍壇を結願しなさい」と告げてきた。何故途中で結願しなくてはならないのか、成尋は不満を感じたが、「唐の作法」がわからないので、日中に護摩壇を結願し、初夜に龍壇と十二天壇を結願した。その晩は雨がふらなかった。なお、この日、成尋らは久しぶりに沐浴をした。

行事太保と日本の祈雨を問答

七日、晴れ。日光が覗き、人びとは大喜びだった。この日は、行事太保と成尋とのやりとりが記されている。まず、行事太保は、「八龍を池に投げるが、壇上の道具はどうしますか」と尋ねてきた。成尋が、「もう用はありません（から投げ入れてもかまわない）」と答えると、太保らは大笑いした。なお、成尋が祈雨で使用した青龍は茅《ちがや》で造られたものであり、成尋が特別に作らせたものであった。以前、金明池《きんめいち》に投げたものは金銀で造られた龍であったようであり、宋では本来は金銀で作られるべきものだったのかもしれない。

この後、行事太保と成尋との日本の祈雨事情をめぐる大変興味深い問答が繰り広げられている。問答は、最初に行事太保が成尋に質問をし、それに対し、成尋が日本の祈雨事情について語るという形を取っている。すなわち、ここには成尋の日本の祈雨に対する認識が表出しているのであり、成尋が行った祈雨も少なからず、こうした認識から影響を受けていると考えられるのである。

空海の祈雨

まず、太保は成尋のように祈雨ができる人が日本にはいるのか、と尋ねた。すると成尋は、たくさんいる、と答え、第一人者として空海の名をあげた。その上で、空海の行った祈雨の詳細を以下のように語った。日本真言宗の祖師空海は、唐の青龍《せいりゅう》寺の恵果《けいか》和尚から請雨経法《しょううきょうほう》を伝授され帰朝した。その後、政府の要請により神泉苑《しんせんえん》で請雨経法

空海の祈雨（『高野大師行状図画』神泉苑事，高野山霊宝館蔵）

を修した。ときに、修円僧都《しゅえんそうず》という僧侶がいたのだが、彼が空海に嫉妬し、諸龍を水瓶《すいびょう》の中に閉じ込めてしまった。しかし、空海が祈雨を行うと、壇の上に設置された茅で作られた龍が堂上に穴を空けそのまま天に昇って雨を降らした。のちにまた祈雨法を修していたところ、神泉苑の池辺の石上に、金色の龍が黒色の龍の背に乗って出現した。空海と弟子の実恵《じつけい》・真済《しんさい》・真《しん》雅《が》・真然《しんねん》ら十人はその龍をみることができたが、他の人たちは見ることができなかった。空海によるとこの金色の龍は、無熱池《むねつち》の善如龍王《ぜんにょりゅうおう》の一種である。その後、大雨が降った。それ以降、真言宗が請雨経法を修せば、必ず大雨が降るのだ、と。ここからは、空海の法力《ほうりき》の強さ、神泉苑での修法、真言宗による請雨経法という修法の存在が確認できる。

さらに成尋の話は続く。ここ五十年では、仁海《にんがい》という僧侶がいて、彼も請雨経法を修するたびに雨が降るため、世間の人たちは彼のことを「雨僧正」と呼んでいる。また、仁海の弟子である成尊《じょうそん》も請雨経法を修することができるのだ、と。空海から続く流れの中に、仁海・成尊を位置づけている。

東密の請雨経法の影響

請雨経法は、孔雀経法《くじゃくきょうほう》などと共に「大法」と呼ばれる密教修法で、東密にとっては大変重要な修法であった。大法とは、壇法に従って、道場に大壇・護摩壇・十二天壇・聖天壇などの様々な壇を設け、経典を昼夜問わず間断なく読経する方法である。請雨経法では、その場所として神泉苑のように龍が住むような池泉の地が選ばれ、一般に請雨経と称される経典を読経し続けることによって雨を得ようとするのである。そして、仁海が請雨経法を行い、複数回祈雨を成功させていた時期は、成尊の在日中と重なる。つまり、成尋にとって祈雨といえば、東密の請雨経法であったのである。上記したように成尋は茅で青龍を作らせたわけだが、それは成尋が語った空海の祈雨説話と同じであり、成尋の祈雨が請雨経法を意識し、その影響を一部蒙っていたことがわかろう（実際、請雨経法では茅龍を用いている）。

成尋が法華法だけでなく複数の修法を組み合わせて行ったことは、成尋の中に「祈雨＝請雨経法」という認識があり、その中で法華法で行うことに若干の不安があったからであったと思われる。続く「なぜあなたは請雨経法を行わず、法華法を修したのですか」という太保からの問いかけに対して、上記したとおり法華法による祈雨の正当性をことさらに述べているのは、その不安の裏返しであったであろう。

日本には優れた僧が数多いる

　さらに太保は問い続ける。あなたのような人は日本にどれほどいるのか、と。成尋の答はこうだ。私より優れた人は数十人、同様の力を持った人は数十人いる。私に至っては日本国の無智無行のダメな僧侶にすぎないのだ。ただ、天台山・五臺山を巡礼するためにこの地に来ただけなのだ、と。

　太保はなおも問う。あなたのいうことは、どうも信じられない。なぜなら我が国で近頃雨を祈った例をみると、日称のときは五十二日間かかって雨が降ったのであり、恵遠・恵寂が去年祈雨をしたときも七日間かかったのだ（日称も恵遠・恵寂も全て伝法院の僧）。未だかつて三日で大雨を降らした例を知らない。諸大師と宗議《しゅうぎ》をめぐって問答をしたとしても、あなたが勝つだろうし、同等の者も少ないだろう。ましてやあなたに勝てる人などいないはずだ、と。成尋の答えは「受戒して以来、嘘をついたことなどありません」というものだった。その後、太保はこの問答の文章を懐にいれ、戻っていった。

インド後期密教の影響を活写

　祈雨も成功し、成尋にしばしのくつろぎのときが訪れた。九日に、伸びきった髪や髭を剃り、洪且《こうしょ》など祈雨を一緒に行った諸僧七名と宮中の見学に出た。そのとき、成尋は瑤津亭内で不動尊のような形態で頭に髑《されこうべ》が三つある「吒紇明王《たきみょうおう》」や、その後訪れた賞棗殿《しょうそう》で両臂《うで》にそれぞれ蛇がいて肘にまとわりつき、右手に棒を執っている「大輪明王」の画像を見る。大輪明王が持つ棒の上には髑髏《どくろ》があり、その髑髏には蛇がまとわりついており、棒にまで絡みつき、明王の頂《いただき》には化仏《けぶつ》があった。また、賞棗殿には忿怒《ふんぬ》三面の「大力明王」の画像があり、左右の面は赤、本体は青で、中面の頂にはやはり化仏があり、化仏に向かって蛇が二匹描かれていた。また、肘にも蛇があったという。日本にはない異様な造形である。これらはインド後期密教の尊格であり、宋朝が訳経事業を通じ、自らの政治的威信の高揚のために導入されたものだとされる（小川豊生「東アジアからみる院政期日本の宗教文化」）。成尋は、宮廷内にインド後期密教によって荘厳されたある種不気味な光景を活写しており、貴重な記述となっている。

祈雨を終える

十一日、ついに祈雨は終わる。まず神宗が瑤津亭を訪れ焼香を行った。そして、神宗が還った後、祈雨に招請された僧侶らに褒美が配られた。成尋は、このとき渡された下賜品一覧を『参記』に載せている。銭から始まり、衣類、金銀宝石、香木、薬など様々な物品が下賜され、さらには、聖秀や長明、通訳の陳詠への褒美も見られる。

そして、夜中に結願のときを迎えた。茅で作成された八龍は打鈸（打楽器）や誦賛（誦した賛か）と共に船に乗せて池の中に投げ入れ、五穀や護摩壇の土、法華法壇と龍王壇の五宝等も同時に投げ入れた。その後、閻大保や焼香使なども乗船し、月明かりもあり、さながら宴席のような雰囲気を醸し出していたようだ。

宋側史料にない成尋の記録

さて、ここまで詳細に成尋が行った祈雨の過程を見てきた。これを読むと、成尋の祈雨が皇帝に期待され、賞され、宮中でも注目を浴びたものであったことがうかがえる。それは、確かにそうなのであろう。しかし、問題がある。それは、この成尋が行った祈雨が宋側の史料に一切残されていないことである。『長編』巻二四三・熙寧六年三月丙辰（十三日）条の「是れより先、三日、上、批すに、『時雨祈りに応じ、稼穡《かしょく》是れ頼る。此の嘉応《かおう》を獲《え》るは、朕《ちん》敢へて任ずるに非ず。其れ天下を赦《ゆる》し、民と福を均しくせん』と」が成尋の祈雨を指しているとみることもできるが、「三日」をどのように捉えればいいのか判然とせず、たとえそうだとしてもここに成尋の名や祈雨を実修したのが日本僧であることは示されておらず、成尋の業績とみることはできない。

そこで、宋側の史料から成尋の行った祈雨を、時期・作法など複数の視点から検討してみると、成尋による祈雨はけっして特殊例ではなく、むしろ通常に近い事例だったことがわかる（詳細は水口『渡航僧成尋、雨を祈る』）。すなわち、北宋側は多くの祈雨選択肢の一つとして、当時開封にいた日本僧に祈雨を依頼した可能性が考えられるのである。中国では、古代から宋代までじつに多種多様な祈雨方法があり、受け継がれていた。また、外国僧に祈雨を行わせる事例は宋代にはいくつかあり、それもまた通常の範囲内であった（日称や恵遠・恵寂もその一例）。つまり、あえていうならば、北宋側は祈雨さえ成功すれば誰でもよかった、ともいえるのである。

成尋の祈雨に関する記録が、宋側史料に残されていなかったとしても、それは、別段不思議ではない。成尋の祈雨が通常の仏教的祈雨の範疇内であるならば、わざわざ記録として残さなかった可能性もあろう。この問題はあくまでも資料管理や資料保存の問題、史書編纂の問題から捉え直していく必要があると思う。

いずれにせよ、成尋の祈雨成功に対する評価は、『参記』のみから行うべきではなく、また、宋側史料からのみ行うべきでもない。重要なのは成尋がこのように記したこと、そしてそれが後世にどのように読まれていったのかということなのである。

四　新訳経典の収集（巻七）

天台山再訪許可の聖旨が届く

十二日、全てを終えた成尋らは、卯の一点（午前六時から六時半頃）に退出し、伝法院へ向かった。その際、祈雨で使用した十二天はそのまま宮中に置いておくことをお願いした。神宗からは手土産として菓子などを盛る漆器や茶がもたらされ、東華門前の店屋で受けとった。伝法院に戻ると、院内の僧侶らがお祝いに駆けつけ、祈雨で一緒だった万歳院の守恩も尋ねてきた。祈雨終了後も交流が続いていたことがわかる。さらにこの日、念願の天台山への再訪問許可の聖旨が届いた。二十三日条に、天台に成尋を引率する使臣となった左班殿直の劉政《りゅうせい》がもたらした文書に先般提出した成尋の申文が引用されているが、それによると、成尋は「天台山に行き智顗《ちぎ》が修行した国清寺・大慈寺など十二の道場で、それぞれ九十日間もしくは四十九日間法華法を修し、普賢懺《ふげんさん》を行いたい。二年後には、再び五臺山へ向かい五頂ごとに二十一日間壇を結んで修行を行いたい」とその要望を伝えていた。

十三日、五臺山の副僧正承鏑《しょうてき》に会いに啓聖院《けいせいいん》に行く。五臺山巡礼の際に対応してくれた人物であり、この頃は開封に来ていたのであろう。久しぶりの対面である。天台山行きへの動きも慌ただしくなる。慧詢が張行者を同行させますがよろしいかと打診してきたので、感謝の意を伝えた。雨は七日から降っておらず、それを心配した行事太保が内々に「このまま雨が降らなければ、また祈雨の要請があるかもしれません。しばらく天台行きを見送られたらどうでしょうか」と告げてきたので、成尋はできるだけ早く天台に行くことができるようにただひたすら「除〔降カ〕雨障真言」を念じ続け、翌日一万遍念じ終えた。その甲斐あってか、翌日に雨が降り始めた。

新訳経典から祈雨の経文を写す

十五日になり、一時中断されていた新訳経典の読書を再開している。以後、かなりのハイペースで読了している。成尋は詳細に翻訳者などの情報を書き留めているのだが、ときには気になる経文を書き記してもいる。それらは祈雨と関連するものである。十九日、『如来不思議秘密大乗経』第十に「迦梨迦龍王」の記述を見つけ、これは祈雨で修す対象となった倶梨迦龍王のことだという。ここではそれ以上のことは言っていないが、翌二十日条では明確に祈雨との関連に言及している。

『仏説一切仏摂相応《ぶっせついっさいぶつしょうそうおう》大教王経聖観自在菩薩念誦《しょうかんじざいぼさつねんじゅ》儀軌』一巻に、「もし境内に日照りがあった場合は、地を選んで龍池を造り、そして池の前で心の中で龍の名を念じ、白芥子《しろけし》と塩によって護摩を焚く。そうすれば、大雨が降り、そこは実り豊かになるだろう」という一文を見つけ書き記している。この一文は『大正新脩大蔵経』巻二十所収（法賢訳）では、龍池の図を描くこととなっているが、そのほかは同文であり、成尋の記録の正しさがわかる。そして、この文章を読んだ成尋は、祈雨で白芥子を用いて護摩を焚いたことの正しさを確認している。

法華法での祈雨を正当化する

さらに、『妙臂《みょうひ》菩薩所問《しょもん》経』四巻（法天訳）では、「諸龍を調伏《ちょうぶく》するに、須《すべか》らく四方の爐《ろ》をなすべし」という文章を見つけ、「今法花増益の黄色浄衣《おうしょくじょうえ》を用ゐて、感じて雨ふるは、此の文意に叶ふ」と、祈雨の際に黄色浄衣を着用して行ったことの正しさを確認している。この文章は「若《も》し諸龍及び一切の鬼《き》類を調伏せんが為に、或いは火に焼かしめ、或いは苦痛せしむるには、須らく四方の爐を作るべし」(『大正蔵』巻十八所収の同経)とある部分を抄出しているものと考えられるが、この文章を読んだだけでは成尋の言葉にはつながらない。確かに、諸龍を調伏することは、広い意味で読めば祈雨の際に龍を招請することにつながるかもしれないが、黄色浄衣には一切つながらない。爐を土とみて、五行の色(土=黄)であると解釈できるかもしれないが、爐は火を焚く場所であり、その場合色は「火=赤」となり、適わない。そのため、やはり成尋がなぜこの文章を読み、そう述べたのか理解に苦しむ。ここからわかるのは、祈雨の際に成尋が黄色浄衣を着用していたこと、そして、強引に解釈してまで黄色浄衣着用が正しかったと主張したいことである。

また、二十三日にも『最上根本大楽《だいらく》金剛不空三昧大教王経』(七巻本、法賢訳)に、「第一に言うには、『もし雨を降らせたければ、龍の住む淵に行き経を読みなさい。もし雨を止ませたいのならば、ヨモギの花を水に入れ護摩しなさい』と」という文章を見つけて、書き写している。『大正蔵』巻八所収の同経にはほぼ同文が載る。ちなみにこの文章は、「もし風雲を起こしたいのならば、龍を描き香を焚きなさい」とつながっており、ここまで引用してもよかったのではないかと思わせる。いずれにせよ、成尋は自分の行った祈雨に関する記述を経典内に見出し、盛んに記録していたのである。

日本に送る経典を入手する

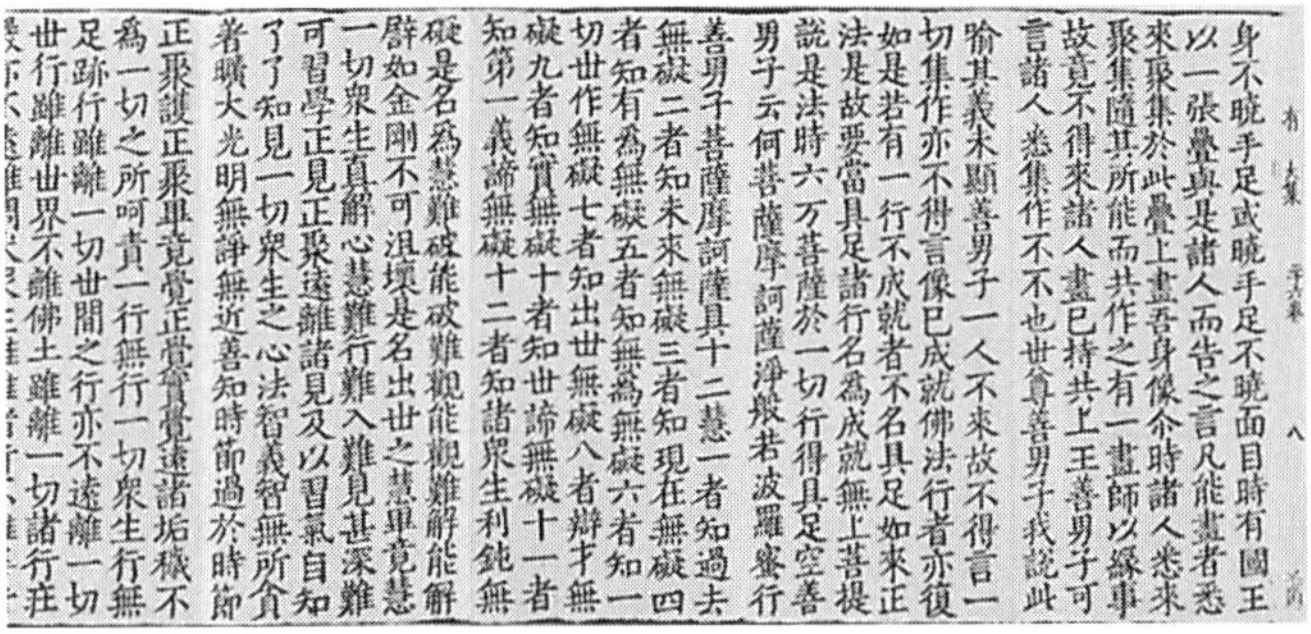
身不曉手足或曉手足不曉面目時有國王
以一張疊與是諸人而告之言凡能畫者悉
來聚集於此疊上畫吾身像尒時諸人悉來
聚集隨其所能而共作之有一畫師以緣事
故竟不得來諸人畫已持共上王善男子可
言諸人悉集作不不也世尊善男子我說此
喩其義未顯善男子一人不來故不得言一
切集作亦不得言像已成就佛法行者亦復
如是若有一行不成就者不名具足如來正
法是故要當具足諸行名爲成就無上菩提
說是法時六万菩薩於一切行得具足空善
男子云何菩薩摩訶薩淨般若波羅蜜行
善男子菩薩摩訶薩具十二慧一者知過去
無礙二者知未來無礙三者知現在無礙四
者知有爲無礙五者知無爲無礙六者知一
切世作無礙七者知出世無礙八者辯才無
礙九者知實無礙十者知世諦無礙十一者
知第一義諦無礙十二者知諸衆生利鈍無
礙是名爲慧難破能破難觀能觀難解能解
辟如金剛不可沮壞是名出世之慧畢竟慧
一切衆生眞解心慧難行難入難見甚深難
可習學正見正聚遠離諸見及以習氣自知
了了知見一切衆生之心法智義智無所貪
著曠大光明無諍無近善知時節過於時節
正聚護正聚畢竟覺正覺覺遠諸垢穢不
爲一切之所呵責一行無行一切衆生行無
足跡行雖離一切世間之行亦不遠離一切
世行雖離世界不離佛土雖離一切諸行莊

宋版一切経（東京国立博物館蔵，ColBase より）

このように成尋は祈雨成功後も自分の祈雨修法にいくばくかの不安を抱えていたことがうかがわれる。やはりそれは日本での東密による請雨経法隆盛の中、天台僧である自分が他の誰も実際にその方法で日本では成功させていない修法で行ったことへの不安があったのであろう。自らを「唖《あ》羊僧《ようそう》」と卑称する成尋（七日条）が、それを新訳経典（＝宋での正解）に見いだし安心すること、それはまた将来の日本にいるであろう『参記』の読者に対しても自らを正当化する試みでもあったのである。

成尋は、新訳経典の読み込みと同時に日本に送るための新訳経典入手に動き始める。十五日、定照と聖秀・張行者が感慈塔院に行き『天聖《てんせい》総目録』一部三帖を購入してくる。これは天聖《てんせい》五年（一〇二七）に作成され、その時まで四十七年経過していて、その間の新訳経典は本目録には入っていない、と成尋は記載する。成尋

経典を志与される

のいうとおり、本目録は天聖五年に惟浄《いじよう》が撰進したもので、六千一百九十七巻が収載され、『天聖釈教録《しやくきようろく》』の名を賜っている（『仏祖統紀』巻四十六・法運通塞志十七之十二）。成尋は本目録を基準に入手すべき経典を選定している。成尋がチェックして顕聖寺に送った『天聖総目録』下冊内の二百八十六巻（二十三日条に挙げる奝然がもたらしたとする新訳経典数）には、『仏母出生《ぶつもしゆつしよう》三法蔵経』から『中夭陀羅尼《ちゆうようだらに》経』までの九十三巻、『大乗律』から『沙弥《しやみ》十戒経』までの二十九巻（一百九巻）、『西方賢聖《さいほうけんしよう》集伝』一百九巻（二十九巻）、『白《びやく》衣金幢《えこんどう》縁起経』から『海意所問《かいいしよもん》経』までの合計五百三十巻が、収録されておらず、全て天聖五年から治平《ちへい》四年（一〇六七）以前の印板経であった（二十四日条。藤善注に成尋は二十九巻と一百九巻を逆に記載していることが指摘されているため、括弧で示した）。

翌十六日、早速成尋は陳詠・聖秀とともに新訳経典と真言経を購入しに印経院が置かれた顕聖寺へ行く。しかし、経を購入するには皇帝の許可が必要であると知らされ、ひとまず代金を預けて帰った。購入希望の奏状は十八日に提出した。

そして、二十三日に待望の購入許可が下る。成尋は奏状に、奝然が帰国の際に「大蔵経一蔵及び新訳経二百八十六巻」を賜り、それは藤原道長が建立した法成寺《ほうじようじ》に所蔵されていることを述べる。巻数は正確には「大蔵経四百八十一函五千四十八巻、新翻訳経四十一巻」（「奝然入瑞像五臓記」）であり、新訳経典の数に成尋の記述と齟齬が見られる。

おそらく二百八十六巻は成尋の勘違いであろう（藤善眞澄「成尋の齎した彼我の典籍」）。また法成寺は火災に遭い、そのとき奝然将来大蔵経も消失したとされている（『扶桑略紀』天喜六年〈一〇五八〉二月二十三日条に法成寺が焼亡したことが見え、そこには経蔵も含まれている）。成尋入宋時にはすでに焼失していたのだが、『入唐求法巡礼行記』四巻を忖度し提出しなかったことから考えると、成尋はそのことを告げるのは差し控えたのであろう。その上で、今回請い求める新訳経典は奝然請来経に含まれない五百余巻（上記した五百三十巻）である、と入手希望を伝えている。宋朝はこれを許可しただけでなく、その代金は伝法院が支払い、成尋に志与《しょ》することとなったのである。これにより、日本に持ち帰る新訳経典の目途がたったのであった。

天台行きを止める神宗の思召し

しかし、量も多く、印刷はなかなか順調には進まなかった。全てが終わるのが四月二十日頃になるとの情報も入った（二十八日条）。本来は二十七日に朝辞をし、二十八日には乗船し天台へ向かう予定であったが（二十三日に行った送天台使臣の劉政との取り決め）、結局はそれも予定がずれ、最終的に朝辞は四月二日に行うこととなった（二十九日条）。急な祈雨の要請によって延引した天台行きが、新訳経典のことでまた遅れてしまったことに対し、成尋は「心中は辛苦だ」と気持ちを吐露している（二十五日条）。

このようにモタモタしていた二十八日には、「阿闍梨（成尋）は祈れば感応があるので、天台に戻ってはならず、京で皇帝のための祈禱に勤めなさい。もし住居が手狭ならば道場を作ってもいいし、広い大寺に住まわせてもいい。もし飲食が不服ならば、他の寺に移ることも自由にしよう」という驚くべき内容の神宗の思し召しが、御薬の李舜挙《りしゅんきょ》により伝えられた。つまり、天台山へ行くことは認めないというのである。これに対し、成尋は、どうしても天台に詣でたい由を語り、有り難いと思いながら「天台山で二年修行したのち、さらに五臺山へ行き、そこで一年間修行した後、戻っておそばに仕えます。その間、どこにいても皇帝様のことをお祈り申し上げます」と答えたのであった。この答えに納得したのかどうかは不明だが、話題は別に移りこれ以上の追及はなかった。

五　弟子僧との別れ（巻八）

日食を隠す祈雨

巻八は四月一日から始まる。この日は日食であった。日食予定は暦算により割り出すことができ、三月二十九日から三日間、廃務（政務を執らない）となっていた。食分は九分で、皆既日食にかなり近い状態であったようだ（『長編』巻二四三・熙寧六年三月丙辰〈十三日〉条）。また、日食に関わりすでに天下に大赦令が出されていた（巻七・三月十五日・十六日条、『宋大詔令集』巻一五三「日食正陽徳音」など）。日食は天の譴責《けんせき》である災異であるため、こうした措置がとられたのである。成尋はその災異を発生させないために（正確には視覚的に確認できなくするために）、祈雨を行った。成尋の祈りは通じ、寅の時（午前四時頃）から巳の時（午前十時頃）まで雨が降り、卯の時（午前六時頃）から始まった日食は隠されたようだ（『宋史』本紀・四月一日条、『長編』同月甲戌朔〈一日〉条）。

肖像を日本に届ける

この日、御薬の李舜挙らが訪れ、法華壇を見る。その際、成尋は自身が描かれた形像を見せた。これは、自身の形像を自房に懸けるのが「大唐の作法」だと定照に説得され、画師《えし》に描かせたものである（巻七・三月二十七日条）。形像には、智普による讃が付けられている（四月十九日条に載る）。成尋は、これを日本に届ける際に、その由緒を目録に書き留めて「私が往生したと耳にしたならば、この画像に向かって阿弥陀仏の名を唱え、浄土のある西に向かって供養しなさい」ということばを日本にいる人びとに伝えている（四月十九日条）。

朝見し師号を賜わる

二日、東華門から宮中に入り、朝辞に臨んだ。今回は崇政殿《すうせい》で、初めて謁見した場所である延和殿の東隣である（成尋は延和殿の北殿とするが誤り）。またここは奝然が皇帝に謁見した場所でもあった（「奝然入瑞像五臓記」）。成尋らは神宗の前に進み出て、万歳三唱した。退く際に、長明・聖秀に紫衣を賜うとの宣旨があり、二人は再び前に進み出て万歳を叫んだ。この間、成尋には、神宗から「二年後に必ず戻ってきなさい」と先日の約束の念を押すかのような宣旨があり、成尋は「参ります」と答えた。

四日、「師号を賜う」との文書が届いた。成尋に下された師号は「善恵大師《ぜんね》」であった。成尋への師号授与は、奝然（法済大師）・寂照（円通大師）の先例に倣うものであったと思われる（巻七・三月二十七日条）。以降、正式な文書には「日本国延暦寺阿闍梨・大雲寺主・伝灯大法師位・善恵大師賜紫成尋」と記されるようになり、また、成尋自身も『参記』の最後に「善恵大師賜紫成尋記す」と記入している。「善恵」師号は、菩薩（悟りを求め修行している人）が悟りを得《う》るまでの修行段階を十に整理した「十地《じゆうじ》」の第九段階である「善恵地」に由《よ》っている。そのため、以後他僧から「九地菩薩」と称されることもあった（四月五日・六日条）。なお、文書に名の出てくる礼部侍郎平章事王は新法党の領袖王安石のことである。

陳詠の出家・長明の受戒

当条には、成尋周辺の人物たちに関する文書も載る。一つは、陳詠の出家を許すという文書である。陳詠は成尋一行が杭州に到着して以来、成尋らと宋人との間を取り持っていた通訳である。彼は「日夕、常に日本闍梨の仏事に精勤する」姿を間近に見て、出家を決心したというのである（十二日条）。妻子を捨ててまでの出家であり、よほど成尋に感化されたかに見える。しかし、成尋は陳詠のために「明州で戒壇受戒し、頼縁ら五人と共に日本へ行かせてほしい」という奏状をしたためており（五日条）、貿易に有利になるという考えもあったのかもしれない。陳詠の出家後の名は「悟本《ごほん》」であった。

そしてもう一つは、日本から付き従っていた長明に関してである。長明に関しては受戒を願い出た後（巻六・正月十三日条）、諸寺の沙弥とともに太平興国寺の戒壇院で受戒したことがわかる（巻六・二月二十九日条に「明日」とあるので、三月一日に受戒したのであろう）。本条に載るのは、長明に対して戒牒（受戒証明書）を出し僧とすべきと書かれた尚書祠部牒の案文である。日本を出国する際は「沙弥」であったが、ようやく正式に一般僧侶となったのであった。

成尋のもたらした書籍

出発準備も急ピッチで進んでいた。印経院で『千鉢文殊経《せんぱつ》』など経典類を買い足したり（六日条）、新訳経典を入れるための籠子や縄を購入してもいる（八日条）。

そしてついに十三日、顕聖寺印経院から新訳経典が到着する。二個の輿にそれぞれ錦を敷き、経典を錦で覆い、それぞれの輿を四人で担いできた。当初五百余巻を依頼していたが、『法苑珠林《ほうおんじゆりん》』百巻は日本にすでにあるというので、それを除いた四百十三巻冊が運ばれてきた。杜《と》字号から穀（轂《こく》）字号までの三十字号の合計二百七十八巻、『蓮華心輪廻文偈頌《げじゆ》』一部二十五巻、『秘蔵詮《ひぞうせん》』一部三十巻、『逍遙詠《しようようえい》』一部十一巻、『縁識《えんしき》』一部五巻、『景徳伝灯録《けいとくでんとうろく》』一部三十三巻、『胎蔵教』三冊、『天竺字源』七冊、『天聖広灯録《てんせい》』三十巻である。大蔵経は『千字文《せんじもん》』によって排列されているため、杜《と》字号から轂《こく》字号までの三十字号というのは、「杜・稾・鍾・隷・漆・書・壁・経・府・羅・将・相・路・俠・槐・卿・戸・封・八・県・家・給・千・兵・高・冠・陪・輦・駆・轂」の三十函ということになる。成尋は慧詢とともに、字号によって数え受領した。

こうして成尋が多岐にわたって集めた書籍が日本に送られると、天台宗をはじめとした日本仏教界への多大な影響を与えたことが推測される（藤善眞澄「成尋の齎した彼我の典籍」）と共に、成尋が齎した書籍が『今昔物語集』収載説話の出典ともなった可能性が指摘されている（荒木浩「『今昔物語集』の成立と宋代」）ように、仏教界以外への影響もあった。そのため、今後は成尋蒐集書籍の日本文化への影響に、よりいっそう注目していく必要があろう。

この日、成尋らは船に乗った。

十四日、伝法院の諸僧に別れを告げた。慧詢・定照は、船まで見送りに来てくれた。やはりこの両名が成尋にとって最も親しくしてくれたのであった。なお、鞍一具は次回の五臺山巡礼のために定照に預けている（十三日条）。成尋の再びの五臺山巡礼への意志が固かったことがわかろう。

十五日、一行は往路をそのまま戻るように、運河を利用し開封から船で出立した。十七日に南京、十九日に宿州を通過し、二十二日に淮河に入った。二十三日には楚州府を通過し、五月二日に揚州府に着いた。二十九日から二日まで雨が降り続けていたせいで、新訳経典百余巻が湿ってしまったので、干している（三日条）。揚州では知府の饗応をうけ、諸寺を参詣している（四日条）。その中に、鑑真が来日前に住していた龍興寺《りゅうこうじ》があった。一行は揚州府から杭州の好船をもらい乗り換えている。

投龍の習俗

六日、揚州を離れ、七日に揚子江（長江）を渡り潤州に入る。潤州では頼縁らを送った王宗彦が会いに来て、快宗の手紙に感じ入ったことが伝えられた。十日に常州に到着した。成尋は翌日に常州刺史《しし》が金龍の形を張公洞《ちょうこうどう》という場所に送るために出かけたことを書き留めている。これはいわゆる投龍である。

投龍（投龍簡とか投龍璧などとも称される）の源流は、道教にある。これは、道士が経法伝授の際に、山官・水官・土官の三官に向かってみずからの誠信を通達する方法の一つであった（『太上洞玄霊宝授度儀』）。また、投龍は個人の滅罪や長生を乞い求めたり、各階層の攘災祈福を願うときにも利用されるようになり、特に唐代以降に盛行していくことになる。図らずも成尋は、そうした習俗を書き留めていたのである。

永智渡来の報届く

十二日に無錫県、十三日に蘇州、十七日に秀州を通過し、二十日に杭州に着く。二十一日には、李詮《りせん》と劉琨《りゅうこん》が日本から一乗房永智《えいち》を乗せてきたという知らせが入った。永智は成尋を九州まで見送り、その後成尋母に成尋からの手紙を届け、自身も入宋し成尋

霊　隠　寺

に会って共に帰国したいと告げた人物である（本書第四の一参照）。永智を乗せてきた劉琨は、日本と宋との間を往来する商人であり、のちに戒覚《かいかく》を密航させた人物でもあった（『渡宋記』永保二年〈一〇八二〉九月五日条）。今回のように、戒覚渡海以前から日本僧などを乗せて往来していたのであろう。彼らは坐禅供奉・円宗房・清水四禅師（みな詳細不明）からの書をもたらした。成尋は感激のあまり涙を流して、鬱々とした気分も晴れたようである。坐禅供奉への返事は劉琨に託した（三十日条）。

一行はしばらく杭州に滞在している。成尋はインドの霊鷲山《りょうじゅせん》の一小嶺が飛来したという峰（飛来峰《ひらいほう》）で有名な霊隠寺《れいいんじ》や、その南に位置する天竺寺といった杭州の

明州へ向かう

有力寺院を参拝している。ここでも当寺の僧と交流している（二十六日条）。

二十九日、新船に乗り換え、六月一日に船を閘頭《こうとう》（運河の水門）から出したが、風を恐れて停船した。その前日、開封から同行していた張行者と陳詠とが口論し、張行者が下船してしまうというちょっとした事件があった。成尋は「頗《すこぶ》る常に非ざる行者」だと評している。

二日、銭塘江《せんとうこう》を渡り、四日に越州に入り、六日には曹娥江《そうがこう》を渡った。以前天台へ行く際には、ここから南へ下っていったのだが、今回はそのまま東へ向かって行き、七日には余姚《よよう》県（現在の浙江省寧波市余姚市）に着いた。

そして、九日に明州の北門前に至り、翌日、明州府へ出向いていった。その後、成尋は頼縁らが止宿している広恵《こうけい》禅院（巻六・正月十三日条では広恵教院とされている）に向かった。『参記』には書かれていないが、久しぶりの再会でお互いの無事を喜んだことだろう。

十一日、卯の時（午前六時頃）に明州通判のところを訪ねると、「夜前後に頼縁ら五人を孫吉《そんきつ》の船まで来るように（してもらいたい）。また、その船は定海《じょうかい》県が日本に送る船だ」ということを伝えられた。この時、日本へ向かう宋商人の名が孫吉であることが明らかになる。ただし、その名については「孫忠」（『帥記《そちき》』承暦《じょうりゃく》四年〈一〇八〇〉五月二十七日条）・「孫思文」（『水左記《すいさき》』承保《じょうほ》三年〈一〇七六〉六月二日条）など史料によって異なっているが、孫忠説が有力である（原美和子「成尋の入宋と宋商人」）。ここでは成尋の筆に従う。通判と成尋は相談して、五人は夜ではなく明日定海県へ下らせることとした。

頼縁ら船に乗る

十二日、卯の時に陳詠がやってくる。相談して新訳経典や仏像などは船を買って送ることとし（おそらくこの船には陳詠が乗船した）、神宗に下賜された文書や品々は孫吉の船に積み込んだ。そして、頼縁ら五人が孫吉の船に乗り込んだ。

擱筆

『参記』はここで擱筆《かくひつ》されている。成尋自身による、これ以降の成尋を語る文章は残されていない。

第六　語られる成尋

一　その後の成尋

弟子たちの帰朝

熙寧《きねい》六年（一〇七三）六月十二日、成尋と弟子僧頼縁《らいえん》らは別れた。ここで『参記』は筆が擱《お》かれている。成尋と別れ日本への帰路についた頼縁らが、はたして同日に出立したかどうかは定かではない。風待ちなどがあり、数日遅れた可能性はある。しかし、彼らは確実に日本にたどり着き、成尋や神宗《しんそう》から託された品々を京に届けている。延久《えんきゅう》五年（熙寧六年・一〇七三）十月、彼らは帰朝を果たし、「大宋皇帝」から託された金泥《こんでい》法華経、一切経、錦二十段を献じている（『百練抄《ひゃくれんしょう》』延久五年十月条では「成尋帰朝」となっているが誤り）。この記事や以後の記事を見る限り、頼縁らの密航が咎《とが》められている気配はない。成尋の密航はすでに日本では問題なしと片付けられていたのであろう。あるいは寂照《じゃくしょう》と同様に出立後の勅許が出たのかもしれない。前年十二月の後三条《ごさんじょう》から白河《しらかわ》への天皇の交代と、その後の後三条の崩御（延久五年五月七日）も影響していようか。確かなことは不明とせざるをえないが、頼縁らはひとまず帰朝を歓迎されたと見られる。

ところが、神宗からの賜物を受け取った日本の朝廷の動きは芳しくない。日本側の動きが見られるのは、その二年後である。承保《じょうほ》二年（一〇七五）正月二十六日に、左大臣以下が賜物を見た。そして、ようやく同年十月二十六日に神宗からの賜物を納めるべきかどうかの諸道勘申《しょどうかんしん》がなされ（結果、納めることとなった）、その処理に乗り出したのである（『百練抄』『水左記《すいさき》』同日条）。朝廷では、どのようなものを返礼すべきか議論され、賜物をもたらした孫忠《そんちゅう》と悟本《ごほん》への尋問も行われた（『百練抄』『水左記』承保三年六月二日条）。孫忠とは、頼縁らを日本に送り届けた人物（『参記』では孫吉と記される）であり、悟本とは成尋の側に仕えていた通訳であった陳詠《ちんえい》その人である。陳詠は出家後も宋商人として活動していたのである。

そして、ついに承暦《じょうりゃく》元年（一〇七七）、宋への返信の官符に請印《しょういん》がなされた（『百練抄』同年五月五日条）。頼縁らの帰朝からすでに四年のときが経っていた。返信は黄紙《おうし》に書き、螺鈿《らでん》の筥《はこ》に納め、答信物は六丈の織絹二百疋・水銀五千両であった。明州《めいしゅう》は、これらのものを日本国遣僧仲回《ちゅうかい》ら六名が貢じたことを政府に報告している（『長編』巻二八六・煕寧十年十二月乙酉〈九日〉条）。このとき、仲回らを宋へ送っていったのは孫忠である。なお、宋への返信と共に、源隆国《たかくに》から成尋へ宛てた書状が託された。承保四年（承暦元）三月日の日付をもつこの書状には、藤原頼通《よりみち》の死や、宋での『安養集《あんようしゅう》』の高評価への喜びなどが記されている（『朝野群載《ちょうやぐんさい》』巻二十・宇治大納言送遣唐石蔵阿闍梨《あじゃり》書）。本書状は、頼縁らの帰朝の際に、隆国の元に届けられた成尋からの書状（『阿娑縛抄《あさばしょう》』巻一九六・明匠等略伝下・日本下・熙寧六年五月十七日付成尋書状）に対する返信であった（石井正敏「源隆国宛成尋書状について」）。

宋側の対応は早かった。翌年（一〇七八）には、「回賜銭物」や牒状《ちょうじょう》を仲回に付け、再び孫忠の船に乗せ、日本へ届けさせたのである（『長編』巻二八八・元豊《げんほう》元年二月辛亥〈六日〉条。牒状のことはここに出てこないが、後の日本側の対応で送られていたことが判明する）。

しかし、またもや日本の反応は鈍い。その年の十月に「大宋国の貢物の事」を定め申しているが、結論は出ていない。「唐朝と日本との和親久しく絶え」ていたため、それは「朝家の大事」であり、それがために結論を急がなかった節もある（『百練抄』承暦二年〈元豊元〉十月二十五日条）。議論が本格化するのは、その二年後の承暦四年（一〇八〇）であった（『百練抄』・『師記《そちき》』同年五月二十七日条）。しかし、それは日本側の事情であり、宋側はそのように考えていなかった。

承暦四年閏八月、宋の使である黄逢《こうほう》が大宰府に到着し、その後孫忠の小船に乗って越前国の敦賀《つるが》へ移動し、そこで明州牒を提出したのである。何とも大胆な行動である。困った越前国司は、その扱いを政府に確認したところ、牒は政府に提出し、黄逢は大宰府に送り返すこととなった。牒の内容は、孫忠の帰国が遅いことについての状況確認であった（『水左記』『帥記』同年閏八月二十六日条、『水左記』『扶桑略記《ふそうりゃくき》』同年閏八月三十日条。『水左記』『帥記』同年九月十日条）。

それでもなおグズグズしていた日本に対し、永保《えいほ》元年（一〇八一）、宋は再び使者を送ってきた。使者の王端《おうたん》が、孫忠の帰還を促すよう記した明州牒をもたらしたのである（『水左記』同年十月十八日・二十五日条。『帥記』は同年十月十七日条・二十五日条）。この催促を受け、ついに日本は明州へ返牒と答信物を送ることを決めた（『水左記』同年十月二十九日条）。ところが、ここでも返牒作成にまごついて、結局、当代一の碩学《せきがく》である大江匡房《おおえのまさふさ》が作成した返牒を孫忠に渡したのは永保二年（一〇八二）十一月二十一日のことであった（『百練抄』）。頼縁らの帰朝に端を発した約十年にもわたる日本と宋とのやりとりは、ここにようやく決着をみたのであった。

対外交渉の途絶

じつはこの頃（承暦三年から永保元年）、高麗《こうらい》との間でも問題が発生していた。高麗から国王文宗《ぶんそう》の病気治療のために医師を派遣してほしいという要請があったが、日本の朝廷はこれを断っている（篠崎敦史「高麗王文宗の「医師要請事件」と日本」）。この時期、日本周辺で対外問題が頻発していたのだが、これは孫忠や陳詠などの海商の動きが活発となり、海域の交流が盛んになっていたことも原因の一つであったことを物語っていよう。ただし、日本と宋との国家間の交渉は、この後しばらく途絶するのである。

その後の成尋

それでは、成尋はどうであったのだろうか。成尋の足取りははっきりとしない。しかし、明州で頼縁らと別れた成尋は、そのまま長明《ちょうみょう》・聖秀《しょうしゅう》らとともに天台山国清寺《てんだいさんこくせいじ》へ向かったと考えられる。雑具はすでに第一回目の訪問の際に国清寺に残していたため（本書第四の三参照）、生活に不便はない。そこでしばらくの間、「智顗《ちぎ》が修行した国清寺・大慈寺《だいじじ》など十二の道場で、それぞれ九十日間もしくは四十九日間法華法を修し、普賢懺《ふげんさん》を行いたい」（『参記』巻七・熙寧六年三月二十三日条。本書第五の四参照）という成尋の願いどおり、思う存分修行に励んでいたことであろう。

天台での修行を終えた成尋は、「再び五臺山《ごだいさん》へ向かい五頂ごとに二十一日間壇を結んで修行を行いたい」（『参記』巻七・熙寧六年三月二十三日条。本書第五の四参照）という要望どおり、いったん開封《かいほう》へ戻り（成尋は伝法院に五臺山行きのための馬の鞍を預けている。『参記』巻八・熙寧六年四月十三日条。本書第五の五参照）、再び五臺山へ向かったのだろう。そしてその後、神宗との約束どおり開封へ戻り、日々の暮らしを送り、神宗のために祈りを捧げたりしていたのではないだろうか。このとき、成尋は伝法院にはいったん戻ったのかもしれない。しかし、もし伝法院に戻ったとしても、その後そこを出なくてはならなくなった。なぜなら、元豊元年（一〇七八）、伝法院は閉じられ、北宋の訳経事業は終了したからである。その原因は、成尋も世話になった大卿日称《にっしょう》の死である（同年七月九日に諡号《しごう》を賜る）。日称の存在は大きく、慧詢《えじゅん》ら諸僧も日称の仕事を継ぐことができなかったのである（『宋会要輯稿』道釈・元豊元年十月三日条、『長編』巻二九三・同日〈甲辰〉条）。

厳円への授法

ところで、成尋はたんに修行を行っていただけではなさそうである。成尋の師の文《もん》慶《きょう》から直接付法された円珍《えんちん》感得の金色不動尊の印信《いんじん》を、当時入宋していた賜紫《しし》僧の厳《げん》円《えん》に授けている（「忍空授釼阿《けんな》状」）。『参記』に厳円の名が見えないことから、成尋が二回目の天台入り後に入宋《にっそう》し、さらには「賜紫」とあるように、皇帝に謁見した可能性も考えられる。厳円には開封で出会い、授法したのであろうか。

さらに厳円は、元豊七年（一〇八四）正月二十四日に天台山国清寺の日本唐院（日本塔院か）で、「新入唐巡礼沙門」の賜紫永暹《えいせん》に授法している（「忍空授釼阿状」）。永暹は出雲国鰐淵《わにぶち》寺《でら》の住僧であり、如法経聖《にょほうきようのひじり》とも称されていた人物で、彼は夢告どおり聖徳太子の廟廷で往生を果たしたという（『後拾遺往生伝』巻上・永暹伝）。『後拾遺往生伝』には入宋のことは特には記されていないが、同一人物とみてよいだろう。『伝法灌頂血脈譜《けちみやくふ》』に頼豪《らいごう》阿闍梨が授法した三十五名の中に「永暹」「厳円」の名が見える。『血脈譜』によると頼豪は応徳《おうとく》元年（一〇八四）に八十一歳で入滅しており、同時代の人物であり、成尋の血脈を受けた厳円・永暹がこれに当たる可能性はあろう。永暹はさらに、日本に帰朝後の応徳三年九月八日に多武峰《とうのみね》の住僧済厳《せいげん》に伝え、済厳は暹宴《せんえん》へと、成尋の血脈は多武峰を中心に脈々と受け継がれていったのである（「忍空授釼阿状」。横内裕人「大和多武峰と宋仏教」）。

そしてついに、七歳で仏門に入り、以後仏教に生涯を捧げた成尋の人生も終わりを迎える。没年をめぐっては、熙寧七年（一〇七四）とするもの（『大雲寺縁起』など）と、元豊四年（一〇八一）とするもの（『真言伝』巻六・成尋伝など）とがある。没年も生年同様に定まっていない。石井正敏は『大雲寺縁起』が史料として問題があることから熙寧七年説を斥け、元豊四年説を採るが（石井「成尋生没年考」）、筆者も妥当と考える。

上記した厳円がいつ入宋し、成尋から付法されたかは明らかではないが、厳円が元豊七年に天台山にいたことを考えると、厳円が成尋から授法されたのは元豊四年に近い頃と考えるべきではないか。もし、熙寧七年に成尋が没したとすると、それ以前に授法していなければならず、それでは出会って間もない頃に授法したことになってしまう。師の文慶から授かり、祖師円珍へとつながる大切な印信を、出会って間もない厳円に授けるとは到底考えられない。一緒に苦楽をともにした頼縁らにも授けていないのである。もちろん、日本にいるときに両者が知己《ちき》であったとしたら話は別であるが、『母集』や九州で見送った人びとの中にもその名は見えず、その可能性は低いだろう。となると、成尋が没したのは元豊四年であったとすべきであろう。そのため、本書では、元豊四年

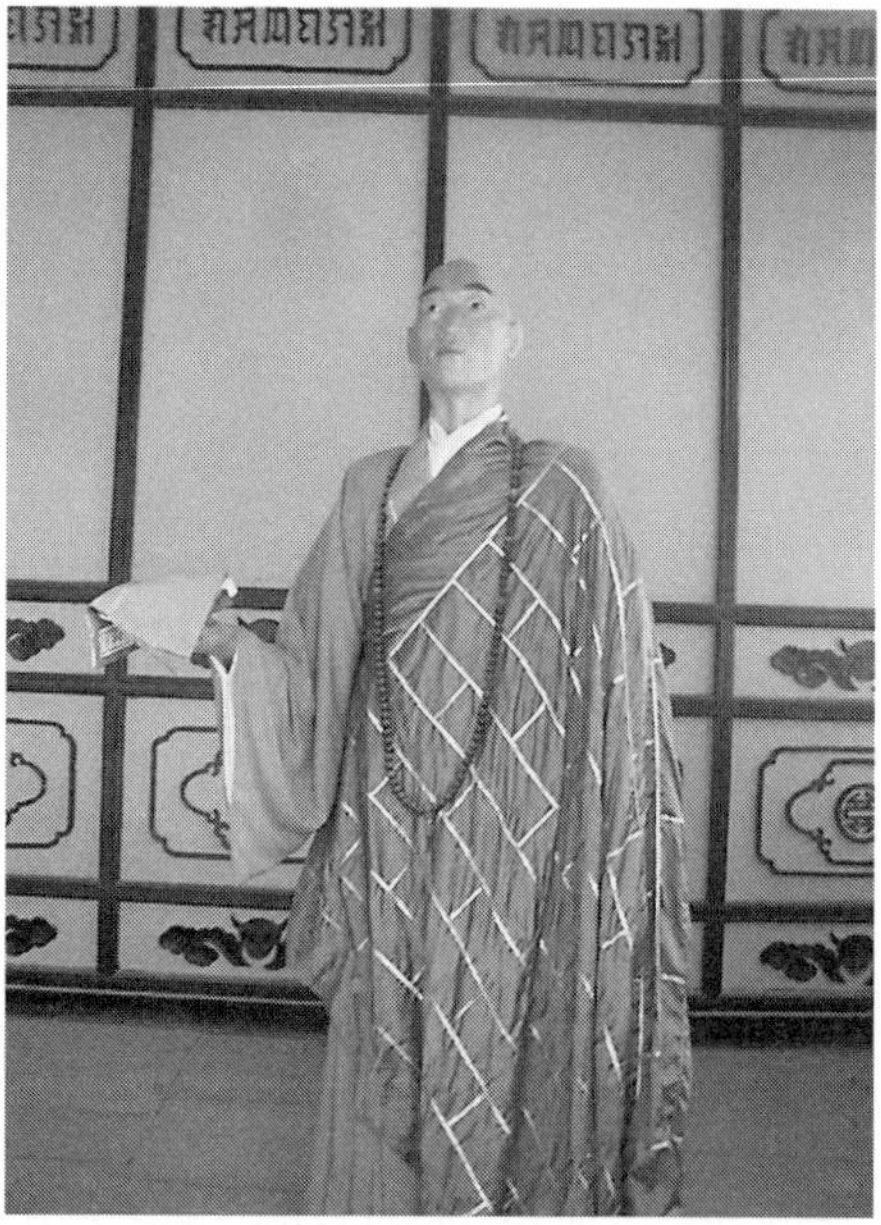

開宝寺の成尋像

十月六日（『血脈譜』に「……十月六日」とあり、通説もこの月日を踏襲している）に入滅したと考えておきたい。入滅した場所は、北宋の都開封の大寺・開《かい》宝《ほう》寺であった（『大雲寺縁起』『真言伝』など諸説一致する）。享年は六十九であった。

　成尋の死後、勅によって遺体は天台山国清寺へ運ばれ、葬られた。塔が建てられ、「日本善恵《ぜんね》国師（之）塔」と号された（『大雲寺縁起』、『真言伝』巻六、『本朝高僧伝』巻六十七・成尋伝など）。厳円が永暹に授法した「日本唐院（塔院）」には「善恵大師の廟なり」という割り注が付されており、ここがその場所に当たるだろう。厳円はいわば成尋の眼前で、成尋から授かった大切な血脈を繋げていったことになるのである。厳円の成尋への思いを感じることができる。

ほかにも、史料には残っていないが、開封で宋僧円則《えんそく》に頼まれ法華法を授けていたように（本書第五の二参照）、日本僧だけでなく多くの宋僧にも付法していたであろう。また、陳詠のように成尋に影響を受け、出家を志した宋人もいたかもしれない。成尋の生涯をかけた仏教は、こうして死後も受け継がれていったのだ、と考えておきたい。

二　成尋伝の成立

快宗再び入宋

成尋入滅の二年後、かつて成尋と共に入宋し、他の弟子僧と共に帰国した快宗《かいそう》が再び入宋した（『長編』巻三三四・元豊六年〈一〇八三〉三月己卯〈四日〉条）。快宗ら十三人の目的は、大江匡房の書いた返牒を孫忠と共に宋に届けるためだったと思われる（榎本渉「北宋後期の日宋間交渉」）。このとき、快宗らは延和《えんわ》殿で神宗に謁見している。紫衣《しえ》を着た快宗を見て不思議に感じた神宗は、左右の者にその理由を尋ねたところ、「熙寧中に、日本僧成尋らに従って対見したときに賜ったものです」と答えている。快宗は今回の入宋で成尋に再会できると考えていたかもしれない。しかし、接したのは成尋入滅の報だった。快宗は帰朝後、その事実を政府・成尋関係者に伝えたことだろう。

以降、成尋の情報が宋から伝えられることは無くなった。しかし、成尋に対する関心がこれによって減じることはなく、むしろ、人びとの口の端に上るようになっていく。

成尋の影像と絵図

成尋存命中ではあるが、源俊房《としふさ》（一〇三五―一一二一）が法性寺《ほっしょうじ》座主とともに岩倉大雲寺を訪れ、「入唐成闍梨の旧房」を尋ね、成尋の「影像」を観覧している（『水左記』承暦四年十月二十二日条）。俊房が観た「影像」は、成尋没後も鑑賞の対象となっていて、藤原宗忠《むねただ》（一〇六二―一一四一）は、息子の宗成を伴い大雲寺で「故入唐成尋阿闍梨の影像」を他の人びとと一緒に見学している（『中右記《ちゅうゆうき》』長承《ちょうしょう》三年〈一一三四〉二月二十八日条）。彼らが見た成尋の「影像」は、宋で作成された成尋像であり、弟子僧らによって日本にもたらされたものである（本書第五の四参照）。

また、『中右記』康和《こうわ》四年（一一〇二）六月十九日条には、

> 終日御前に候《さぶら》ふ。院御方より屏風面十二帖を奉らる。是れ故成尋阿闍梨入唐の間の路次、日域より唐朝に及ぶるの図絵なり。尤《もっと》も興《きょう》有るものなり。

という記事が見える。これよると、院御方（白河《しらかわ》院）から御前（堀河《ほりかわ》天皇）に対し、「成尋阿闍梨入唐の間」の日本から宋までの路次が画かれた十二帖にも及ぶ屏風が送られていたことが確認できる。図柄やここに何らかの言葉が添えられていたかどうかなどの詳細は不明であるが、屏風には成尋の渡宋の様子が克明に描かれていたことであろう。

成尋伝の成立

このように、成尋渡航については広く皇族・貴族らの間で口の端にのぼっており、そ

れが「尤も興有る」出来事の一つであったことがうかがえる。そして、これとほぼ同時期に成尋の伝が登場してくる。

まずは、次の一覧表を見ていただきたい。これは各書に載る成尋伝類を①生い立ち②日本での奇瑞《きずい》③入宋後の記述④往生譚《おうじょうたん》⑤その他に簡単に分類し、記述順に数字（○のない数字）を付けてまとめたものである。たとえば、1の『大雲寺縁起』の場合、まず①の生い立ちが記され、続いて②日本での奇瑞、③入宋後の記述が見え、⑤その他に続くものの、④の往生譚は記載されていないということになる（ただし、厳密には、⑤の中に往生に関する記述が見られる）。また、たんに「成尋阿闍梨之事」（『大雲寺縁起』）と記されたり、表題のないものがある一方、「宋国伝法院沙門成尋伝」（『本朝高僧伝』）と詳細な名称で項目が立てられているものがあるように、成尋伝に関する呼称は各史料間で相違がありさまざまであるが、ここでは、一括りに成尋伝として扱っていく。また、13の『入唐諸家伝考』は、霊仙《りょうせん》・円仁《えんにん》など九名の渡海僧の伝記史料の拾遺であり、各史料の年代は異なる。「成尋阿闍梨入唐事」（成尋の項目ではなく、奝然の項目に現れる）は、杲宝《ごうほう》（一三〇六―六二）の『雑々見聞集』に依っているため、本来なら6『真言伝』と7『寺門伝記補録』の間に入れるべきであるが、収載された書物の成立年代によって分類した。

各項目について、カッコ内の用語はその詳細な内容を示している。②日本での奇瑞の

②日本での奇瑞	③入宋後の記述	④往生譚	⑤その他
2（青衣童子＋大槻木）	3（五臺山での奇瑞＋祈雨＋賜号＋大雲寺寄進の鐘について）		4（「唐記」として「奉祈」，往生のこと，天台建塔のこと）
	2（祈雨＋賜号＋経典将来）	3	
	1（五臺山参拝＋太平興国寺伝法院について〈神宗謁見？〉＋訳経＋祈雨＋賜号）		
1（青衣童子）	2（祈雨＋賜号・第九地菩薩）	3	
3（青衣童子＋大槻木＋不動供）	2（五臺山での奇瑞＋神宗謁見＋訳経＋祈雨＋賜号＋経典将来）	4	5（賛）
2（青衣童子）	3（祈雨＋賜号＋経典将来）	4	5（天台山建塔）
2（大雲寺新羅神祀縁起譚）	3（五臺山での奇瑞＋神宗謁見＋祈雨＋賜号＋経典・参記将来）		
1（青衣童子＋大槻木）			
	2（祈雨＋賜号＋経典将来）	3	4（賛）
3（青衣童子＋大槻木）	2（五臺山での奇瑞＋神宗謁見＋祈雨＋賜号＋経典将来）	4	5（賛）
2（青衣童子＋大槻木＋不動供）	3（五臺山での奇瑞＋神宗謁見＋訳経＋祈雨＋賜号＋経典将来）	4	5（天台山建塔）
	1（神宗謁見＋訳経〈？〉＋祈雨＋賜号）		2（建塔＋祝聖寿表）
	1（祈雨＋賜号）	2	

成尋伝一覧

	史料名	作者・撰者	成立	①生い立ち
1	大雲寺縁起	(古本) 不明;(現存本) 賢慶	(古本) 不明;(現存本) 1590年 (天正17)	1
2	続本朝往生伝	大江匡房	12世紀初	1
3	明匠略伝	承澄	1274年 (文永11. 成尋伝収載の日本下)	
4	読経口伝明鏡集	能誉	1284年 (弘安7)	
5	元亨釈書	虎関師錬	1322年 (元亨2)	1
6	真言伝	栄海	1325年 (正中2)	1
7	寺門伝記補録	志晃	1397年 (応永4) 頃	1
8	本朝法華伝	元政	1660年 (万治3)	
9	扶桑寄帰往生伝	性瑩独湛	1673年 (延宝元)	1
10	東国高僧伝	性潡高泉	1687年 (貞享4)	1
11	本朝高僧伝	卍元師蛮	1702年 (元禄15)	1
12	天台霞標	金龍敬雄	1771年 (明和8)	
13	入唐諸家伝考	高楠順次郎	1922年 (大正11. 伝が収載されている『雑々見聞集』は14世紀半ばのもの)	

「青衣童子」とは、成尋が如法院の東に建立された多宝塔で法華三昧をしていると、「青衣天童」（「青衣之天童」）が降りてきて（実相院本には二人とある）、成尋の誦経《ずきよう》を聴いていた、それを恒久阿闍梨《こうきゆう》が見ていたという話である。「大槻木《おおつきのき》」もやはり成尋の誦経をめぐる伝承で、成尋が経を読んでいると、夜中に風もないのに突然大槻木の枝が折れて地に落ちた。成尋が怪しんでいると、伊勢大神宮（実相院本には「或いは貴船《きふね》」ともある）の御使の童子（双還〈環〉童子）が現れ、「汝《なんじ》の誦経の声が梵天まで至り、内宮《ないくう》・外宮《げくう》を離れない。聴いているだけでも十分ではあるのだが、結縁《けちえん》をなすためにやってきた。また眷属《けんぞく》も多くやってきて、枝に止まっている。だから、枝が折れたのであって、何も怪しむことではないぞ」と告げた、という内容となっている。どちらも読経の声が神々まで喜ばせてしまうという成尋の徳の高さが伝わる内容となっている。同様に「不動供」とは、成尋が不動供を修すれば、不動像が舌を揺らして言葉をしゃべり、護摩を修する時には、それが煙の中に姿を現すというものである。

また、③にある「訳経」とは、成尋が開封で訳経事業に参加が許可されたというもので（実際は不参加）、「五臺山での奇瑞」とは、成尋が五臺山参拝を果たしたとき、「五色雲」が現れるなど様々な現象が起こったことを指している。そして、⑤の「天台山建塔」とは、成尋死後に天台山国清寺に建てられた「日本善恵国師塔」についてである。

大江匡房『続本朝往生伝』

一覧表の第一に掲げた『大雲寺縁起』の成立年代についてはすでに指摘したように（本書第一の一参照）、疑義があり最初のものとすることはできない。そのため、明確な形での成尋伝の登場は『続本朝往生伝』《ぞくほんちょうおうじょうでん》（以下、『続往生伝』）のものとなる。『続往生伝』は、大江匡房《おおえのまさふさ》（一〇四一―一一一一）が慶滋保胤《よししげのやすたね》の『日本往生極楽記』のあとを継いで書いたもので、成立は康和四年（一一〇二）から嘉祥《かしょう》二年（一一〇七）とされている。成尋伝全文は以下のとおりである。

阿闍梨成尋は、もと天台宗の人にして、智証《ちしょう》大師の門跡《もんぜき》なり。大雲寺に住し、智行兼ね備へ、早く大業を遂げて、大日位に居る。公請《くしょう》年久しく、名誉日《ひび》に新たなり。暮年に心を菩提《ぼだい》に帰して、只《た》だ法花法を行す。遂に清涼山《しょうりょうさん》を礼《らい》せんが為に、私《ひそか》に商客孫忠の商船に附きて、偸《ひそか》に以て渡海す。大宋の主、大いに其の徳に感ず。彼の朝大いに旱《ひでり》し、雨の際に雨ふらず、霖の月に霖無し。即ち成尋をして法花法を修せしむるに、七日に及べども、猶《な》ほ其の験《しるし》無し。公家頻《しきり》に問ふ。成尋答へて曰く、「今日を待つべし」と。其の日の晡時《さるのとき》に、堂上の風、皆雲霧を起こし、大雨滂沱《ぼうだ》として、四海豊贍《ほうせん》なり。即ち賜ふるに善恵大師の号を以てし、兼ねて紫衣を賜ふ。亦た新訳経論三百余巻を以て、宋朝の帝、本朝に渡す。死に先んずること七日、自ら命の尽きんことを知りて、衆を集め念仏す。日時違はずして、西に向かひて逝去す。其の頂上より光を放つこと三日、寺中に安置するに、全身乱れず、今に存す。膚《はだ》に漆《うるし》し金《こがね》を鏤《ちりば》むるに、毛髪猶ほ生じて、形質変はること無し。

成尋の法脈や、大雲寺に住み早くから真言の奥義を究めていたこと、老年になってからは法華法ばかりを行っていたことが簡単に記され、入宋後の話と往生譚が続く。ここには、日本での奇瑞については何ら触れておらず、匡房は成尋が往生するに足る人物としての事跡を入宋後に求めているのである。匡房が選んだ事跡は、神宗の前での祈雨成功譚、それによる善恵大師の賜号と紫衣の下賜、そして、新訳経典の日本請来の許可であった。

匡房は本朝意識を強く持っていた人物であった（小峯和明「往生伝と神仙伝」）。匡房の過ごした院政期の本朝意識は、中国に対する劣等感の裏返しの表出であり、中国と異質ではなく同質のものを自らに求め心を満たす傾向が強かったとされているが（小原仁「摂関・院政期における本朝意識の構造」）、『続往生伝』でもこの意識が貫かれている。天台山門派の伝が多数を占めている『続往生伝』収載の僧伝中で、寺門派である成尋の往生が選ばれ記述された理由もおそらくそこに求めることができるであろう。宋の皇帝の眼前で祈雨に成功したこと、皇帝から賜号され紫衣が下賜されたこと、さらには特別に新訳経典の持ち出しが許可されたこと、これら全てが宋の皇帝により日本僧成尋（ひいては日本そのもの）が正式に認められたことを示していると見て、それがために、成尋の宋での事跡は、匡房から見れば十分に往生に足るものと判断されたのであろう。

大江匡房による創作

それでは、匡房は成尋の情報をどのように入手したのであろうか。成尋が入宋に際して搭乗した船の船主名「孫忠」は、匡房の思い込みであった（原美和子「成尋の入宋と宋商人」）。匡房の成尋伝には不確かな情報が含まれていたのである。

さらに問題となるのが、入宋後の記事である。祈雨記事では詳細な年月が記されず、また『参記』所載の祈雨記事と比べると、七日経っても験がないとする箇所は明らかに誤りである。また、成尋が請来した「新訳経論三百余巻」も、成尋の手元に届いた「新印経」が「四百十三巻冊」とあること（『参記』巻八・熙寧六年四月十三日条。本書第五の五参照）から、数が異なる。これらの点は、『参記』を実見していればその齟齬を解消できたはずである。そのため、匡房は『参記』を見ることなく、当時京を中心に流れていた成尋に関する情報によって、成尋伝を構成していた可能性が高い。

成尋の往生に関して中国側に何らかの根拠となる史料は残されておらず、往生の部分も匡房による創作であった可能性がある。そこで、『続往生伝』に記された往生の表現に注目してみたい。まず特徴的な表現である「頂上放光」（頂上より光を放つ）である。こうした表現は、成尋だけに限られた特殊な事例ではなく、類似する用語はさまざまな仏典に見られる（『大方広仏華厳経』など）。

また、成尋が死後に肌に漆を塗られている点にも注目してみたい。遺体に漆を塗る行為は、死者を冒瀆《ぼうとく》しているのではなく、逆に死者を高僧として扱っている証拠である。『宋高僧伝』巻二十二・大宋王羅漢伝には、「釈王羅漢は、宋の開宝《かいほう》元年（九六八）六月になり突然坐したまま命を終えた。そのため、三日後に羅漢の体に漆を塗った。すると突然、両方の頬の間から舌打ちするような音が聞こえてきたが、これは、潰爛《かいらん》している音に違いないと皆で言い合っていた。夜になると、『漆を塗られて、私は苦しい。どうして開けないのだ』と何人もの夢に羅漢が現れて訴えた。翌日になり漆職人を呼んで、漆を剝がしたところ、肌の色は紅白のままで、丸い粒の舎利が落ちてきた。そこでそれを収容し供養した。現在でも、羅漢の肉親は乾符寺《かんぷじ》に存している」という記事が残っている。どこまでが事実かはわからないが、宋代に死者に漆を塗る方法が実際に行われていたことは、間違いなかろう。また『参記』にも「又た右の行廊にて行康《ぎょうこう》行者の影を見る。真身は漆を以て綵色《さいしき》を塗り、定印《じょういん》を作り端座して入滅するの形なり」（巻一・熙寧五年〈一〇七二〉五月二十日条）とあり、成尋自身も実例を見ていた。

類似の例は、日本にもある。『唐大和上東征伝《とうだいわじょうとうせいでん》』では、鑑真《がんじん》の死の様子を「結跏趺坐《けっかふざ》し、西に面し化す。……化する後三日、頂の上は猶ほ煖《あたたか》く、是れに由り久しく殯殮《ひんれん》せず」（鑑真は結跏趺坐したまま西に向かって命を終えた。……死後三日経っても、頭の上は暖かみがあり、そのため、長い間埋葬することはなかった）と記している。この記事には、「三日」「頂上」「西に面し化す」など、匡房の成尋伝と共通する用語が頻出している。

以上のような類似性・共通性から判断すると、匡房はこうした仏典や先行する高僧伝などを用いて、成尋の往生譚を描いていた可能性が考えられるのである。

匡房が書いた成尋伝（＝成尋像）は、以後成立する各成尋伝に強い影響を与えている。たとえば、成尋の往生に触れる場合は匡房が語った以上の記載はなく、総じて「頂上放光」について触れている。匡房成尋伝の影響力は絶大であった。

もちろん、全ての部分で匡房成尋伝の影響を蒙っているわけではない。匡房成尋伝にはない訳経事業参加や五臺山で遭遇した奇瑞について述べられている伝も登場する。匡房成尋伝を起点として、さまざまな伝が誕生してきているのである。

心覚『入唐記』

一方、『参記』に由来する成尋の事績語りも登場する。十二世紀の真言僧に常《じょう》喜《き》院心《しん》覚《かく》（一一一七―八〇、あるいは八二）という人物がいる。彼は字を仏種房《ぶつしゅぼう》といい、平実親《たいらのさねちか》を父に持つ人物であったとされている。彼は初め台密の奥義をきわめ、その後改宗して東密僧となった。高野山《こうやさん》に入った後、『成蓮抄《じょうれんしょう》』の著者としても名高い成蓮房兼意《けんい》（一〇七二―？）に師事し、その後その門流は常喜院流と称され栄えていった（真鍋俊照「心覚と別尊雑記について」）。

彼の筆によるものの一つに『入唐《にっとう》記《き》』がある（前掲した成尋伝の表には含めていない）。この中に、成尋に関する記述も見られる。以下に全文を載せよう。

成尋阿闍梨　石蔵《いわくら》別当

後三条天皇の延久四季壬子入唐す帰らず。

裏書に云く、「成尋渡す所の大宋国新訳大小乗経律論及び聖賢集伝、惣《すべ》て一百八十五部五百二十七巻なり。成尋阿闍梨入唐の時、五百日の干魃《かんばつ》あり。国（虫欠）祈雨の為に請奉す。仍《よ》りて法花法を勤仕《ごんし》すること三日にして、二龍天に上り、六日に天より大いに雨ふり、三日にして雨下ること止まず、と云々。臨終の時、眉間《みけん》より光《こう》明《みょう》を放ち遷化《せんげ》す。王の宣によりて（虫欠）冷山に奉送す」と。

本書は、入唐八家（平安初期に入唐し密教を受けてきた最澄《さいちょう》・空海《くうかい》・常暁《じょうぎょう》・円行《えんぎょう》・円仁《えんにん》・恵運《えうん》・円《えん》珍《ちん》・宗叡《しゅうえい》の八人）を中心に、日本仏教の発展のために命をかけて渡海した僧らの事績を知ることのできる貴重な文献（川瀬一馬「平安末期鈔本『入唐記』解説并釈文」）と評されるもので、成尋も入唐八家に継ぐ者として選ばれたと考えられる。入唐八家の部分は天台僧安然《あんねん》（八四一？—？）の『八家秘録』によっていると思われるが、成尋の部分に関しては、「裏《うら》書云《がきにいわく》」以降も含め心覚が記したものと見てよいであろう。真言僧である心覚が天台僧成尋の事績を記載するのは、彼が元来は天台僧であったことや、彼の他の書物においても同様に天台僧である安然の書を多用していることから問題ではない。

祈雨成功譚への関心

それでは、ここに記載された祈雨記事を『参記』と比較しながら分析していこう。「勤仕すること三日にして、二龍天に上り」は、『参記』によると、祈雨がはじまった三月二日から数えて三日目の四日条に「赤龍・青龍天に上る」という夢を見ると記載されているのに合致する。「六日に天より大いに雨ふり」は、『参記』の六日条の冒頭天気を記した箇所に「雨大いに下る」とあり、「三日にして雨下ること止まず」は、『参記』によると四日から六日まで雨が降り、七日条は「天晴る」とあることから、これらの記述も合致する。つまり、日にちと日数が混在しているものの、年代的に先行する『続往生伝』とは異なり、詳細な記事内容となっている。本史料のような詳細な内容は、巷間に流れていた情報だけでは構成することはできず、心覚は『参記』を直接読んだか、もしくは、『参記』の詳細内容を求め確認して記載した可能性が高い。

『入唐記』では目的に外れた記載は少ない。成尋に関して請来経典に触れているのは、玄昉《げんぼう》に関して「玄昉請来の経論合せて五十《(ママ)》余巻なり」とあるように、書籍の請来を示すことが、この書の目的の一つであったからだと考えられる。となると、祈雨について記載しているのも心覚にとっては重要事項だったからであろう。

『入唐記』の空海の項目では神泉苑での祈雨伝承が記されており、心覚は祈雨伝承に強い関心を持っていたことがうかがわれる（心覚の著書目録『常喜院自草目録』には「請雨経法一巻」がある）。仁海《にんがい》を輩出した小野流の流れを汲む心覚が、空海の法力《ほうりき》の強さを端的に物語る祈雨伝承に注目するのは当然であり、かつ小野流にとっては重要な伝承でもある。心覚は、こうした視点から成尋祈雨にも注目し、祈雨の詳細を求め記載したのであろう。心覚が賜号や紫衣について触れていないことからも、匡房との記載目的意識の差は歴然としている。とはいえ、成尋の祈雨に言及することは、心覚にとっては、成尋の祈雨成功譚は空海の伝承同様に記載価値のあるものだったということになり、成尋の法力を承認し、空海伝承と同列に扱っているともいえる。

高僧伝としての『参記』

　上述したように、心覚は『参記』の詳細内容を知った上で記載している。しかも、短い記述の中で成尋の夢について触れているのは注目すべき点である。この成尋の夢は、仁海の祈雨伝承の影響を強く受けて記載されたものであり（水口『渡航僧成尋、雨を祈る』）、『参記』祈雨記事の中でも伝的要素（高僧伝などに見られる対象人物の価値を高めるような要素。ときには事実かどうか確認ができないものもある）の強い箇所である。小野流に属す心覚が仁海の伝承を知らないはずはなく、成尋の祈雨成功譚を記載する上で、『参記』の記事と仁海の伝承とが心覚の中でリンクし認識されていたとしても不思議はない。

すなわち、心覚は『参記』をたんなる入宋記録としてではなく、「高僧伝」として読んでいた可能性があるのである。伝的要素が散りばめられていたからとはいえ、『参記』は確かに「伝」とは称されていないし、成尋も伝を書いていたという意識はなかっただろう。しかし、『入唐記』の記載のあり方から、「伝」と称されなくても、いくつもの「伝」というテキスト群の網の目の世界の中で『参記』が捉えられ、読まれていた可能性が十分に考えられるのである。

つまり、心覚はそのような読書空間の中で、『参記』を読んでいた（実見していなかったとしてもそう認識していた）のである。そして、その可能性を生み出していたのが、ほかでもない成尋自身の記述『参記』であった。たとえば、五臺山で瑞雲を見るという奇瑞に恵まれたように（本書第五の一参照）、『参記』にはさまざまな伝的要素が含まれていた。そのため、読者に奇跡の最たるものとして祈雨成功が捉えられていたとしても不思議ではない。『参記』は記述当初から、伝として読まれる可能性を内包していたのである。

成尋奇瑞譚の成立

こうした状況の中で生まれてきたのが、日本での奇瑞であった。「青衣童子」「大槻木」の二つの奇瑞譚は、本書でこれまで見てきた成尋の生涯では登場していない。明らかに、死後日本で生じた話である。しかし、それを生じさせ、またそれが受け入れられていたのは、成尋ならばこうした奇瑞を起こすことが可能だと認識されていたからにほかならない。この日本での奇瑞は、中世日本社会に流布していたさまざまなモチーフが絡み合いながら成立していたのであるが（水口「絡み合うモチーフ」）、これもまた成尋伝に組み込まれていった。

『明鏡集』

『読経口伝明鏡集《どきょうくでんめいきょうしゅう》』を対象に読経道《どっきょうどう》（平安末期から鎌倉初期にかけて『法華経』の読経が芸道化したもの。以下、『明鏡集』）を詳細に検討した柴佳世乃は、読経道の中の成尋説話には『法華経』が中核におかれていること、またその背景として『参記』の記述があること（祈雨修法としての法華法や七時行法での『法華経』読誦の記載）、『明鏡集』が言及している「九字菩薩」も『参記』の記載（本書第五の五参照）によっていることを指摘している（柴「読経道の成尋阿闍梨説話」）。つまり、『参記』を参照しながらも、独自に奇瑞説話を取り込みながら、読経道に利用していったということになる。また、柴は、これらの伝承が四天王寺《してんのうじ》・大雲寺・園城寺《おんじょうじ》におけるその後に展開する人脈を通じて、継承された可能性を指摘している。

『元亨釈書』

では、具体的にはいつ頃、両奇瑞譚は成立したのであろうか。『明鏡集』では、「青衣童子」譚のみが記されているのであって、両奇瑞譚が語られているわけではない。両奇瑞譚が揃って登場するのは、『大雲寺縁起』を除くと『元亨釈書《げんこうしゃくしょ》』が最初である。『元亨釈書』の筆者虎関師錬《こかんしれん》（一二七八—一三四七）は、入宋に際して『参記』を携えて渡航した円爾《えんに》が開山した東福寺の僧侶である。また、『参記』の現存最古の写本である東福寺本は円爾の蔵書であった（本書はしがき参照）。こうした情況を踏まえると、虎関師錬は、成尋に関する情報を比較的得やすい立場にいたと考えられよう。「大槻木」譚がどのような過程で成立していたのか実態は不明である。しかしながら、遅くとも『元亨釈書』が成立する鎌倉期には——おそらく「青衣童子」譚の成立とさほど遠くない時期には、大雲寺周辺で成尋を顕彰する動きがあり、その中で「大槻木」譚も成立し、発生場所・主人公・内容ともに類似しているため両者は混同され、セットで流通し、『大雲寺縁起』や『元亨釈書』に盛り込まれ、後世に成尋の「実際に起こした奇瑞」として継承されていったのではないだろうか。

『大雲寺縁起』が先か、『元亨釈書』が先かを断ずる決め手は残念ながらない。しかし、日本での奇瑞については鎌倉期まで遡ることは可能であり、また、成尋の宋での事績はすでに『続往生伝』から含まれていることから考えるに、宋の事績をベースに二つの日本での奇瑞を含み込む形での現存『大雲寺縁起』の基礎的な部分（『大雲寺縁起』の構成は、出自→日本での奇瑞→入宋→往生となっており、時系列に整理されている）は、『明鏡集』の記事が残る十三世紀後半から『元亨釈書』が成立する十四世紀前半頃には成立していた可能性が考えられるのではないだろうか。

まとめよう。成尋の死後まもない十二世紀に、成尋をめぐる言説が記述されるようになっていった。そのなかでまず本朝意識を背景として描かれたのが『続往生伝』の成尋伝であった。そして、これに僅《わず》かに遅れ自分の所属する圏域内での理解に基づき記述されたのが『入唐記』の成尋像であり、『明鏡集』であった。前者は巷間に流れる情報をもとに成尋像を描き、後者は『参記』の記述をもとに記載していったが、それは必ずしも実際の成尋の事績ではなかった。成尋は事実と虚実が入り交じりながら語られ、〈成尋〉（語られ形作られた成尋）が形成されていったのである。

おわりに

『参記』擱筆《かくひつ》後、成尋は記録をとっていたのであろうか。あれほど詳細に記録をつけ続けていた人物が、突然書くのを止めてしまうのは考えにくい。『参記』ほどではないにしても、簡単な記録はつけていた可能性はある。『夢記』も書き続けていたかもしれない。しかし、それは残されず、誰にも託されず、書いていたとしても自分のためだけであったことになる。つまり、『参記』擱筆後こそが、成尋にとって本当の意味で自分のためだけの時間が訪れたということになるのである。成尋にとっては、弟子僧を見送った時点で全てが終わった。まさにそれは、それまでの日本のしがらみを断ち切った瞬間であり、あとは、自身の仏教徒としての余生・往生への道筋を望むのみとなったのだろう。

その決心は、すでに日本で固まっていたと思われる。成尋は出立前、母へ自身の決心を伝える際、宿曜勘文《すくようかんもん》について触れている。「年ごろ宿曜に言ひたることの、かならずかなふを」と成尋はこれまで長年宿曜勘文の占いを受け止め、受け入れていた。しかし、成尋はそれでも入宋することを諦めず決行することを伝えたのであった。

占いは「信じるか、信じないか」「当たるか、当たらないか」というものではない。当時の人びとにとって占いは一種の行動規範であった。たとえば、暦注に沐浴《もくよく》や物忌《ものいみ》と記された日に沐浴をしたり、物忌をしたりするように。占いの結果を当然のものとして受け止めるのが、常識であった。しかしそれは、占いに縛られることを意味するのではなく、占いを受けてそれをもとに判断をしていくこと、たとえ、それが占いとは別の判断だとしてもである。これは、言い換えるならば、「自分の人生を生きる」ということになる。

成尋は、たとえ占いの結果に反したとしても、密航をしてまで聖地巡礼のために渡航するという「自分の人生を生きる」ことを決めたのである。そして、母へ向けて渡宋の決意を語ったことは、「自分の人生を生きる決心をしたこと」を宣言したことであり、行動規範（常識、ルール）から外れて生きることを宣言したことともなる。これは沐浴のような日常的なものではなく、「生き死に」がかかった行動規範からの離脱を意味しており、成尋の決意は固く重い。母に対して宣言したことは、不退転の決意を示すものであっただろうし、そのときが成尋にとって本当の意味での自分の人生のスタートだったのかもしれない。

『参記』擱筆後の成尋はどうだったのだろうか。『参記』では本朝意識が垣間見え（文書中で自国のことを「大日本国」と「大」を付け表記し、「大宋」と同等であるかのような表現をしているところなど。巻一・熙寧《きねい》五年〈一〇七二〉五月十六日条）、また宋人に対する辛辣な言葉も書き残されていた（巻三・熙寧五年八月十四日条など）。しかし、それは渡航直後の「日本」がまだ強く成尋の中に残っている状態での言葉であり、考えである。自尊心、自意識が敏感に働き、カルチャーショックをやわらげるための防衛心だったともいえる。だが、異国に渡り数年経てば、当然考えも思いも感覚も全てが変化していく。日本とのしがらみを断ち、自分のための人生を歩き出した成尋がどのように変化していったのか、筆者はとても知りたい。だが、それは叶うことはない。今はただ、成尋が極楽で母と再会できたことを信じるだけである。

略系図

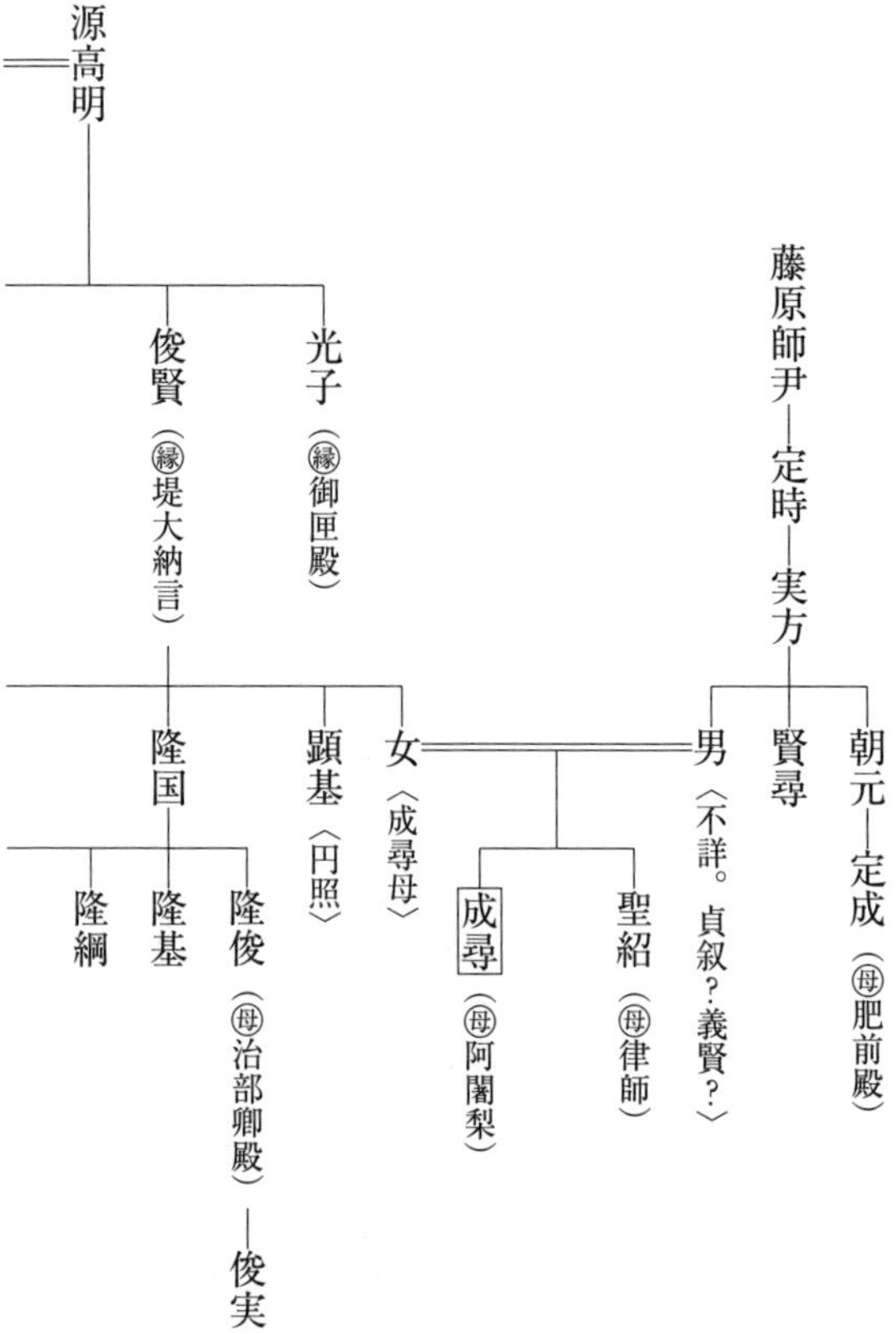

藤原師尹
定時
実方
朝元
定成〈母肥前殿〉
賢尋
男〈不詳。貞叙?・義賢?〉
聖紹〈母律師〉
成尋〈母阿闍梨〉
女〈成尋母〉
顕基〈円照〉
源高明
光子〈縁御匣殿〉
俊賢〈縁堤大納言〉
隆国
隆俊〈母治部卿殿〉
俊実
隆基
隆綱

愛宮（母桃宮）＝

隆頼
- 俊明（縁民部卿殿）
- 国俊
- 隆覚（母孫の禅師、甥の禅師など）
- 覚猷（母孫の禅師、甥の禅師など）
- 女＝俊家（参民部卿殿）

藤原頼宗―俊家

忠賢―守隆―朝棟（縁備前守）

?- - - 女―道方―経長（母宮内卿）

〈 〉は補足。本文内で触れている呼称など。
（ ）の母は『成尋阿闍梨母集』、縁は『大雲寺縁起』、参は『参天台五臺山記』内での呼称。

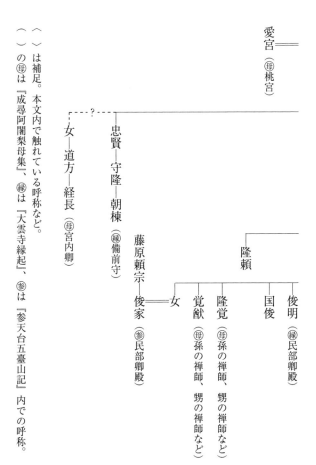

略年譜

年次	西暦	年齢	事蹟	参考事項
永延 二	九八八			この年前後、成尋母誕生
長保 五	一〇〇三			八月二五日、寂照が宋へ向け肥前国から出立
寛弘 六	一〇〇九			成尋の兄・聖紹誕生
長和 二	一〇一三	一	成尋誕生	
寛仁 三	一〇一九	七	この頃父と死別○成尋大雲寺へ入る	聖紹、仁和寺へ入る
長元 七	一〇三四	二二		寂照入滅
長暦 三	一〇三九	二七		一月二一日、聖紹、延殷とともに仁海から灌頂を受ける
長久 二	一〇四一	二九	大雲寺主となる	
天喜 二	一〇五四	四二	一二月二六日、阿闍梨伝灯大法師位に補せらる	
康平 三	一〇六〇	四八	九月一三日、園城寺新羅明神祠に渡宋を祈請する?	
康平 四	一〇六一	四九	七月三〇日、夜に天台山の石橋（石梁瀑布）を渡る夢を見る	

治暦 四	一〇六八	五六	前年～この年、宋商人陳詠と出会い渡宋後の相談をする	四月一六日、藤原頼通、宇治殿に隠遁○一七日、藤原教通、関白となる○一九日、後冷泉天皇崩御し、後三条天皇即位する○七月一日、成尋母、岩蔵（岩倉）に移る
延久 元 宋・熙寧二	一〇六九	五七	閏一〇月七日、旅中に皇帝から糧を賜るという夢を見る	二月二七日、王安石、参知政事になり新法改革を開始する○八月二二日、藤原師実、左大臣となる
延久 二 宋・熙寧三	一〇七〇	五八	一月七日、『阿弥陀大呪句義』を書写する○一一日、渡宋を請う申文（請渡宋申文）を提出する○四月一〇日以降、『安養集』編纂に参画○一二日、『法華法記』を撰述する	
延久 三 宋・熙寧四	一〇七一	五九	二月二日、成尋、入宋のために京を離れる○一〇月一三日、成尋、一時帰京○母との最後の面会○一四日、再び出立し、備中国新山へ向かう○二〇日、備中国新山到着○百日間の修行を開始する○一二月一三日、新山での修行中、紫衣を賜るという夢を見る	一月三〇日、母、仁和寺に移る
延久 四 宋・熙寧五	一〇七二	六〇	二月一四日、安芸国で貿易船の情報を収集する○三月一五日、渡宋のため宋商船に乗船（『参天台	一〇月一日、成尋母に永智（？）から手紙が届けられる○一二月八日、

五臺山記』の記述始まる）○一九日、出帆○四月四日、定海県に入る○一二日、越州蕭山に入る○一六日、杭州の問官に入国審査を受け、宿屋に投宿する○一九日、陳詠と再会し、成尋ら一行の通訳となる○二六日、天台山参詣の申文を杭州府に提出する○五月一日、この頃、母や筑紫の人に手紙を書く○三日、陳詠に天台山参詣許可の公移が下される○四日、天台山へ向け杭州を発つ○一三日、天台山国清寺に到着○一四日、国清寺参観○一八日、天台山登頂○二八日、台州衙に向かい知州少卿の銭暄と面会し、国清寺に滞在したい旨を伝え、牒を提出○六月一日、台州から国清寺滞在の許可が下る○三日、神宗への上表文を銭暄に託す○七月五日、六時の大懺法を開始する（二一日間行う）○閏七月六日、国清寺主から五臺山巡礼の許可、皇帝に謁見すべきことを聞く○二九日、台州帖が成尋に届けられる○八月六日、国清寺から開封へ向けて出立○二一日、杭州到着○九月三日、蘇州到着○五日、普門院を詣で、寂照の影像を見る○二〇日、淮河に入り、盱眙の貴（亀）山寺に至る○二一日、汴河に入る○一〇月一一日、

後三条天皇譲位し、白河天皇即位する

延久　五 宋・熙寧六	一〇七三	六二	開封到着○一三日、下船○太平興国寺伝法院へ止住する宣旨が下る○一四日、法具や後冷泉天皇直筆経、奝然日記、『入唐求法巡礼行記』などを進上する○一五日、神宗からの質問に回答する○二二日、神宗に謁見する○紫衣を賜わる（賜紫僧となる）○一一月一日、五臺山へ向け開封を発つ○二八日、真容院に到着し、文殊菩薩に供養物を捧げる○五色雲の奇瑞を目撃する○一二月一日、宝章閣など各所参拝○藤原寛子・藤原師信への返牒を受け取る○二日、五臺山からの帰路につく○一二日、「文殊現身説法処」に入った夢を見る○二六日、開封帰着○二九日、慧詢の房で奝然と寂照の『来唐日記』を見る 一月二一日、頼縁らの帰国・長明の登壇受戒が許可される○二三日、日本へ送る品々を仕分けする（『入唐日記』八巻は大雲寺へ）○二七日、頼縁ら参内し朝辞する（紫衣を賜る）○二月一日、神宗から天皇への贈り物の品々が届く○八日、頼縁ら明州へ向け出発○一三日、成尋、体調を崩す○二六日、相国寺東経蔵戒律院の円則に法華法を授ける○三月一日、神宗から祈雨の要請がある○長明	五月以降、成尋母死去○四月一日、日食により廃務（三月二九日から三日間）○五月七日、後三条上皇、崩御す○一〇月、頼縁ら帰朝し、神宗からの賜物を献ずる

承保 元 宋・熙寧七	一〇七四	六二	が太平興国寺で受戒○二日、後苑において法華法で祈雨を開始する○四日、祈雨成功○五日、謝雨を開始する○六日、護摩壇と龍壇を結願する○七日、行事太保と日本の祈雨に関しての詳細な問答あり○一一日、祈雨結願○一二日、伝法院に戻る○天台山巡礼許可の聖旨が届く○一八日、新訳経典購入許可を求める奏状を提出する○二三日、購入許可が下りる○四月二日、天台山へ向かうため朝辞する○四日、善恵大師の号を賜る○陳詠の出家が許される○一三日、新訳経典四百十三巻冊が届く○一五日、開封を発つ○五月一七日、源隆国宛の書状を書く○二〇日、杭州到着○二一日、日本から永智を乗せてきた李詮と劉琨に会い、書を受け取る○六月一日、杭州を発つ○一〇日、明州の広恵禅院に安下する○一二日、孫吉の船に乗り込む頼縁ら五人を見送る○『参記』はここで擱筆される	二月二日、藤原頼通、死去
承保 二 宋・熙寧八	一〇七五	六三		一月二六日、左大臣以下が神宗からの賜物を見る

承保 三 宋・熙寧九	一〇七六	六四		一月一九日、聖紹入滅
承暦 元 宋・熙寧一〇	一〇七七	六五		三月、源隆国、成尋への手紙を僧仲回らに託す○五月五日、宋への返信の官符に請印される○七月九日、源隆国、死去○一二月九日、（宋）明州が日本国遣僧の仲回らによる貢進を政府に報告
承暦 二 宋・元豊元	一〇七八	六六		二月六日、（宋）回賜銭物や牒状を仲回に付け、日本へ送る
永保 元 宋・元豊四	一〇八一	六九	一〇月六日、開封の開宝寺で入滅○死後、遺体は天台山に運ばれ「日本善恵国師塔」が建てられる	
永保 二 宋・元豊五	一〇八二			一一月二一日、大江匡房作成の返牒を孫忠に渡す
永保 三 宋・元豊六	一〇八三			三月四日、快宗再び入宋し神宗に謁見

参考文献

一　史料（本文中に原文・現代語訳を引用したもの）

阿娑縛抄（大日本仏教全書）　鈴木学術財団
安養集（西村冏紹監修、梯信暁『宇治大納言源隆国編　安養集　本文と研究』）　百華苑
覚禅鈔（大日本仏教全書）　鈴木学術財団
行歴抄（小野勝年『入唐求法行歴の研究　智證大師円珍篇』）　法蔵館
黒谷上人語灯録（大正新脩大蔵経）　大蔵出版
古事談（新日本古典文学大系）　岩波書店
参天台五臺山記（東洋文庫叢刊）　東洋文庫
参天台五臺山記（大日本仏教全書）　鈴木学術財団
詞花和歌集（和歌文学大系）　明治書院
寺門伝記補録（大日本仏教全書）　鈴木学術財団
拾芥抄（改訂増補、故実叢書）　明治図書出版
小記目録（大日本古記録『小右記』）　岩波書店

成尋阿闍梨母集（貴重古典籍叢刊）　角川書店
小右記（大日本古記録）　岩波書店
新古今和歌集（新編日本古典文学全集）　小学館
真言伝（説話研究会編『対校真言伝』）　勉誠出版
宋会要輯稿　中華書局
宋高僧伝（中国仏教典籍選刊）　中華書局
宋史　中華書局
宋史（石原道博編訳『新訂　旧唐書倭国日本伝・宋史日本伝・元史日本伝』）　岩波書店
続資治通鑑長編　中華書局
続本朝往生伝（日本思想大系『往生伝・法華験記』）　岩波書店
大雲寺縁起（続群書類従）　続群書類従完成会
大雲寺縁起（大日本仏教全書）　鈴木学術財団
大宰府政所牒案（『平安遺文』）　東京堂出版
智証大師伝（佐伯有清『智証大師伝の研究』）　吉川弘文館
智証大師伝（小野勝年『入唐求法行歴の研究　智證大師円珍篇』）　法蔵館
中右記（大日本古記録）　岩波書店
奝然入瑞像五臓記（『平安遺文』）　東京堂出版

朝野群載（新訂増補国史大系）　吉川弘文館
伝法灌頂血脈譜（園城寺文書）　講談社
東京夢華録（入矢義高・梅原郁訳注『東京夢華録』）　岩波書店（のち、平凡社・東洋文庫）
東京夢華録（中国古代都城資料選刊『東京夢華録箋注』）　中華書局
入唐記（阪本龍門文庫覆製叢刊）　龍門文庫
入唐求法巡礼行記（小野勝年『入唐求法巡礼行記の研究』）　法蔵館
忍空授釼阿状（納富常天「室生寺と称名寺釼阿」、同『金沢文庫資料の研究』）　法蔵館
白氏文集（新釈漢文大系）　明治書院
百錬（練）抄（新訂増補国史大系）　吉川弘文館
福州温州台州求得経律論疏記外書等目録（大正新脩大蔵経）　大蔵出版
扶桑略記（新訂増補国史大系）　吉川弘文館
仏説最上根本大楽金剛不空三昧大教王経（大正新脩大蔵経）　大蔵出版
宝物集（新日本古典文学大系）　岩波書店
本朝高僧伝（大日本仏教全書）　鈴木学術財団
本朝文粋（新訂増補国史大系）　吉川弘文館
本朝文粋（柿村重松註『本朝文粋註釈』）　冨山房
万代和歌集（和歌文学大系）　明治書院

妙臂菩薩所問経（大正新脩大蔵経）　大蔵出版

二　『参天台五臺山記』『成尋阿闍梨母集』「大雲寺縁起」関連校注・専著等

伊井春樹『成尋の入宋とその生涯』　吉川弘文館　一九九六年
伊井春樹『成尋阿闍梨母集全釈』　風間書房　一九九六年
王麗萍校点『新校参天台五臺山記』　上海古籍出版社　二〇〇九年
岡崎和夫『成尋阿闍梨母日記の研究―再建本文・索引編』　明治書院　一九九五年
岡崎和夫『成尋阿闍梨母日記の研究―原典批判編』　明治書院　一九九五年
衣川強「『参天台五臺山記』訳註稿（1）～（5）」
（『京都橘女子大学研究紀要』三一～三五）　二〇〇五～二〇〇九年
齊藤圓眞『参天台五臺山記』Ⅰ～Ⅳ
山喜房仏書林　一九九七・二〇〇六・二〇一〇・二〇一五年
島津草子『成尋阿闍梨母集・参天台五臺山記の研究』　大蔵出版　一九五九年
平林文雄『成尋阿闍梨母集の基礎的研究』　笠間書院　一九七七年
平林文雄『参天台五臺山記　校本並に研究』　風間書房　一九七八年
藤善眞澄訳注『参天台五臺山記』上下　関西大学出版部　二〇〇七・二〇一一年
三崎良周「成尋阿闍梨の天台山巡拝紀行―参天台五臺山記抄訳―」（「天台大師研究」

編集委員会編『天台大師研究』）　祖師讃仰大法会事務局天台学会　一九九七年
水口幹記「東京大学史料編纂所蔵実相院本『大雲寺縁起』の紹介・翻刻」（小林真由美・北條勝貴・増尾伸一郎編『寺院縁起の古層』）　法藏館　二〇一五年
水口幹記「続・東京大学史料編纂所蔵実相院本『大雲寺縁起』について」（『藤女子大学文学部紀要』五四）　二〇一七年
宮崎荘平『成尋阿闍梨母集全訳注』（講談社学術文庫）　講談社　一九七九年
森公章『遣唐使の特質と平安中・後期の日中関係に関する文献学的研究』科学研究費補助金研究成果報告書　二〇〇九年

三　著書・論文（副題は一部を除き省略）

青山定雄「宋代における逓鋪の発達」（同『唐宋時代の交通と地誌地図の研究』）　吉川弘文館　一九六三年
青山定雄「唐宋の汴河」（同『唐宋時代の交通と地誌地図の研究』）
明山安雄「『往生礼讃』の研究」（佛教大学善導教学研究会編『善導教学の研究』）　東洋文化出版　一九八〇年
荒木浩「『今昔物語集』の成立と宋代」（吉川真司・倉本一宏編『日本的時空観の形成』）　思文閣出版　二〇一七年

石井正敏「遣唐使以後の中国渡航者とその出国手続きについて」（村井章介・榎本渉・河内春人編『石井正敏著作集第二巻　遣唐使から巡礼僧へ』）　勉誠出版　二〇一八年
石井正敏「入宋巡礼僧」（『石井正敏著作集第二巻　遣唐使から巡礼僧へ』）
石井正敏「成尋生没年考」（『石井正敏著作集第二巻　遣唐使から巡礼僧へ』）
石井正敏「『成尋阿闍梨母集』にみえる成尋ならびに従僧の書状について」（『石井正敏著作集第二巻　遣唐使から巡礼僧へ』）
石井正敏「源隆国宛成尋書状について」（『石井正敏著作集第二巻　遣唐使から巡礼僧へ』）
井上泰也「成尋の『日記』を読む―『参天台五台山記』の金銭出納―」（『立命館文学』五七七）　二〇〇二年
岩崎日出男「不空三蔵の五臺山文殊信仰の宣布について」（『密教文化』一八一）　一九九三年
エドウィン・O・ライシャワー（田村完誓訳）『円仁　唐代中国への旅』（講談社学術文庫）　講談社　一九九九年
榎本渉「北宋後期の日宋間交渉」（編集部編『アジア遊学六四・徽宗とその時代』）　勉誠出版　二〇〇四年
榎本渉「平安末期天台宗における宋代仏教へのまなざし」（『仏教史学研究』五九—

一）　二〇一六年
遠藤隆俊「宋代中国のパスポート」（『史学研究』二三七）　二〇一六年
王　麗萍「宋代の公凭について」（同『宋代の中日交流史研究』）　勉誠出版　二〇〇二年
王　麗萍「入宋僧成尋と道教」（編集部編『アジア遊学七三・日本文化に見る道教的要素』）　勉誠出版　二〇〇五年
大久保良峻「日本天台の密教」（立川武蔵・頼富本宏編『シリーズ密教4日本密教』）　春秋社　二〇〇〇年
小川豊生「東アジアからみる院政期日本の宗教文化」（小峯和明編『東アジアの今昔物語集』）　勉誠出版　二〇一二年
小原　仁「摂関・院政期における本朝意識の構造」（同『中世貴族社会と仏教』）　吉川弘文館　二〇〇七年
郭　万平「「王将軍安石」小考」（平田茂樹・遠藤隆俊編『外交史料から十～十四世紀を探る』）　汲古書院　二〇一三年
勝浦令子「『参天台五臺山記』にみる「女性と仏教」」（張龍妹・小峯和明編『アジア遊学二〇七・東アジアの女性と仏教と文学』）　勉誠出版　二〇一七年
上川通夫「奝然入宋の歴史的意義」（同『日本中世仏教形成史論』）　校倉書房　二〇〇七年
川瀬一馬「平安末期鈔本『入唐記』解説幷釈文」（『阪本龍門文庫覆製叢刊』三）

関　剣平『中国古代茶文化史』　龍門文庫　一九六〇年
久保智康「初期天台密教における法具の整備」（京都国立博物館・東京国立博物館編『天台宗開宗一二〇〇年記念　最澄と天台の国宝』）　思文閣出版　二〇二一年
久保木秀夫「大僧正明尊とその時代」（『国文学研究資料館紀要』二五）　読売新聞社　二〇〇五年
久保田和男「城内の東部と西部」（同『宋代開封の研究』）　一九九九年
久保田和男『宋都開封の成立』　汲古書院　二〇〇七年
河内春人「『新唐書』日本伝の成立」（同『東アジア交流史のなかの遣唐使』）　汲古書院　二〇二三年
河内春人「『王年代紀』の史料論」（同『東アジア交流史のなかの遣唐使』）　汲古書院　二〇一三年
小島　毅『中国の歴史07　中国思想と宗教の奔流　宋朝』　講談社　二〇〇五年
小林義廣『世界史リブレット人　王安石』　山川出版社　二〇一三年
小峯和明「往生伝と神仙伝」（同『院政期文学論』）　笠間書院　二〇〇六年
小峯和明「五台山逍遙」（『巡礼記研究』五）　二〇〇八年
近藤一成「『参天台五臺山記』科挙記事と北宋応試者数」（『史滴』三五）　二〇一三年
齊藤圓眞「寂照をめぐって」（同『天台入唐入宋僧の事跡研究』）　山喜房仏書林　二〇〇六年
齊藤圓眞「舎利会」（同『渡海天台僧の史的研究』）　山喜房仏書林　二〇一〇年

齊藤圓眞「天台山から開封への行路」（同『渡海天台僧の史的研究』）　吉川弘文館　一九九〇年
佐伯有清『人物叢書　円珍』　吉川弘文館　一九九〇年
佐尾　希「資料解題・実相院蔵『大雲寺縁起』」（『実相院蔵古典籍調査報告資料集』第五輯）　実相院古典籍調査研究会　二〇〇四年
篠崎敦史「平安時代の渡海制と成尋の〝密航〟」（『史学雑誌』一二六―八）　二〇一七年
篠崎敦史「高麗王文宗の「医師要請事件」と日本」（『ヒストリア』二四八）　二〇一五年
柴　佳世乃「読経道の成尋阿闍梨説話」（藤原良章編『中世人の軌跡を歩く』）　高志書院　二〇一四年
新藤協三「『成尋阿闍梨母集』の成立」（今井卓爾監修、石原昭平・津本信博・西沢正史編『女流日記文学講座』第四巻　更級日記・讃岐典侍日記・成尋阿闍梨母集）　勉誠社　一九九〇年
鈴木佐内「『成尋阿闍梨母集』の律師」（『和洋国文研究』二三）　一九八八年
曹　家斉（遠藤隆俊訳）「宋朝の外国使節に対する接待制度」（平田茂樹・遠藤隆俊編『外交史料から十～十四世紀を探る』）　汲古書院　二〇一三年
曾根正人「平安仏教の展開と信仰」（『岩波講座　日本歴史』第五巻・古代5）　岩波書店　二〇一五年
高田信敬「年齢表記法について（一）～（四）」（『鶴見大学国語教育研究』五七～六〇）

竹内理三「「入呉越僧日延伝」釈」(『日本歴史』八二) 二〇〇八〜一〇年
田中美佐「宋代の喫茶・喫湯」(『史泉』六六) 一九五五年
田中美佐「宋代の喫茶と茶薬」(『史窓』四八) 一九八七年
玉井幸助「成尋阿闍梨母集」(同『日記文学の研究』) 一九九一年
竺沙雅章「漢訳大蔵経の歴史」(同『宋元仏教文化史研究』) 塙書房 一九六五年
竺沙雅章「宋初の政治と宗教」(同『宋元仏教文化史研究』) 汲古書院 二〇〇〇年
千葉正「宋代における密教の展開について」(『駒沢大学禅研究所年報』八)
塚本麿充「皇帝の文物と北宋初期の開封(上)」(『美術研究』四〇四) 一九九七年
角田文衛「大雲寺と観音院」(『角田文衛著作集　第四巻　王朝文化の諸相』) 二〇一一年法蔵館 一九八四年
手島崇裕「入宋僧の性格変遷と平安中後期朝廷」(同『平安時代の対外関係と仏教』)校倉書房 二〇一四年
手島崇裕「平安中期の対外交渉と摂関家」(同『平安時代の対外関係と仏教』)
手島崇裕「東アジア再編期の日中関係における仏教の位置・役割について」(同『平安時代の対外関係と仏教』)
手島崇裕「成尋と後続入宋僧の聖地巡礼」(同『平安時代の対外関係と仏教』)

永井義憲「成尋阿闍梨母集の成立」（同『日本仏教文学研究』第三集）
新典社　一九八五年
永井義憲「「仁和寺の律師」は成尊か」（同『日本仏教文学研究』第三集）
日本文学報国会編『定本愛国百人一首解説』　毎日新聞社　一九四三年
納富常天「室生寺と称名寺釼阿」（同『金沢文庫資料の研究』）　法蔵館　一九八二年
原美和子「成尋の入宋と宋商人」（『古代文化』四四—一）　一九九二年
原美和子「『参天台五臺山記』にみえる寒山説話について」（『学習院史学』三二）　一九九四年
日比野丈夫・小野勝年『五台山』（東洋文庫）　平凡社　一九九五年
平田茂樹「宋代地方政治管見」（『東北大学東洋史論集』一一）　二〇〇七年
廣瀬憲雄「入宋僧成尋の朝見儀礼について」（同『東アジアの国際秩序と古代日本』）
吉川弘文館　二〇一一年
藤善眞澄「日宋交通路の再検討—壁島より岱山へ—」（同『参天台五臺山記の研究』）
関西大学出版部　二〇〇六年
藤善眞澄「日宋交通路の再検討—岱山より杭州へ—」（同『参天台五臺山記の研究』）
藤善眞澄「宋朝の賓礼」（同『参天台五臺山記の研究』）
藤善眞澄「成尋をめぐる宋人—法党の影—」（同『参天台五臺山記の研究』）
藤善眞澄「宋朝訳経始末攷」（同『参天台五臺山記の研究』）

藤善眞澄「成尋の齎した彼我の典籍」（同『参天台五臺山記の研究』）
藤善眞澄「成尋と楊文公談苑」（同『参天台五臺山記の研究』）
真鍋俊照「心覚と別尊雑記について」（『仏教芸術』七〇）　一九六九年
美川圭『日本史リブレット人　後三条天皇』　山川出版社　二〇一六年
三崎良周「成尋阿闍梨と北宋の密教」（同『密教と神祇思想』）　創文社　一九九二年
三崎良周「天台の密教」（『密教大系』第六巻・日本密教Ⅲ）　法蔵館　一九九五年
水口幹記『渡航僧成尋、雨を祈る』　勉誠出版　二〇一三年
水口幹記「絡み合うモチーフ」（小峯和明編『東アジアの仏伝文学』）
勉誠出版　二〇一七年
水口幹記「出迎えられる僧」（加藤謙吉編『日本古代の氏族と政治・宗教』下）
雄山閣　二〇一八年
水野正明「宋代における喫茶の普及について」（宋代史研究会編『宋代の社会と宗教』）
汲古書院　一九八五年
三橋正「宿曜道の展開と天皇観への影響」（同『平安時代の信仰と宗教儀礼』）
続群書類従完成会　二〇〇〇年
桃裕行「宿曜道と宿曜勘文」（『桃裕行著作集　第八巻　暦法の研究（下）』）
思文閣出版　一九九〇年

森　克己「戒覚の渡宋記について」（新編森克己著作集編集委員会編『新編森克己著作集第二巻　続日宋貿易の研究』）　勉誠出版　二〇〇九年
森　公章「平安貴族の国際認識についての一考察」（同『古代日本の対外認識と通交』）　吉川弘文館　一九九八年
森　公章「入宋僧成尋の系譜」（同『成尋と参天台五臺山記の研究』）　吉川弘文館　二〇一三年
森　公章「遣外使節と求法・巡礼僧の日記」（同『成尋と参天台五臺山記の研究』）
森　公章「渡海日記と文書の引載」（倉本一宏編『日記・古記録の世界』）　思文閣出版　二〇一五年
森　公章「朱仁聰と周文裔・周良史」（同『遣唐使と古代対外関係の行方』）　吉川弘文館　二〇二二年
藪内　清「唐曹士蔿の符天暦について」（『ビブリア：天理図書館報』七八）　一九八二年
山内晋次「平安期日本の対外交流と中国海商」（同『奈良平安期の日本とアジア』）　吉川弘文館　二〇〇三年
山内晋次『日本史リブレット　日宋貿易と「硫黄の道」』　山川出版社　二〇〇九年
山口えり「仁海の出自と生年について」（同『古代国家の祈雨儀礼と災害認識』）　塙書房　二〇二〇年

山下克明「院政期の宿曜道と宿曜秘法伝承」（倉本一宏・小峯和明・古橋信孝編『説話の形成と周縁』古代編）臨川書店　二〇一九年
横内裕人「大和多武峰と宋仏教」（西山美香編『アジア遊学一四二・古代中世日本の内なる「禅」』）勉誠出版　二〇一一年
渡邊誠「平安貴族の対外意識と異国牒状問題」（『歴史学研究』八二三）二〇〇七年

著者略歴

一九七〇年　東京都生まれ
二〇〇二年　早稲田大学大学院文学研究科博士後期課程単位取得退学　博士（文学）
浙江工商大学・立教大学・藤女子大学を経て
現在　立命館大学文学部教授

主要編著書
『渡航僧成尋、雨を祈る―『僧伝』が語る異文化の交錯―』（勉誠出版、二〇一三年）
『古代日本と中国文化―受容と選択―』（塙書房、二〇一四年）
『前近代東アジアにおける〈術数文化〉』（編著、勉誠出版、二〇二〇年）

人物叢書　新装版

成尋

二〇二三年（令和五）十月一日　第一版第一刷発行

著者　水《みず》口《ぐち》幹《もと》記《き》
編集者　日本歴史学会　代表者　藤田覚
発行者　吉川道郎
発行所　株式会社 吉川弘文館
東京都文京区本郷七丁目二番八号
郵便番号一一三―〇〇三三
電話〇三―三八一三―九一五一〈代表〉
振替口座〇〇一〇〇―五―二四四
http://www.yoshikawa-k.co.jp/
印刷＝株式会社 平文社
製本＝ナショナル製本協同組合

© Mizuguchi Motoki 2023. Printed in Japan
ISBN978-4-642-05313-6

JCOPY 〈出版者著作権管理機構 委託出版物〉
本書の無断複写は著作権法上での例外を除き禁じられています．複写される場合は，そのつど事前に，出版者著作権管理機構（電話 03-5244-5088，FAX 03-5244-5089，e-mail : info@jcopy.or.jp）の許諾を得てください．

『人物叢書』（新装版）刊行のことば

人物叢書は、個人が埋没された歴史書が盛行した時代に、「歴史を動かすものは人間である。個人の伝記が明らかにされないで、歴史の叙述は完全であり得ない」という信念のもとに、専門学者に執筆を依頼し、日本歴史学会が編集し、吉川弘文館が刊行した一大伝記集である。

幸いに読書界の支持を得て、百冊刊行の折には菊池寛賞を授けられる栄誉に浴した。

しかし発行以来すでに四半世紀を経過し、長期品切れ本が増加し、読書界の要望にそい得ない状態にもなったので、この際既刊本の体裁を一新して再編成し、定期的に配本できるような方策をとることにした。既刊本は一八四冊であるが、まだ未刊である重要人物の伝記についても鋭意刊行を進める方針であり、その体裁も新形式をとることとした。

こうして刊行当初の精神に思いを致し、人物叢書を蘇らせようとするのが、今回の企図である。大方のご支援を得ることができれば幸せである。

昭和六十年五月

日本歴史学会

代表者　坂本太郎

日本歴史学会編集

人物叢書〈新装版〉

▽没年順に配列　▽一、四〇〇円～三、五〇〇円（税別）
▽品切書目の一部について、オンデマンド版の販売を開始しました。
詳しくは出版図書目録、または小社ホームページをご覧ください。

日本武尊　上田正昭著
継体天皇　篠川　賢著
聖徳太子　坂本太郎著
秦　河勝　井上満郎著
蘇我蝦夷・入鹿　門脇禎二著
天智天皇　森　公章著
額田王　直木孝次郎著
持統天皇　直木孝次郎著
柿本人麻呂　多田一臣著
藤原不比等　高島正人著
長屋王　寺崎保広著
大伴旅人　鉄野昌弘著
県犬養橘三千代　義江明子著
山上憶良　稲岡耕二著
道慈　曾根正人著
行基　井上　薫著
橘諸兄　中村順昭著
光明皇后　林　陸朗著
鑑真　安藤更生著
藤原仲麻呂　岸　俊男著
阿倍仲麻呂　森　公章著
道鏡　横田健一著
吉備真備　宮田俊彦著
早良親王　西本昌弘著
佐伯今毛人　角田文衛著
和気清麻呂　平野邦雄著
桓武天皇　村尾次郎著
坂上田村麻呂　高橋　崇著
最澄　田村晃祐著
平城天皇　春名宏昭著
藤原冬嗣　虎尾達哉著
仁明天皇　遠藤慶太著
橘嘉智子　勝浦令子著
円仁　佐伯有清著
伴善男　佐伯有清著
清和天皇　神谷正昌著
円珍　佐伯有清著
菅原道真　坂本太郎著
聖宝　佐伯有清著
三善清行　所　功著
藤原純友　松原弘宣著
紀貫之　目崎徳衛著
小野道風　山本信吉著
良源　平林盛得著
藤原佐理　春名好重著
紫式部　今井源衛著
慶滋保胤　小原　仁著
一条天皇　倉本一宏著
大江匡衡　後藤昭雄著
源信　速水　侑著
源頼光　朧谷　寿著
藤原道長　山中　裕著
藤原行成　黒板伸夫著
藤原彰子　服藤早苗著
源頼義　元木泰雄著
成尋　水口幹記著
清少納言　岸上慎二著
和泉式部　山中　裕著
源義家　安田元久著
大江匡房　川口久雄著
奥州藤原氏四代　高橋富雄著
藤原頼長　橋本義彦著
藤原忠実　元木泰雄著
源頼政　多賀宗隼著
平清盛　五味文彦著
源義経　渡辺　保著
西行　目崎徳衛著
後白河上皇　安田元久著
千葉常胤　福田豊彦著
源通親　橋本義彦著
文覚　山田昭全著
藤原俊成　久保田　淳著
畠山重忠　貫　達人著
法然　田村圓澄著
栄西　多賀宗隼著

北条義時　安田元久著
大江広元　上杉和彦著
北条政子　渡辺　保著
慈円　多賀宗隼著
明恵　田中久夫著
藤原定家　村山修一著
北条泰時　上横手雅敬著
道元　竹内道雄著
北条重時　森　幸夫著
親鸞　赤松俊秀著
北条時頼　高橋慎一朗著
日蓮　大野達之助著
阿仏尼　田渕句美子著
北条時宗　川添昭二著
一遍　大橋俊雄著
叡尊・忍性　和島芳男著
京極為兼　井上宗雄著
金沢貞顕　永井　晋著
菊池氏三代　杉本尚雄著
新田義貞　峰岸純夫著
花園天皇　岩橋小弥太著
赤松円心・満祐　高坂　好著
卜部兼好　冨倉徳次郎著
覚如　重松明久著
足利直冬　瀬野精一郎著
佐々木導誉　森　茂暁著
二条良基　小川剛生著

細川頼之　小川　信著
足利義満　臼井信義著
今川了俊　川添昭二著
足利義持　伊藤喜良著
世阿弥　今泉淑夫著
上杉憲実　田辺久子著
山名宗全　川岡　勉著
経覚　酒井紀美著
一条兼良　永島福太郎著
亀泉集証　今泉淑夫著
蓮如　笠原一男著
宗祇　奥田　勲著
尋尊　安田次郎著
万里集九　中川徳之助著
三条西実隆　芳賀幸四郎著
大内義隆　福尾猛市郎著
ザヴィエル　吉田小五郎著
三好長慶　長江正一著
今川義元　有光友學著
武田信玄　奥野高広著
朝倉義景　水藤　真著
浅井氏三代　宮島敬一著
里見義堯　滝川恒昭著
上杉謙信　山田邦明著
織田信長　池上裕子著
明智光秀　高柳光寿著
大友宗麟　外山幹夫著

千利休　芳賀幸四郎著
松井友閑　竹本千鶴著
豊臣秀次　藤田恒春著
ルイス・フロイス　五野井隆史著
足利義昭　奥野高広著
前田利家　岩沢愿彦著
長宗我部元親　山本　大著
安国寺恵瓊　河合正治著
石田三成　今井林太郎著
黒田孝高　中野　等著
真田昌幸　柴辻俊六著
最上義光　伊藤清郎著
前田利長　見瀬和雄著
高山右近　海老沢有道著
島井宗室　田中健夫著
淀君　桑田忠親著
片桐且元　曽根勇二著
徳川家康　藤井譲治著
藤原惺窩　太田青丘著
支倉常長　五野井隆史著
徳川秀忠　山本博文著
伊達政宗　小林清治著
天草時貞　岡田章雄著
立花宗茂　中野　等著
宮本武蔵　大倉隆二著
小堀遠州　森　蘊著
徳川家光　藤井譲治著

由比正雪 進士慶幹著
佐倉惣五郎 児玉幸多著
林羅山 堀勇雄著
松平信綱 大野瑞男著
国姓爺 石原道博著
野中兼山 横川末吉著
保科正之 小池進著
隠元 平久保章著
徳川和子 久保貴子著
酒井忠清 福田千鶴著
朱舜水 石原道博著
池田光政 谷口澄夫著
山鹿素行 堀勇雄著
井原西鶴 森銑三著
松尾芭蕉 阿部喜三男著
三井高利 中田易直著
河村瑞賢 古田良一著
徳川光圀 鈴木暎一著
契沖 久松潜一著
市川団十郎 西山松之助著
伊藤仁斎 石田一良著
徳川綱吉 塚本学著
貝原益軒 井上忠著
前田綱紀 若林喜三郎著
近松門左衛門 河竹繁俊著
新井白石 宮崎道生著
鴻池善右衛門 宮本又次著

石田梅岩 柴田実著
太宰春台 武部善人著
徳川吉宗 辻達也著
大岡忠相 大石学著
賀茂真淵 三枝康高著
平賀源内 城福勇著
与謝蕪村 田中善信著
三浦梅園 田口正治著
毛利重就 小川國治著
本居宣長 城福勇著
山村才助 鮎沢信太郎著
木内石亭 斎藤忠著
小石元俊 山本四郎著
山東京伝 小池藤五郎著
杉田玄白 片桐一男著
塙保己一 太田善麿著
上杉鷹山 横山昭男著
大田南畝 浜田義一郎著
只野真葛 関民子著
小林一茶 小林計一郎著
大黒屋光太夫 亀井高孝著
松平定信 高澤憲治著
菅江真澄 菊池勇夫著
鶴屋南北 古井戸秀夫著
島津重豪 芳即正著
狩谷棭斎 梅谷文夫著
最上徳内 島谷良吉著

遠山景晋 藤田覚著
渡辺崋山 佐藤昌介著
柳亭種彦 伊狩章著
香川景樹 兼清正徳著
平田篤胤 田原嗣郎著
間宮林蔵 洞富雄著
滝沢馬琴 麻生磯次著
調所広郷 芳即正著
橘守部 鈴木暎一著
黒住宗忠 原敬吾著
水野忠邦 北島正元著
帆足万里 帆足図南次著
江川坦庵 仲田正之著
藤田東湖 鈴木暎一著
二宮尊徳 大藤修著
広瀬淡窓 井上義巳著
大原幽学 中井信彦著
島津斉彬 芳即正著
月照 友松圓諦著
橋本左内 山口宗之著
井伊直弼 吉田常吉著
吉田東洋 平尾道雄著
緒方洪庵 梅溪昇著
佐久間象山 大平喜間多著
真木和泉 山口宗之著
高島秋帆 有馬成甫著
シーボルト 板沢武雄著

高杉晋作　梅溪　昇著
川路聖謨　川田貞夫著
横井小楠　圭室諦成著
小松帯刀　高村直助著
山内容堂　平尾道雄著
江藤新平　杉谷　昭著
和宮　武部敏夫著
西郷隆盛　田中惣五郎著
ハリス　坂田精一著
森有礼　犬塚孝明著
松平春嶽　川端太平著
中村敬宇　高橋昌郎著
河竹黙阿弥　河竹繁俊著
寺島宗則　犬塚孝明著
樋口一葉　塩田良平著
ジョセフ＝ヒコ　近盛晴嘉著
勝海舟　石井　孝著
臥雲辰致　村瀬正章著
黒田清隆　井黒弥太郎著
伊藤圭介　杉本　勲著
福沢諭吉　会田倉吉著
星亨　中村菊男著
中江兆民　飛鳥井雅道著
西村茂樹　高橋昌郎著
正岡子規　久保田正文著
清沢満之　吉田久一著
滝廉太郎　小長久子著

副島種臣　安岡昭男著
田口卯吉　田口　親著
福地桜痴　柳田　泉著
陸羯南　有山輝雄著
児島惟謙　田畑　忍著
荒井郁之助　原田　朗著
幸徳秋水　西尾陽太郎著
ヘボン　高谷道男著
石川啄木　岩城之徳著
乃木希典　松下芳男著
岡倉天心　斎藤隆三著
桂太郎　宇野俊一著
徳川慶喜　家近良樹著
加藤弘之　田畑　忍著
山路愛山　坂本多加雄著
伊沢修二　上沼八郎著
秋山真之　田中宏巳著
前島密　山口　修著
成瀬仁蔵　中嶌　邦著
前田正名　祖田　修著
大隈重信　中村尚美著
山県有朋　藤村道生著
大井憲太郎　平野義太郎著
河野広中　長井純市著
富岡鉄斎　小高根太郎著
大正天皇　古川隆久著
津田梅子　山崎孝子著

豊田佐吉　楫西光速著
渋沢栄一　土屋喬雄著
有馬四郎助　三吉　明著
武藤山治　入交好脩著
坪内逍遙　大村弘毅著
山室軍平　三吉　明著
阪谷芳郎　西尾林太郎著
南方熊楠　笠井　清著
山本五十六　田中宏巳著
中野正剛　猪俣敬太郎著
三宅雪嶺　中野目　徹著
近衛文麿　古川隆久著
河上肇　住谷悦治著
牧野伸顕　茶谷誠一著
幣原喜重郎　種稲秀司著
御木本幸吉　大林日出雄著
尾崎行雄　伊佐秀雄著
緒方竹虎　栗田直樹著
中田薫　北　康宏著
石橋湛山　姜　克實著
八木秀次　沢井　実著
森戸辰男　小池聖一著

▽以下続刊